Euripides' Bacchae

Greek Text with Facing Vocabulary and Commentary

Geoffrey Steadman

Euripides' Bacchae
Greek Text with Facing Vocabulary and Commentary

First Edition

© 2023 by Geoffrey Steadman

All rights reserved. Subject to the exception immediately following, this book may not be reproduced, in whole or in part, in any form (beyond that copying permitted by Sections 107 and 108 of the U.S. Copyright Law and except by reviewers for the public press), without written permission from the publisher.

The author has made an online version of this work available under a Creative Commons Attribution-Noncommercial-Share Alike 3.0 License. The terms of the license can be accessed at creativecommons.org.

Accordingly, you are free to copy, alter, and distribute this work under the following conditions:

(1) You must attribute the work to the author (but not in any way that suggests that the author endorses your alterations to the work).
(2) You may not use this work for commercial purposes.
(3) If you alter, transform, or build upon this work, you may distribute the resulting work only under the same or similar license as this one.

The Greek text is the Oxford Classical Text edited by Gilbert Murray in 1913.

ISBN-13: 979-8-9874884-0-9

Published by Geoffrey Steadman
Cover Design: David Steadman

geoffreysteadman@gmail.com

Table of Contents

	pages
Preface to the Series	v-vi
How to Use the Commentary	vii
Scansion: Iambic Trimeter	ix-xiv
Running Core Vocabulary (6 or more times)	xv-xvii
Abbreviations	xviii
Pronouns, Correlatives, Verb Synopses	96-103
Uses of Optatives and Subjunctives	104-106
Alphabetized Core Vocabulary (6 or more times)	107-109

Text and Commentary

Prologos (πρόλογος): lines 1-63 1-5
    Dionysus announces that he comes to Thebes to establish rites

Parodos (πάροδος): ll. 64-169 5-12
    The chorus of Asian Bacchae describe the worship of Bacchus

First Episode (ἐπεισόδιον πρῶτον): ll. 170-369 12-25
    Teiresias and Cadmus are dressed as Bacchae, but Pentheus tries to stop them.

First Stasimon (στάσιμον πρῶτον): ll. 370-433 25-29
    The chorus sings about the *hybris* of Pentheus and nature of true wisdom.

Second Episode (ἐπεισόδιον δεύτερον): ll. 434-518 29-35
    Pentheus questions the Stranger and imprisons him

Second Stasimon (στάσιμον δεύτερον): ll. 519-575 35-39
    The chorus asks that Thebes not reject Dionysus and that Pentheus be punished

Third Episode (ἐπεισόδιον τρίτον): ll. 576-861 39-58
    A messenger reports the rites on Mt. Cithaeron. The Stranger persuades Pentheus to disguise

Third Stasimon (στάσιμον τρίτον): ll. 862-911 58-61
    The chorus sings about the life of the Bacchae and true wisdom.

Fourth Episode (ἐπεισόδιον τέτρατον): ll. 912-976 61-66
    Pentheus comes out dressed as a bacchant. The Stranger leads him onto the mountain.

Fourth Stasimon (στάσιμον τέτρατον): ll. 977-1022 66-69
    The chorus sings about justice and wisdom.

Fifth Episode (ἐπεισόδιον πέμπτον): ll. 1024-1152 69-77
    A second messenger describes the death of Pentheus on Mt. Cithaeron.

Fifth Stasimon (στάσιμον πέμπτον): ll. 1153-1164 77-78
    The chorus sings in triumph about Pentheus' punishment.

Exodos (ἔξοδος): ll. 1165-1392 78-93
    Agave returns with Theban women carrying the head of Pentheus. Cadmus reveals
    to Agave what she has done. Dionysus expels Agave and her sisters from Thebes
    and predicts the future for Cadmus and his wife Harmonia.

Preface to the Series

The aim of this commentary is to make all 1392 lines of Euripides' *Bacchae* as accessible as possible to intermediate and advanced Greek readers so that they may experience the joy, insight, and lasting influence that comes from reading one of the greatest works in classical antiquity in the original Greek.

Each page of the commentary includes 15 lines of Greek verse (Gilbert Murray's 1913 OCT edition) with all corresponding vocabulary and grammar notes below on the same page. The vocabulary contains all words occurring 5 or fewer times, arranged alphabetically in two columns. The grammatical notes are organized according to line numbers and likewise arranged in two columns. The advantage of this format is that it allows me to include as much information as possible on a single page and yet insure that entries are distinct and readily accessible to readers.

To complement the vocabulary within the commentary, I have added a core running list of words occurring 6 or more times in the introduction of this book and recommend that readers review this list before they read the selected pages. An alphabetized list of the same core words is found in the glossary. Together, this book has been designed in such a way that, once readers have mastered the core vocabulary list, they will be able to rely solely on the Greek text and commentary and not need to turn a page or consult dictionaries as they read.

The grammatical notes are designed to help intermediate readers read the text, and so I have passed over literary and historical explanations in favor of short, concise, and frequent entries that focus on grammar and morphology. Assuming that readers finish elementary Greek with varying levels of ability, I draw attention to subjunctive and optative constructions, identify most aorist and perfect forms, and in general explain aspects of the Greek that they should have encountered in their initial review of Greek grammar but perhaps forgotten. As a rule, I prefer to offer too much assistance rather than too little.

One of the virtues of this commentary is that it eliminates time-consuming dictionary work. While there are occasions where a dictionary is necessary for developing a nuanced reading of the Greek, in most instances any advantage that may come from looking up a word is outweighed by the time and effort spent in the process. Many continue to defend this practice, but I am convinced that such work has little pedagogical value for intermediate and advanced students and that the time saved can be better spent reading Greek, memorizing vocabulary, mastering principal parts, and consulting advanced-level commentaries.

As an alternative to dictionary work, I recommend that readers review the running core vocabulary list (6 or more times) before they begin each lesson and continue to review the relevant words daily until they are thoroughly learned. Once they have mastered these words, I encourage them to single out, drill, and memorize the words that occur 3-5 times as they encounter them in the reading and devote comparatively little attention to words that occur once or twice. Altogether, I am confident that readers who follow this regimen will learn the vocabulary more efficiently and develop fluency more quickly than with traditional dictionary work.

If you would like to suggest changes or download a free pdf copy of this commentary and ancillaries, please see the website below. All criticisms are welcome, and I would be very grateful for your help.

Geoffrey Steadman, Ph.D.
geoffreysteadman@gmail.com
http://www.geoffreysteadman.com

How to Use this Commentary

Research shows that, as we learn how to read in a second language, a combination of reading and direct instruction is statistically superior to reading alone. One of the purposes of this book is to encourage active acquisition of vocabulary and grammar.

1. Master the core words occurring 6 or more times before each reading.

Since most of the core words in the *Bacchae* are accessible to beginning readers, this task should be easy. As time and interest allows, single out and memorize words that occur 3 to 5 times as they appear in the corresponding vocabulary lists.

2. Read actively and make lots of educated guesses

One of the benefits of traditional dictionary work is that it gives readers an interval between the time they encounter a questionable word or form and the time they find the dictionary entry. That span of time often compels readers to make educated guesses and actively seek out understanding of the Greek.

Despite the benefits of corresponding vocabulary lists there is a risk that without that interval of time you will become complacent in your reading habits and treat the Greek as a puzzle to be decoded rather than a language to be learned. *You challenge, therefore, is to develop the habit of making an educated guess under your breath each time before you consult the commentary.* If you guess correctly, you will reaffirm your understanding of the Greek. If incorrectly, you will become aware of your weaknesses and more capable of correcting them.

3. Take notes as you read on the ancillary translation sheets.

4. Reread the passage immediately after you have finished

Repeated readings not only help you commit Greek to memory but also promote your ability to read the Greek as Greek. You learned to read in your first language through repeated readings of the same books. Greek is no different. The more comfortable you are with older passages, the more easily you will read new ones.

5. Reread the most recent passage immediately before you begin a new one.

This additional repetition will strengthen your ability to recognize vocabulary, forms, and syntax quickly, bolster your confidence, and most importantly provide you with much-needed context as you begin the next selection in the text.

6. Consult an advanced-level commentary for a more nuanced interpretation

After your initial reading and as time permits, consult another commentary. Your initial reading will allow you to better understand the advanced commentary, which in turn will offer a more insightful literary analysis than is possible in this volume.

Scansion

I. Iambic Trimeter

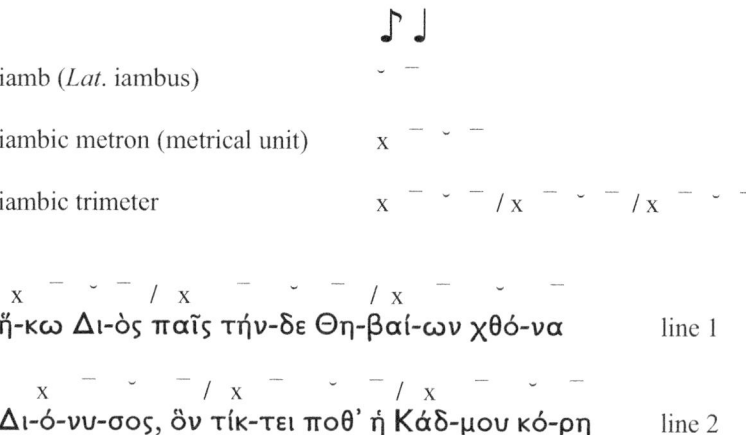

Readers should not shy away from mastering Greek meter. When we first learned Greek, no doubt the declensions and verb forms seemed an insurmountable challenge. But as time passes, persistance paid off, and what initially seemed so difficult became the primary tool to analyze and enjoy the literature. Greek meter plays a similar role in the understanding and pleasure that we derive from tragedy.

Unlike epic, which is composed uniformly of dactylic hexameter, tragedy employs a variety of meters throughout a work. The most challenging for readers are the choral odes, which are considered in the glossary. Fortunately, the easiest and most common meter found throughout the speeches and conversations is iambic trimeter.

The rhythms of English poetry are based on word-stress (stressed and unstressed syllables), while Greek poetry relies on the length of syllables (long and short syllables). Long syllables are pronounced twice as long as short syllables, as demonstrated in the musical notation above. To mark the length of a syllable, we place the notation ¯ (here equal to a quarter note ♩) above a long syllable and the notation ˘ (here equal to an eighth note ♪) above a short syllable.

Iambic trimeter is composed of three (*tri*) metrical units (*metra*) made up of **iambs** (˘ ¯). The word 'trimeter' is deceptive because one iambic metrical unit (*metron*) is composed of two iambs (˘ ¯ ˘ ¯). Thus, an iambic trimeter line includes the equivalent of six, not three, iambs in a row. As you see in the examples above, the first syllable of each iambic metron is marked by an **anceps**, 'two-headed,' (x) instead of a long (¯) or short (˘) syllable. A syllable marked with an anceps (x) can be either long or short depending on the needs of the poet at that moment.

In addition to the flexibilty that the anceps provides, the final syllable of the trimeter line may be long or short—but will always be considered as long when scanning. For example, although the final -να in line 1 is a short syllable according to the rules outlined on the next page, we identify the syllable as metrically long when we scan the line:

```
    x  ¯  ˘  ¯  / x  ¯  ˘  ¯  / x  ¯  ˘  ¯
```
ἥ-κω Δι-ὸς παῖς τήν-δε Θη-βαί-ων χθό-<u>να</u>   line 1

II. Dividing up the Syllables in a Greek Word

A Greek word has as many syllables as vowels. Diphthongs count as one vowel.

    ἥ-κω Δι-ὸς π<u>αῖ</u>ς τήν-δε Θη-β<u>αί</u>-ων χθό-να   (1)

When there are two or more consonants between vowels, the first is pronounced with the preceding syllable and the rest are pronounced with the following syllable:

    ἥ-κω Δι-ὸς παῖς τή<u>ν</u>-<u>δ</u>ε Θη-βαί-ων χθό-να   (1)

When there is one consonant between vowels, that consonant is pronounced with the 2nd syllable. ζ (σδ), ξ (κσ), ψ (πσ) count as 2 consonants in different syllables.

    ἥ-<u>κ</u>ω Δι-ὸς παῖς τήν-δε Θη-<u>β</u>αί-ων χθό-<u>ν</u>α   (1)

A consonant followed by a liquid λ or ρ (less often μ or ν) is considered a single consonant unit in the 2nd syllable and may count as 1 or 2 consonants (see below).

    ὁρ-ῶ δὲ μη-<u>τρ</u>ὸς μνῆ-μα τῆς κε-ραυ-νί-ας   (6)

III. Determining the Length of a Syllable

A. A syllable is long (¯) by nature if it contains

    1. a long vowel* (η, ω, ᾱ, ῑ, ῡ)   * these are unmarked in the Greek text and easy to miss

    2. a diphthong (αι, ει, οι, αυ, ευ, ου)

B. A syllable is long (¯) by position if

    3. the vowel is followed by two or more consonants (not necessarily in the same word)

    or by double consonants ζ (σδ), ξ (κσ), ψ (πσ) or ῥ, which count as 2 consonants.

    An exception: a vowel followed by mute (π,β,φ,κ,γ,χ,τ,δ,θ) + liquid (λ,ρ,μ,ν) is often considered short (˘) by position.

C. Any syllable that does not follow these three rules is by default a short syllable (˘).

    For convenience, I have put the number of the rules 1-3 above the long syllables below.

    Note that short syllables do not follow any of the three rules.

```
 1  1   3  2  1    1  2  1
 ¯  ¯ ˘ ¯/¯  ¯ ˘  ¯/¯  ¯ ˘  x
```
ἥ-κω Δι-ὸς παῖς τήν-δε Θη-βαί-ων χθό-να   (1)

Scansion practice and answer keys are provided in the following pages.

IV. Elision ('cutting out'):

When a short vowel (and often final -αι, e.g. καί) is followed with a word beginning with a vowel, the first vowel is elided, "cut out," from pronunciation and scansion. In our text the editor does this work for us and omits the vowel and includes an apostrophe. Note that line 4 has one ellision, δὲ → δ' , and line 5 has two ellisions, νάματα → νάματ' and τε → θ' .

    Notice that, when ellision occurs before an aspirated vowel or consonant (e.g. ὕδωρ in lin 5) , the aspiration can transfer to the preceeding consonant. And so, in line 5 τε is elided and aspirated to θ'.

    μορφὴν δ' ἀμείψας ἐκ θεοῦ βροτησίαν   (4)

    πάρειμι Δίρκης νάμα<u>τ'</u> Ἰσμηνοῦ <u>θ'</u> ὕδωρ.   (5)

Scansion Practice (Set 1)

Use the abbreviated rules below and mark the long (¯) and short (˘) notations above the lines. The answer key is on the next page. Remember, an anceps may be long or short but varies from line to line.

A syllable is long (¯) if it follows any of the three rules below. Otherwise mark it short.
    1. a long vowel* (η, ω, ᾱ, ῑ, ῡ)   * hard to detect between the macrons are missing
    2. a diphthong (αι, ει, οι, αυ, ευ, ου)
    3. the vowel is followed by two or more consonants (not necessarily in the same word)

                                          Check: x ¯ ˘ ¯ / x ¯ ˘ ¯ / x ¯ ˘ x

1. μορ-φὴν δ' ἀ-μεί-ψας ἐκ θε-οῦ βρο-τη-σί-αν   (line 4)

2. πά-ρει-μι Δίρ-κης νά-ματ' Ἰσ-μη-νοῦ θ' ὕδ-ωρ.   (5)

3. ὁρ-ῶ δὲ μη-τρὸς μνῆ-μα τῆς κε-ραυ-νί-ας   (6)

4. τόδ' ἐγ-γὺς οἴ-κων καὶ δό-μων ἐ-ρεί-πι-α   (7)

V. Exception 1: Resolution ('breaking down'):

Resolution is the substitution of two short syllables (˘ ˘, ♪♪) for a single long syllable (¯ , ♩) or anceps (x). The poet can use resolution, just as an anceps, to give variety to a metrical line, and resolution is sometimes necessary when, for example, a poet mentions proper names such as Διόνυσος or Σεμέλη that will not fit in the standard meter. Note the resolutions (again, ˘ ˘ in place of ¯ or x) that occur in the underlined pairs of syllables as you scan the lines below. Scan using the rules at the top of the page.

5. <u>Δι-ό</u>-νυ-σος, ὃν τίκ-τει πο-θ' ἡ Κάδ-μου κό-ρη   (2) υ̃ is long; resolution in initial anceps

6. <u>Σε-μέ</u>-λη λο-χευ-θεῖσ' ἀσ-τρα-πη-φό-ρῳ πυ-ρί·   (3) resolution of initial anceps

7. τυ-<u>φό-με</u>-να Δί-ου <u>πυ-ρὸς</u> ἔ-τι ζῶ-σαν φλό-γα,   (8) the iota in Δί-ου is long

8. ἀ-<u>θά-να</u>-τον Ἥ-ρας μη-τέρ' εἰς ἐ-μὴν ὕ-βριν.   (9) initial alpha in ἀθάνατον is long

9. αἰ-νῶ δὲ Κάδ-μον, <u>ἄ-βα</u>-τον ὃς πέ-δον τό-δε   (10)

VI. Exception 2: Synizesis ('setting together')

Synizesis is a rare exception that occurs when a group of adjoining vowels are scanned metrically (and perhaps pronounced) as a single long syllable. This is common in vowel combinations such as εο, εω, and εα (e.g. θεός and very often Πενθέως, the gen. sg. of Pentheus) and is also found with μὴ. Scan the line below, and mark the underlined synizesis as (¯).

10. κτυ-πεῖ-τε Πεν-θ<u>έ-ως</u>, ὡς ὁ-ρᾷ Κάδ-μου πό-λις.   (61) the ᾳ in ὁρᾷ is long

Scansion Practice (Set 1) Answer Key

Use the abbreviated rules below and pencil in the long (¯) and short (˘) notations above the lines. The answer key is on the next page. Remember, an anceps may be long or short but varies from line to line.

A syllable is long (¯) if it follows any of the three rules below. Otherwise mark it short.
  1. a long vowel* (η, ω, ᾱ, ῑ, ῡ)
  2. a diphthong (αι, ει, οι, αυ, ευ, ου)
  3. the vowel is followed by two or more consonants (not necessarily in the same word)

Check: x ¯ ˘ / x ¯ ˘ ¯ / x ¯ ˘ x

1. μορ-φὴν δ' ἀ-μεί-ψας ἐκ θε-οῦ βρο-τη-σί-αν   (line 4)

2. πά-ρει-μι Δίρ-κης νά-ματ' Ἰσ-μη-νοῦ θ' ὕδ-ωρ.   (5)

3. ὁρ-ῶ δὲ μη-τρὸς μνῆ-μα τῆς κε-ραυ-νί-ας   (6)

4. τόδ' ἐγ-γὺς οἴ-κων καὶ δό-μων ἐ-ρεί-πι-α   (7)

5. Δι-ό-νυ-σος, ὃν τίκ-τει πο-θ' ἡ Κάδ-μου κό-ρη   (2) νῦ is long; resolution in initial anceps

6. Σε-μέ-λη λο-χευ-θεῖσ' ἀσ-τρα-πη-φό-ρῳ πυ-ρί·   (3) resolution of initial anceps

7. τυ-φό-με-να Δί-ου πυ-ρὸς ἔ-τι ζῶ-σαν φλό-γα,   (8) the iota in Δί-ου is long

8. ἀ-θά-να-τον Ἥ-ρας μη-τέρ' εἰς ἐ-μὴν ὕ-βριν.   (9)

9. αἰ-νῶ δὲ Κάδ-μον, ἄ-βα-τον ὃς πέ-δον τό-δε   (10) the initial alpha in ἄβατον is long

10. κτυ-πεῖ-τε Πεν-θέ-ως, ὡς ὁ-ρᾷ Κάδ-μου πό-λις.   (61) the ᾳ in ὁρᾷ is long

VII. Caesura and Diaeresis

In addition to the pause at the end of each line, there are natural pauses between words within the verse which effect the rhythm of the trimeter line (consider the pause of a comma or a period), and it is worthwhile to recognize the conventions regarding these pauses.

A **caesura** (Lat. "cut") is the audible pause that occurs when a word ends *within* a metron, in this case within an iambic metron.

A **diaeresis** (Grk. "division") is the audible pause that occurs when a word ends at the end of a metron (x $-$) or ($\smile$ $-$).

In general, the pause after each word in a verse is either a caesura or a diaeresis, and each trimeter line contains multiple examples of caesura and diaeresis. But, when you are asked in a classroom setting to identify the caesurae in a line, you are actually being asked to identify the *principal* or *chief* caesura in a line.

   The **principal (or chief) caesura** is a caesura that coincides with a major pause in the sense or thought within the line (often the equivalent of a comma or period in prose). In iambic trimeter, the principal caesura often occurs in the 2nd metron after the first anceps (*penthemimeres*). Less often it occurs after the first short in the 2nd metron (*hepthemimeres*) and the first short in the 1st metron:

* (*hemi* – 'half' *meres* – 'foot/part')

```
              C      A      B
              ||     ||     ||
          x  ‾ ˘ ‾ / x  ‾ ˘ ‾ / x  ‾ ˘ ‾
```

(A) *penthemimeres* (5th half-foot)   x ‾ ˘ ‾ / x ‖ ‾ ˘ ‾ / x ‾ ˘ ‾
(B) *hepthemimeres* (7th half-foot)   x ‾ ˘ ‾ / x ‾ ˘ ‖ ‾ / x ‾ ˘ ‾
(C) *trihemimeres* (3rd half-foot)   x ‾ ˘ ‖ ‾ / x ‾ ˘ ‾ / x ‾ ˘ ‾

Scansion Practice (Set 2): Dionysus (Δι.) and Pentheus (Πε.)

Scan using the rules on the privious page.. Then label the principal ‖ as a diaeresis (D) or as a caesura type A, B, or C above. These lines include many examples of resolution—particularly common with proper names—and so use the hint on the right margin as you scan each line. Good luck.

11. λι-πὼν δὲ ‖ Λυ-δῶν τοὺς πο-λυ-χρύ-σους γύ-ας   (line 13) name has resolution

12. Φρυ-γῶν τε, ‖ Περ-σῶν θ' ‖ ἡ-λι-ο-βλή-τους πλά-κας   (14)

13. Βάκ-τρι-ά τε τεί-χη ‖ τήν τε δύσ-χι-μον χθό-να   (15) name has resolution

14. Μή-δων ἐπ-ελ-θὼν ‖ Ἀ-ρα-βί-αν τ' εὐ-δαί-μο-να   (16) name has resolution

15. Ἀ-σί-αν τε πᾶ-σαν, ‖ ἣ πα-ρ' ἁλ-μυ-ρὰν ἅ-λα   (17) name has resolution; ρὰν is long

16. κεῖ-ται μι-γά-σιν ‖ Ἕλ-λη-σι βαρ-βά-ροις θ' ὁ-μοῦ   (18)

Answer Key for Scansion Practice (Set 3)

11. λι-πὼν δὲ Λυ-δῶν τοὺς πο-λυ-χρύ-σους γύ-ας (line 13)

12. Φρυ-γῶν τε, Περ-σῶν θ' ἡ-λι-ο-βλή-τους πλά-κας (14)

13. Βάκ-<u>τρι-ά</u> τε τεί-χη τήν τε δύσ-χι-μον χθό-να (15) name has resolution

14. Μή-δων ἐπ-ελ-θὼν <u>Ἀ-ρα</u>-βί-αν τ' εὐ-δαί-μο-να (16) name has resolution

15. <u>Ἀ-σί</u>-αν τε πᾶ-σαν, ἣ παρ' ἁλ-μυ-ρὰν ἅ-λα (17) name has resolution, ῥὰν is long

16. κεῖ-ται μι-γά-σιν Ἕλ-λη-σι βαρ-βά-ροις θ' ὁ-μοῦ (18) γά is long

VIII. Crasis, ("mingling")

Crasis is a common form of contraction in poetry in which a vowel or diphthong at the end of the word merges with a vowel or diphthong at the beginning of the following word. It can be spotted by the breathing marks over the merged vowels. When you encounter crasis, the initial κ- is often καί and the initial τ- is τά or τό:

τἀκεῖ → τὰ ἐκεῖ, 21   κεἰ → καὶ εἰ, 39   αὑτὸς → ὁ αὐτὸς, 1266
τἀνθένδε → τὰ ἐνθένδε, 48   κἀγώ → καὶ ἐγώ, 190   ταὐτά → τὰ αὐτά, 1266

Crasis is common enough that I will offer the uncontracted form in the grammatical notes but not identify the construction by name.

IX. Oral Recitation

Do not be intimidated by the rules or the terminology. Since the text does not include macrons to indicate long vowels such as ᾱ, ῑ, or ῡ, we all make the occasional mistake when scanning. Remember, Euripides intended the rhythm to be a integral part of our experience of the play. And so, read each line aloud and enjoy.

Bacchae: Running Core Vocabulary (6 or more times)

The following list includes all 231 words in the Bacchae selections that occur six or more times arranged in a running vocabulary list. The number on the left of the dictionary entry indicates the page on which the word first appears. The number on the end of the entry indicates how many times the word occurs in the commentary. These same dictionary entries are found in an alphabetized list in the glossary.

01 δέ: but, and, on the other hand, 403
01 Διόνυσος, ὁ: Dionysus, 33
01 δόμος, ὁ: a house, 14
01 ἐγώ, ἐμοῦ, ἐμοί, ἐμέ: I, 106
01 εἰς (ἐς): into, to, in regard to (acc.), 81
01 ἐκ, ἐξ: out of, from (gen.), 38
01 ἐμός, -ή, -όν: my, mine, 46
01 ἔτι: still, besides, further, 14
01 Ζεύς, Ζηνός (Διός), ὁ: Zeus, 27
01 ἥκω: to have come, be present, 10
01 θεός, ὁ: a god, divinity, 68
01 Θηβαῖος, -α, -ον: Theban, 12
01 θυγάτηρ, ἡ: a daughter, 10
01 Κάδμος, ὁ: Cadmus, 20
01 καί: and, also, even, too, 153
01 κόρη, ἡ: girl, maiden; pupil (of the eye), 6
01 λείπω: leave, leave behind, abandon, 8
01 μήτηρ, ἡ: mother, 34
01 νιν: him, her, it (3rd pers. pronoun), 29
01 ὁ, ἡ, τό: the, 319
01 ὅδε, ἥδε, τόδε: this, this here, 118
01 οἶκος, ὁ: a house, abode, dwelling, 9
01 ὁράω (aor. εἶδον): to see, look, behold, 58
01 ὅς, ἥ, ὅ: who, which, that, 122
01 παῖς, παιδός, ὁ, ἡ: a child, boy, girl; slave, 28
01 πάρ-ειμι: be near, be present, be at hand, 14
01 πέδον, τό: ground, earth, 9
01 ποτέ: ever, at some time, once, 17
01 πῦρ, -ος, τό: fire, 9
01 Σεμέλη, ἡ: Semele, 10
01 τε: and, both, 135
01 τίθημι: put, place, set; make, 11
01 τίκτω (ἔτεκον): bring to life, beget, 12
01 χθών, χθονός, ἡ: land, ground, earth, 14
02 βάρβαρος, -α, -ον: foreigner, barbarian, 9
02 βροτός, ὁ, ἡ: a mortal, human, 15

02 γῆ, ἡ: land, earth, 11
02 δαίμων, -ονος, ὁ: divine spirit, fate, 16
02 δίδωμι: give, hand over, 16
02 εἰμί: to be, exist, 88
02 ἐκεῖ: there, in that place, 7
02 ἔρχομαι (εἶμι, ἦλθον): to come or go, 45
02 εὐ-δαίμων, -ονος: happy, blessed, well off, 7
02 ἔχω: to have, hold; be able; be disposed, 60
02 Θῆβαι, αἱ: Thebes, 12
02 θνητός, -ή, -όν: mortal, suitable for mortals, 14
02 θύρσος, ὁ: thyrsus, 20
02 ἵνα: in order that (+ subj.); where (+ ind.), 9
02 καθ-ίστημι: set, establish; become, 6
02 κτείνω: to kill, 6
02 οὐ, οὐκ, οὐχ, οὐχί: not, 109
02 παρά: from, at, to the side of, 22
02 πᾶς, πᾶσα, πᾶν: every, all, the whole, 26
02 πόλις (πτόλις), -εως, ἡ: a city, 19
02 πρῶτος, -η, -ον: first, earliest, 19
02 τις, τι: anyone, anything, someone, something, 36
02 χείρ, χειρός, ἡ: hand, 46
02 χορεύω: dance, take part in the chorus, 7
02 χρή: it is necessary or fitting; must, ought, 12
03 ἀπό: from, away from. (gen.), 11
03 αὐτός, -ή, -ό: -self; he, she, it; the same, 42
03 Βάκχευμα, -ατος, τό: Bacchic revelries, 6
03 γάρ: for, since, 67
03 γυνή, γυναικός, ἡ: a woman, wife, 20
03 δεῖ: it is necessary, must, ought (+ inf.), 9
03 δῶμα, -ατος, τό: house, 16
03 εἰ: if, whether, 14
03 ἐλάτη, ἡ: silver fir, pine; oar, 10
03 θέλω (ἐθέλω): to be willing, wish, desire, 14
03 θῆλυς, θήλεια, θῆλυ: female; *n.* female kind, 6
03 κατά: down along (acc), down from (gen), 15
03 μέν: on the one hand, 49

03 μή: not, lest, 22
03 ὄργια, τά: rites, sacrifices, 9
03 ὄρος, ὄρεος, τό: mountain, hill, 22
03 ὅσος, -η, -ον: as much as, many as, 13
03 ὅτι: that; because, 7
03 οὖν: and so, then; at all events, 13
03 Πενθεύς, -έως, ὁ: Pentheus, 37
03 πέτρα, ἡ: stone, rock, 6
03 ὑπέρ: on behalf of (gen); over, beyond (acc), 6
03 ὑπό: by, because of (gen), under (dat), 20
03 φαίνω: show; *mid.* appear, seem, 8
03 φρήν, φρενός, ἡ: midriff; wits, heart, mind, 10
04 ἄγω: lead, bring, carry, convey, 22
04 ἀλλά: but, 40
04 ἄλλος, -η, -ο: other, one...another, 17
04 ἀμφί: on both sides of, around, 6
04 ἀνήρ, ἀνδρός, ὁ: a man, 19
04 βάκχη, ἡ: Bacchae, bacchante, 39
04 γίγνομαι: come to be, become, 18
04 ἐν: in, on, among (dat.), 78
04 εὖ: well, 11
04 ἤν (ἐάν): if (+ subj.), 6
04 θίασος, ὁ: company (of Bacchic revellers), 10
04 μαινάς, μαινάδος, ἡ: maenad, bacchante, 19
04 ὅπλον, τό: arms; implement, tool, 7
04 πούς, ποδός, ὁ: a foot, 15
04 ὦ: O, oh, 50
05 ἀεί, αἰεί: always, forever, in every case, 8
05 ἅπας, ἅπασα, ἅπαν: every, quite all, 7
05 Βάκχιος, ὁ: Bacchus, Dionysus, 12
05 Βρόμιος, ὁ: Bromius, "Roarer," (Bacchus), 21
05 ἱερός, -ή, -όν: holy, divine; temple, 7
05 Κιθαιρών, -ῶνος, ὁ: Cithaeon, 12
05 μάκαρ, μάκαιρα, -αρος: blessed, happy, 6
05 μέλαθρον, τό: house; ceiling beam, roof, 7
05 οἶδα: know, 9
05 ὅστις, ἥτις, ὅ τι: whoever, which-, what-, 10
05 τίς, τί: who? which?, 56
05 χορός, ὁ: dance, chorus, 10
05 ὡς: as, thus, so, that; when, since, 70
06 ἀνά: up, onto, upon, 8

06 Ἑλλάς, -άδος, ἡ: Greece, 6
06 κισσός, ὁ (κιττός): ivy, 7
06 μέγας, μεγάλη, μέγα: big, great, important, 16
07 ἄγρα, ἡ: prey; hunting, hunt, 8
07 δέχομαι: receive, take, accept, 8
07 δράκων, -οντος ὁ: serpent, snake, 8
07 πλόκαμος, ὁ: lock/braid/tress of hair (or wool), 6
08 ἔνθα: where; there, 7
08 ἤ: or (either...or); than, 36
09 βακχεῖος, -α, -ον: of Bacchus; frenzied, 8???
09 εὑρίσκω: find, discover, devise, invent, 7
09 μαίνομαι: mad, rage, be furious, 8
09 ὅταν: ὅτε ἄν, whenever, 10
09 χαίρω: rejoice, enjoy, 10
10 αἰθήρ, αἰθέρος, τό: aether, upper sky, 10
10 αἷμα, -ατος τό: blood, 6
10 πίπτω (πίτνω): fall, fall down, drop, 8
11 ἅμα: at the same time; along with (dat.), 10
11 εὔιος, -ον: joyful, Bacchic; *subs.* Bacchus, 9
12 ἄρα: then, therefore, it seems, it turns out, 7
12 ἄστυ, -εως, τό: town, city, 7
12 κλύω: to hear, 9
12 κράς, κρατός, ἡ: the head, 9
12 σός, -ή, -όν: your, yours, 37
12 σοφός, -ή, -όν: wise, skilled, 21
12 Τειρεσίας, ὁ: Tiresias, 7
13 ἄν: modal adv., 31
13 ἄνθρωπος, ὁ: human being, human, man, 8
13 γέρων, -όντος, ὁ: old man, 11
13 ἡγέομαι: to lead; consider, think, believe, 8
13 ἡμεῖς, ἡμῶν, ἡμῖν, ἡμᾶς: we, 26
13 μόνος, -η, -ον: alone, solitary, forsaken, 6
13 οὔ-τε: and not, neither...nor, 10
13 πάσχω: suffer, experience, 11
13 σύ: you, 99
14 διά: through (gen.) on account of, (acc.), 13
14 λέγω (aor. εἶπον): to say, speak, 46
14 κακός, -ή, -όν: bad, base, cowardly, evil, 17
14 λόγος, ὁ: word, talk, speech; account, 18
14 νέος, -η, -ον: young; new, novel, strange, 10
14 οὐ-δέ: and not, but not, nor, not even, 18

14 οὐδ-είς, οὐδε-μία, οὐδ-έν: no one, nothing, 13
14 φρονέω: think, to be wise, prudent, 14
14 χρόνος, ὁ: time, 6
15 Ἐχίων, Ἐχίονος, ὁ: Echion (Pentheus' father), 10
15 ἵστημι: make stand, set up, stop, establish, 7
15 πρός: to, towards (acc), near, in addition to (dat) 25
16 Ἀγαύη, ἡ: Agaue, 14
16 ἔσω (εἴσω): within, inside (gen.), 7
16 θηράω: hunt, chase, 8
16 λαμβάνω: take, receive, catch, grasp, 23
16 ξένος, ὁ: stranger, foreigner; guest-friend, 13
16 παύω: stop, cease; *mid.* cease 6
17 ἄξιος, -α, -ον: worthy of, deserving of (gen.), 6
17 δεινός, -ή, -όν: terrible; strange, wondrous, 16
17 εἰσ-οράω: to look upon, view, behold, 15
17 ἐκεῖνος, -η, -ον: that, those, 7
17 θαῦμα, -ατος, τό: a wonder, marvel, 6
17 οὗτος, αὕτη, τοῦτο: this, these, 28
17 πατήρ, ὁ: a father, 22
17 πείθω: persuade; *mid.* obey, 6
17 πολύς, πολλά, πολύ: much, many, 11
17 σῶμα, -ατος, τό: body, 12
17 ὑμεῖς: you, 8
17 φημί: to say, claim, assert, acknowledge, 9
18 γένος, -εος, τό: race; family, stock, 6
18 καλός, -ή, -όν: beautiful, fine, noble; well, 21
18 οἷος, -α, -ον: of what sort, as, 8
18 φέρω: bear, carry, bring, convey, 21
19 καλέω: to call, summon, invite, 7
19 ὥστε: so that, that, so as to, 12
21 δοκέω: to seem, seem best, think, imagine, 16
21 ἐπί: to, toward (acc), on near, at (dat), 30
21 κάρα, τό: head, 7
21 πρίν: until, before, 8
21 σωφρονέω: think soundly/rightly, be modest, 6
22 γε: at least, at any rate; indeed, 29
22 ὅμως: nevertheless, however, yet, 9
22 σώφρων, -ον: modest, sound, moderate, 6
23 ἄθλιος, -η, -ον: wretched, miserable, pitiful, 6
23 δεῦρο: here, to this point, hither, 7
23 κρείσσων, -ον: better, stronger, mighter, 7
23 μετά: with (gen.); after (acc.), 10
23 νῦν: now; as it is, 14
24 ἄνω: above; up, 6
24 δίκη, ἡ: punishment, penalty, justice, 11
24 δράω: to do, do work, work, 13
24 ἤδη: already, now, at this time, 6
24 ποῦ: where?, 6
24 στείχω: to come or go, walk, proceed, 8
24 τυγχάνω: chance on, attain (gen); happen, 6
25 ἕπομαι: follow, escort (dat), 6
27 φῶς (φάος), φωτός, τό: light, daylight, 6
30 δεσμός, ὁ (pl. δεσμά): bond, fetter, binding, 8
30 θήρ, θηρός, ὁ: beast, wild beast, animal, 14
31 ὅσπερ, ἥπερ, ὅπερ: (very one) who, what-, 5
32 ἀκούω: to hear, listen to, 9
32 σαφής, -ές: clear, relable; *adv.* σαφά clearly, 6
33 σέ-θεν: from you, 6
35 χρεών, -όν: (it is) necessity, fate, 6
36 φεύγω: flee, run away; avoid, 8
37 ἄναξ, ἄνακτος, ὁ: a lord, master, 10
37 βλώσκω (aor. ἔμολον): go or come, 8
39 δεσπότης, ὁ: master, lord, 8
39 ἰώ: io (exclamation of triumph), 7
39 πάλιν: again, once more; back, backwards, 6
41 πῶς: how? in what way?, 7
42 μάτην: in vain, idly, 6
44 φύω: to bring forth, beget; am by nature, 8
47 ὀρθός, -ή, -όν: straight, upright, right, 9
50 μυρίος, -η, -ον: countless, endless, infinite, 7
51 τέκνον, τό: a child, 8
56 ἦ: truly (often introduces questions), 7
56 στολή, ἡ: apparel, garments, equipment, 6
65 ἀγών, ὁ: contest, competition; struggle, 7
68 λέων, λέοντος, ὁ: lion, 6
71 τλήμων, ὁ, ἡ: wretched, suffering; hard-hearted, 9
80 τάλας, τάλαινα, τάλαν: wretched, unhappy, 7

Abbreviations

abs.	absolute	impers.	impersonal	pfw	place from which
acc.	accusative	indef.	indefinite	pl.	plural
act.	active	indic.	indicative	plpf.	pluperfect
adj.	adjective	ind.	indirect	pred.	predicate
adv.	adverb	inf.	infinitive	prep.	preposition
aor.	aorist	inter.	interrogative	pres.	present
app.	appositive	m.	masculine	ptf	place to which
comp.	comparative	mid.	middle	pw	place where
dat.	dative	n.	neuter	reflex.	reflexive
dep.	deponent	nom.	nominative	rel.	relative
f.	feminine	obj.	object	seq.	sequence
fut.	future	opt.	optative	sg.	singular
gen.	genitive	pple.	participle	subj.	subjunctive or subject
imper.	imperative	pass.	passive	superl.	superlative
impf.	imperfect	pf.	perfect	voc.	vocative

[ ] Square brackets indicate text in the manuscript tradition that the editor wishes to omit.
< > Diamond brackets indicate text that the editor wishes to add.
† † An obelus (obelisk) indicates text that is likely corrupt.

The Greek text is the Oxford Classical Text edited by Gilbert Murray in 1913.

List of the Characters

Throughout the *Bacchae*, all speakers are identified by the initial two or three Greek letters of their names printed in the left column beside the speech. Agave, for example, is identified as Αγα., the first messenger as Αγ, and the second messenger as Αγγ. Below is the complete list of characters:

Αγα.	Ἀγαύη	*Agave*		**Κα.**	Κάδμος	*Cadmus*
Αγ.	ἄγγελος	*messenger*		**Πε.**	Πενθεύς	*Pentheus*
Αγγ.	ἕτερος ἄγγελος	*second messenger*		**Τε.**	Τειρεσίας	*Teiresias*
Δι.	Διόνυσυς	*Dionysus*		**Χο.**	Χορός	*Chorus of Asian Bacchantes*
Θε.	θεράπων	*attendant*				

Additional Commentaries

Euripides' Bacchae (1944, 2nd ed. 1960) by E.R. Dodds is an advanced-level commentary by Clarendon Press (Oxford). This 320-page volume includes Greek text (with critical apparatus), commentary, and a lengthy 40-page introduction that includes discussions of the Dionysian myth and ritual as well as the manuscript tradition. The commentary itself does not focus on grammatical notes but instead offers recommended translations as well as lengthy explanations of the historical and literary signficance of words and phrases elsewhere in the play.

Euripides: Bacchae (1996) by Richard Seaford is a commentary in the Aris and Phillips Classical Texts Series. As other books in this series, this 270-page volume includes the Greek text (ed. Diggle) with a facing literal English translation. The commentary focuses, in the author's own words, on the relation of the play to "the mysteries of Dionysus and its political dimension."

Euripides' Bacchae (1999) by Elizabeth Causey is an student-level commentary in the Bryn Mawr Commentaries Series. This 28-page book includes intermediate-level grammatical notes but no Greek text.

Finally, Martha Nussbuam's 43-page introduction to C. K. William's translation, **The Bacchae of Euripides** (1990) is well-written and immensely thought-provoking. Her essay touches on the relation of the play to Greek thought, Aristotle, and Nietzsche and includes a light survey of modern readings—an essay to be read and reread.

To make the ancients speak, we must feed them with our own blood.

- von Wilamowitz-Moellendorff

Euripides' Bacchae

Δι. ἥκω Διὸς παῖς τήνδε Θηβαίων χθόνα   1
     Διόνυσος, ὃν τίκτει ποθ' ἡ Κάδμου κόρη
     Σεμέλη λοχευθεῖσ' ἀστραπηφόρῳ πυρί·
     μορφὴν δ' ἀμείψας ἐκ θεοῦ βροτησίαν
     πάρειμι Δίρκης νάματ' Ἰσμηνοῦ θ' ὕδωρ.   5
     ὁρῶ δὲ μητρὸς μνῆμα τῆς κεραυνίας
     τόδ' ἐγγὺς οἴκων καὶ δόμων ἐρείπια
     τυφόμενα Δίου πυρὸς ἔτι ζῶσαν φλόγα,
     ἀθάνατον Ἥρας μητέρ' εἰς ἐμὴν ὕβριν.
     αἰνῶ δὲ Κάδμον, ἄβατον ὃς πέδον τόδε   10
     τίθησι, θυγατρὸς σηκόν· ἀμπέλου δέ νιν
     πέριξ ἐγὼ 'κάλυψα βοτρυώδει χλόῃ.
       λιπὼν δὲ Λυδῶν τοὺς πολυχρύσους γύας
     Φρυγῶν τε, Περσῶν θ' ἡλιοβλήτους πλάκας
     Βάκτριά τε τείχη τήν τε δύσχιμον χθόνα   15

ἄ-βατος, -ον: untrodden; remote
ἀ-θάνατος, -ον: undying, immortal, 2
αἰνέω: to praise, commend, approve, 2
ἀμείβω: change; take/give in exchange, 2
ἄμπελος, ὁ: vine, 4
ἀστραπη-φόρος, -ον: lightning-bearing
Βάκτριός, -ά, -όν: of Bactria (~Afghanistan)
βοτρυώδης, -ες: like a bunch of grapes, 2
βροτήσιος, ον:: mortal
γύης, ἡ: land, field, piece of land
δῖος, -α, -ον: divine; of Zeus, 3
Δίρκη, -ης, ἡ: Dirce (natural spring & river), 3
δύσ-χιμος, -ον: troublesome, dangerous
ἐγγύς: near, close to (gen.); adv. nearby, 3
ἐρείπιον, τό: ruin, fallen ruin, wreck
ζάω: to live, 3
ἡλιό-βλητος, -ον: sun-striken, sun-beaten
Ἥρα, ἡ: Hera, 5
Ἰσμηνός, ὁ: Ismenus (a river)

καλύπτω: cover over, conceal, hide, 2
κεραύνιος, -α, -ον: thunderbolt-struck, 5
λοχεύω: make or induce to give birth
Λύδός, -ή, -όν: Lydian (western Turkey)
μνῆμα, -ατος, τό: memorial, record, 2
μορφή, ἡ: form, shape, 4
νᾶμα, -ατος, τό: stream, flow
πέριξ: round about, all round
Πέρσης, -ου, ὁ: Persian
πλάξ, -ακος, ἡ: plain; flat land, 3
πολυ-χρύσος, -ον: rich in gold
σηκός, ὁ: precinct, sacred enclosure; pen, fold
τεῖχος, -εος, τό: wall, 4
τύφω: smoke, smolder, raise a smoke
ὕβρις, ἡ: outrage, insolence, insult, pride, 5
ὕδωρ, ὕδατος, τό: water, 4
φλόξ, φλογός, ἡ: flame, fire, 3
Φρύξ, Φρύγός, ὁ: Phrygian, 2
χλόη, ἡ: first green shoot, 2

1 Διὸς: 3rd decl. gen. of Ζεύς; cf. δίου, 'divine'
  παῖς...Διόνυσος: in apposition to the 1s subject
2 τίκτει ποτ(ὲ): *gave birth to...*; historic present
3 λοχευθεῖσ(α): *being made to give birth*; aor. pass. pple; i.e. induced by another to give birth
  πυρί: *by...*; dat. of cause or means
4 ἀμείψας: nom. aor. pple; referring to Dionysus
5 νάματ(α)...τ(ε) ὕδωρ.: *at...*; acc. place to which after πάρ-ειμι, which implies motion: 'I (have come and) am present at'
7 ἐγγὺς: *nearby*; adv.

  οἴκων...ἐρείπια: acc. in apposition to μνῆμα
8 ἔτι ζῶσαν φλόγα: in apposition to ἐρείπια; pres. pple ζάω; Δίου πυρὸς, gen. sg. from δῖος
9 ἀθάνατον...ὕβριν: reorder ἀθάνατον ὕβριν Ἥρας εἰς ἐμὴν μητέρ(α); in apposition to φλόγα; Ἥρας is gen. sg.; εἰς means 'against'
10 τίθησι: *makes* (x) (y); governs a double acc.
11 νιν: *it*; i.e. πέδον
13 λιπὼν: nom. sg. aor. pple λείπω ; a series of places where Dionysus is already established
15 τείχη: τείχε-α, neut. pl. acc.

Μήδων ἐπελθὼν Ἀραβίαν τ' εὐδαίμονα
Ἀσίαν τε πᾶσαν, ἣ παρ' ἁλμυρὰν ἅλα
κεῖται μιγάσιν Ἕλλησι βαρβάροις θ' ὁμοῦ
πλήρεις ἔχουσα καλλιπυργώτους πόλεις,
ἐς τήνδε πρῶτον ἦλθον Ἑλλήνων πόλιν,   20
τἀκεῖ χορεύσας καὶ καταστήσας ἐμὰς
τελετάς, ἵν' εἴην ἐμφανὴς δαίμων βροτοῖς.
   πρώτας δὲ Θήβας τῆσδε γῆς Ἑλληνίδος
ἀνωλόλυξα, νεβρίδ' ἐξάψας χροὸς
θύρσον τε δοὺς ἐς χεῖρα, κίσσινον βέλος·   25
ἐπεί μ' ἀδελφαὶ μητρός, ἃς ἥκιστα χρῆν,
Διόνυσον οὐκ ἔφασκον ἐκφῦναι Διός,
Σεμέλην δὲ νυμφευθεῖσαν ἐκ θνητοῦ τινος
ἐς Ζῆν' ἀναφέρειν τὴν ἁμαρτίαν λέχους,
Κάδμου σοφίσμαθ', ὧν νιν οὕνεκα κτανεῖν   30

ἀδελφή, ἡ: sister, 2
ἁλμυρός, -ά, -όν: salty, briny
ἅλς, -ος, ὁ: salt, sea
ἁμαρτία, ἡ: failure, fault, 2
ἀν-ολολύζω: cry/shout aloud, excite with cries
ἀνα-φέρω: bring up, carry up
Ἀράβιος, -α, -ον: Arabian
Ἄσιος, -α, -ον: Asian, 2
βέλος, -εος, τό: arrow, javelin; projectile, 2
ἐκ-φύω: bring forth; be born from, 3
Ἕλλην, Ἕλληνος, ὁ: Greek, 4
Ἑλληνίς, -ίδος, ἡ: Greek (adj.)
ἐμ-φανής, -ές: visible, manifest, open, 2
ἐξ-άπτω: fasten or hang from, cling to
ἐπ-έρχομαι: come upon or near, 3
ἐπεί: when, after, since, because, 5

ἥκιστα: least (superlative adv.)
καλλί-πυργωτος, -ον: with beautiful towers
κεῖμαι: to lie, lie down, 3
κίσσινος, -η, -ον: of ivy, 5
λέχος, -εος, τό: (marriage) bed, couch, 2
Μῆδος, ὁ: a Mede, (close synonym with Persian)
μιγάς, -αδος, ὁ ἡ: mixed, mixed up, 2
νεβρίς, ιδος, ἡ: fawnskin, 5
νυμφεύω: marry (dat); give in marriage
ὁμοῦ: at the same place; together, at once, 4
οὕνεκα: for the sake of (preceding gen.), 3
πλήρης, -ες: full of, filled of, 2
σόφισμα, -ατος, τό: device, contrivance, trick, 2
τελετή, ἡ: rite, initiation, 5
φάσκω: say, claim, assert, 2
χρώς, -ωτός, ὁ (χροός: gen.): skin, body, 4

16 ἐπελθὼν: nom. sg. aor. pple ἐπ-έρχομαι
   τ(ε)...τε: *and...and...*; continuing the same
17 ἣ...κεῖται: *which...*; relative
18 μιγάσιν...πλήρεις: *full with...*; dat. of means governed by πλήρεις which usually governs a gen.; μιγάσιν is a dat. pl. adj. with both nouns
   θ': τε, joining Ἕλλησι and βαρβάροις
20 πρῶτον: adv. i.e. first of all
   ἦλθον: 1s aor. ἔρχομαι
21 τὰ (ἐ)κεῖ: *there*; adv. (adverbial acc.)
   χορεύσας, καταστήσας: aor. pple καθ-ίστημι
22 ἵν(α) εἴην: *so that...might...*; purpose with 1s opt. εἰμί (opt. replaces subj. in secondary seq.)
   βροτοῖς: *to...*; dat. of interest

23 πρώτας δὲ: i.e. first of all in Greece
   ἀνωλόλυξα: 1s aor. ἀν-ολολύζω
   ἐξάψας: *fastening* (acc) *on* (gen); aor. pple ἐξ-άπτω, which often governs a partitive gen.
   δοὺς: aor. pple δίδωμι, 'put'
26 ἃς ἥκιστα χρῆν (φάσκειν): *whom...*; impf. χρή + ind. disc. (acc. subject + missing inf.)
27 οὐκ ἔφασκον: *claimed that...not*; or 'denied'
   Διόνυσον ἐκφῦναι Διός,: *that...*; ind. disc. with aor. inf ἐκφύω, 'be born from,' + gen. of source
   Σεμέλην δὲ...ἀναφέρειν: *but that Selene... was attributing* (acc) (εἰς) (acc.); ind. disc
   λέχους: *of...*; λέχε-ος gen. sg.
30 σοφίσματ(α): in apposition to the clause

Ζῆν' ἐξεκαυχῶνθ', ὅτι γάμους ἐψεύσατο.
τοιγάρ νιν αὐτὰς ἐκ δόμων ᾤστρησ' ἐγὼ
μανίαις, ὄρος δ' οἰκοῦσι παράκοποι φρενῶν·
σκευήν τ' ἔχειν ἠνάγκασ' ὀργίων ἐμῶν,
καὶ πᾶν τὸ θῆλυ σπέρμα Καδμείων, ὅσαι 35
γυναῖκες ἦσαν, ἐξέμηνα δωμάτων·
ὁμοῦ δὲ Κάδμου παισὶν ἀναμεμειγμέναι
χλωραῖς ὑπ' ἐλάταις ἀνορόφοις ἧνται πέτραις.
δεῖ γὰρ πόλιν τήνδ' ἐκμαθεῖν, κεἰ μὴ θέλει,
ἀτέλεστον οὖσαν τῶν ἐμῶν βακχευμάτων, 40
Σεμέλης τε μητρὸς ἀπολογήσασθαί μ' ὕπερ
φανέντα θνητοῖς δαίμον' ὃν τίκτει Διί.
 Κάδμος μὲν οὖν γέρας τε καὶ τυραννίδα
Πενθεῖ δίδωσι θυγατρὸς ἐκπεφυκότι,
ὃς θεομαχεῖ τὰ κατ' ἐμὲ καὶ σπονδῶν ἄπο 45

ἀναγκάζω: force, compel, 4
ἀνα-μείγνυμι: mix up, mingle
ἀν-όροφος, -ον: roofless
ἀπο-λογέομαι: speak in defense, defend oneself
ἀ-τέλεστος, -ον: uninitiated in (gen), without end
γάμος, ὁ: sg/pl. wedding, marriage, 3
γέρας, -αος, τό: privilege, gift of honor, 4
ἐκ-καυχάομαι: boast loudly
ἐκ-μαίνω: drive mad
ἐκ-μανθάνω: to learn well or thoroughly
ἐκ-φύω: bring forth; be born from, 3
ἧμαι: sit, be seated
θεο-μαχέω: fight against the gods, 3

Καδμεῖος, -η, -ον: Cadmean, of Thebes, 5
μανία, ἡ: madness, frenzy, 2
οἰκέω: life, dwell on
οἰστράω: sting/goad (to madness), drive mad, 2
ὁμοῦ: at the same place; together, at once, 4
παρά-κοπος, -ον: stricken; distraught, frenzied, 2
σκευή, ἡ: apparel, dress, equipment, 3
σπέρμα, -ατος, τό: seed, descent, race
σπονδή, ἡ: drink-offering, libation; truce, treaty
τοι-γάρ: so then, therefore, accordingly, 3
τυραννίς, -ίδος, ἡ: sovereignty
χλωρός, -ά, -όν: green; verdant
ψεύδομαι: lie about, speak falsely, feign, 2

31 νιν κτανεῖν Ζῆν(α): *that Zeus...*; ind. disc. with aor. inf. κτείνω ; νιν refers to Semele
ἐξεκαυχῶν(το): *they kept...*; 3p iterative impf.
ὅτι (Σεμέλη) ἐψεύσατο: *because...*; causal
γάμους: *wedding*; acc. pl. translate as sg.

32 νιν αὐτὰς: *them themselves*; νιν is often 3p
ᾤστρησ(α): 1s aor. οἰστράω

33 παράκοποι: *(they)...*; with fem. pl. subject
φρενῶν: *from...*; gen. of separation

34 σκευήν: *the dress*; i.e. from lines 24-25
ἠνάγκασ(α): *I compelled (them)*; add. object

35 ὅσαι...ἦσαν: *as many as...*; 3p impf. εἰμί; simply emphasizing πᾶν τὸ θῆλυ σπέρμα

36 ἐξέμηνα: 1s aor. ἐκ-μαίνω
δωμάτων: *from...*; gen. of separation
Κάδμου παισὶν: *with the daughters of Cadmus*; dat. of association with pple; dat. pl. ἡ παῖς

ἀναμεμειγμέναι: *(they)...*; i.e. the women of Thebes; nom. pl. pf. mid. pple: 'being Xed

38 ἧνται: 3p pres. mid. ἧμαι
(ἐν) ἀνορόφοις πέτραις: *on...*; dat. place where

39 πόλιν τήνδε...ἀτέλεστον οὖσαν...: *that...*; ind. disc. with pple εἰμί governed by ἐκμαθεῖν
κ(αὶ) εἰ: *even if...*; crasis; concessive in sense

40 Σεμέλης...ὕπερ: *on behalf of...*; anastrophe
ἀπολογήσασθαί μ(ε): *that I...*; ind. disc.

41 φανέντα: *appearing (to be)*; aor. pass. pple, φαίνω which here governs an acc. pred.

42 ὃν τίκτει Διί.: *whom (Semele)...*; relative cl.; Διί is dat. of interest from Ζεύς; see note line 1

44 Πενθεῖ...ἐκπεφυκότι: *to...*; pf. act. pple ἐκφύω, 'be born,' with gen. of source

45 τὰ κατ(ὰ) ἐμὲ: *in matters regarding me* acc. of respect
σπονδῶν ἄπο: *from...*; anastrophe

ὠθεῖ μ', ἐν εὐχαῖς τ' οὐδαμοῦ μνείαν ἔχει.
ὧν οὕνεκ' αὐτῷ θεὸς γεγὼς ἐνδείξομαι
πᾶσίν τε Θηβαίοισιν. ἐς δ' ἄλλην χθόνα,
τἀνθένδε θέμενος εὖ, μεταστήσω πόδα,
δεικνὺς ἐμαυτόν· ἢν δὲ Θηβαίων πόλις   50
ὀργῇ σὺν ὅπλοις ἐξ ὄρους βάκχας ἄγειν
ζητῇ, ξυνάψω μαινάσι στρατηλατῶν.
ὧν οὕνεκ' εἶδος θνητὸν ἀλλάξας ἔχω
μορφήν τ' ἐμὴν μετέβαλον εἰς ἀνδρὸς φύσιν.
   ἀλλ', ὦ λιποῦσαι Τμῶλον ἔρυμα Λυδίας,   55
θίασος ἐμός, γυναῖκες, ἃς ἐκ βαρβάρων
ἐκόμισα παρέδρους καὶ ξυνεμπόρους ἐμοί,
αἴρεσθε τἀπιχώρι' ἐν πόλει Φρυγῶν
τύμπανα, Ῥέας τε μητρὸς ἐμά θ' εὑρήματα,
βασίλειά τ' ἀμφὶ δώματ' ἐλθοῦσαι τάδε   60

αἴρω: to lift, raise up, get up, 3
ἀλλάσσω: to change, exchange, alter, 3
βασίλειος, -ον: royal, kingly, 2
δείκνυμι: show, reveal; prove, 2
εἶδος, -εος, τό: form, shape, figure
ἐμαυτοῦ, -ῆς, -οῦ: myself, 2
ἐν-δείκνυμι: mark, point out
ἐνθένδε: hence, from here; on this side, 2
ἐπι-χώριον, τό: native (custom), custom
ἔρυμα, -ατος, τό: defense, safeguard
εὕρημα, -ατος, τό: discovery; piece of luck
εὐχή: prayer, 2   ζητέω: seek, 2
κομίζω: bring, carry; provide for, attend, 3
Λύδια, -ας, ἡ: Lydia, 2
μεθ-ίστημι: change, move, 4
μετα-βάλλω: to change, alter, turn about, 2

μνεία, ἡ: mention, remembrance, reminder
μορφή, ἡ: form, shape, 4
ξυν-άπτω: fasten or join together, 4
ξυν-εμ-πορος, ὁ, ἡ: fellow traveller
ὀργή, ἡ: anger; passion; temperment, 5
οὐδαμοῦ: nowhere
οὕνεκα: for the sake of (preceding gen.), 3
πάρ-εδρος, -ον: assistant; sitting beside
Ῥέα, ἡ: Rhea (Cybele, mother of Zeus), 2
στρατηλατέω: lead/drive an army with (dat)
σύν: along with, with, together (gen.), 5
Τμῶλος, ὁ: Mt. Tmolus, 4
τύμπανον, τό: kettledrum, cymbal, 2
Φρύξ, Φρύγός, ὁ: Phrygian, 2
φύσις, -εως, ἡ: nature, character; birth, 4
ὠθέω: push, drive, banish

46 μνείαν ἔχει: i.e. make mention (of me)
47 ὧν οὕνεκ(α): *for the sake of which...*; relative
   αὐτῷ: *to...*; i.e. Pentheus; dat. ind. obj.
   θεὸς γεγὼς: *that (I)...*; ind. disc. with pf. pple γίγνομαι, 'be born,' attracted into the nom.
   ἐνδείξομαι: fut. mid.
48 πᾶσίν τε Θηβαίοισιν: *and...*; dat. ind. obj.
49 τὰ (ἐ)νθένδε: *matters here*; acc. obj.
   θέμενος: *(after)...*; aor. mid. τίθημι, 'arrange'
   μεταστήσω: 1s fut. μεθ-ίστημι
   πόδα: *(my) step*; i.e. my course or direction
50 δεικνὺς: nom. sg. pres. pple
   ἢν...ζητῇ,...ξυνάψω: *if...seeks, I will...*; ἢν = ἐάν; fut. more vivid condition (ἐάν subj., fut.),

   3s pres. subj. ζητέω and fut. ξυν-άπτω
51 ὀργῇ: *in...*; dat. of manner
   ἐξ ὄρους: ὄρε-ος, gen. sg. of ὄρος
52 ξυνάψω (μάχην): *I will join (battle)*
   μαινάσι: *with...*; with pple στρατηλατέω
53 ὧν οὕνεκ(α): *for the sake of which...*; relative
   ἀλλάξας ἔχω: *I have taken in exchange*; ἔχω + nom. aor. pple is a periphrastic pf. (S599b)
55 ὦ λιποῦσαι...γυναῖκες: *(you)...*; voc. dir. address and aor. pple λείπω
   ἔρυμα Λυδίας: in apposition to Τμῶλον
56 ἃς...ἐκόμισα: *whom...*; relative, 1s aor.
58 τὰ (ἐ)πιχώρια τύμπανα
60 ἐλθοῦσαι: aor. pple ἔρχομαι

κτυπεῖτε Πενθέως, ὡς ὁρᾷ Κάδμου πόλις.
ἐγὼ δὲ βάκχαις, ἐς Κιθαιρῶνος πτυχὰς
ἐλθὼν ἵν' εἰσί, συμμετασχήσω χορῶν.

Χο. Ἀσίας ἀπὸ γᾶς
ἱερὸν Τμῶλον ἀμείψασα θοάζω 65
Βρομίῳ πόνον ἡδὺν
κάματόν τ' εὐκάματον, Βάκ-
χιον εὐαζομένα.
τίς ὁδῷ τίς ὁδῷ; τίς;
μελάθροις ἔκτοπος ἔστω, στόμα τ' εὔφη-
μον ἅπας ἐξοσιούσθω· 70
τὰ νομισθέντα γὰρ αἰεί
Διόνυσον ὑμνήσω.
ὦ στρ.
μάκαρ, ὅστις εὐδαίμων 73b
τελετὰς θεῶν εἰδὼς
βιοτὰν ἁγιστεύει καὶ 74b
θιασεύεται ψυχὰν 75

ἁγιστεύω: live piously or holy
ἀμείβω: change; take/give in exchange, 2
Ἄσιος, -α, -ον: Asian, 2
βιοτή, ἡ: life; livelihood, sustenance
ἔκ-τοπος, -ον: away from a place, distant
ἐξ-οσιόω: keep pure, avert by expiation, dedicate
εὐάζω: cry εὐαί to Bacchus, 2
εὐ-κάματος, -ον: of easy toil, of easy work, easy
εὔ-φημος, -ον: silent, auspicious
ἡδύς, -εῖα, -ύ: sweet, pleasant, glad, 2
θιασεύω: initiate into the Bacchic rites, 2
θοάζω: rush, move quickly, 2

κάματος, ὁ: toil, weariness; trouble
κτυπέω: crash, ring, resound, 2
νομίζω: believe, consider, deem, hold, 3
ὁδός, ἡ: road, way, path, journey, 4
πόνος, ὁ: work, toil; woe, trouble, 5
πτύξ, πτύχός, ἡ: fold (of the earth), glen, 2
στόμα, -ατος, τό: mouth, 3
συμ-μετ-εχω: share, take part of (gen) with (dat)
τελετή, ἡ: rite, initiation, 5
Τμῶλος, ὁ: Mt. Tmolus, 4
ὑμνέω: sing, laud, celebrate
ψυχή, ἡ: breath, life, spirit, soul, 2

61 κτυπεῖτε (τύμπανα): pl. imperative; add obj.
 Πενθέως: gen. sg.
 ὡς ὁρᾷ...: so that...may...; purpose clause with 3s pres. α-contract subj.
62 βάκχαις: with...; dat. of compound verb (συμ)
63 ἵν(α) εἰσί: where...; 3p εἰμί
 συμμετασχήσω: fut.
 χορῶν: partitive gen. obj. of συμμετασχήσω
64 γᾶς: γῆς in Attic
65 ἀμείψασα: giving in exchange...; i.e. leaving behind; nom. sg. aor. pple ἀμείβω
66 Βρομίῳ: for...; dat. of interest
 πόνον...κάματόν τ(ε): objs. of θοάζω; with contradictory adjs. forming two oxymorons
67 Βάκχιον εὐαζομένα: crying εὐαί to Bacchus; i.e. hailing Bacchus; εὐαζομένη in Attic, pres. mid. pple
68 τίς (ἐν) ὁδῷ: Who (is)...?; add verb; dat. place where; the question is repeated three times
69 (ἐν) μελάθροις: dat. place where; synecdoche: 'roof(s)' often refers to the entire 'house'
 ἔστω: let...be; 3s pres. imperative, εἰμί
 εὔφημον: i.e. silent: lit. 'well-spoken,' i.e. not speaking and causing offense to the gods
70 ἐξοσιούσθω: let...keep pure; 3s pres. mid/pass. imperative
71 τὰ νομισθέντα: (with) those...(hymns); inner acc. with fut. ὑμνέω; aor. pass pple
73 (ἐστίν) ὅστις..: (is) anyone who...; add verb
74 εἰδὼς: nom. sg. pple οἶδα

ἐν ὄρεσσι βακχεύων
ὁσίοις καθαρμοῖσιν,
τά τε ματρὸς μεγάλας ὄρ-
για Κυβέλας θεμιτεύων,
ἀνὰ θύρσον τε τινάσσων,   80
κισσῷ τε στεφανωθεὶς
Διόνυσον θεραπεύει.
ἴτε βάκχαι, ἴτε βάκχαι,
Βρόμιον παῖδα θεὸν θεοῦ
Διόνυσον κατάγουσαι   85
Φρυγίων ἐξ ὀρέων Ἑλ-
λάδος εἰς εὐρυχόρους ἀ-
γυιάς, τὸν Βρόμιον·   87b
ὅν   ἀντ.
ποτ' ἔχουσ' ἐν ὠδίνων   88b
λοχίαις ἀνάγκαισι
πταμένας Διὸς βροντᾶς νη-   90

ἀγυιά, ἡ: street
ἀνάγκη, ἡ: necessity, distress, anguish, 2
βακχεύω: rave, be/make frenzied, 2
βροντή, ἡ: thunder, 2
Ἑλλάς, -άδος, ἡ: Greece, 6
εὐρύ-χορος, -ον: of broad places, spacious
θεμιτεύω: keeping lawful, revere
θεραπεύω: attend to, serve, take care of, 2
καθαρμός, ὁ: purification, cleansing
κατ-άγω: bring back, lead back, recall, 2

κισσός, ὁ (κιττός): ivy, 7
Κυβέλη, ἡ: Cybele
λόχιος, -α, -ον: childbirth, of childbirth, 2
νηδύς, -ύος, ἡ: body cavity, stomach, belly, 3
ὅσιος, -η, -ον: holy, sacred, 1
πέτομαι: fly, flutter, 2
στεφανόω: wreath, crown; put in circle, 4
τινάσσω: shake, brandish, 2
Φρύγιος, -α, -ον: Phrygian, 4
ὠδίς, ὠδῖνος, ἡ: pang/throes (of childbirth)

76 ἐν ὄρεσσι: dat. pl. ὄρος, ὄρε-ος
77 ὁσίοις καθαρμοῖσιν: dat. of means
78 ματρὸς μεγάλας...Κυβέλας: *of...*; gen. sg.; a mother earth goddess
80 ἀνά...τινάσσων: tmesis for ἀνά-τινάσσων: ἀνά is adverbial
   τε...τε...: *both...and*
81 κισσῷ: dat. of means
   στεφανωθείς: nom. sg. aor. pass. pple
83 ἴτε: pl. imperative ἔρχομαι
   βάκχαι: vocative dir. address
84 Βρόμιον...θεόν...Διόνυσον: one and the same acc. object; *Bromius*; 'the Roarer' is a common epithet for Dionysus
   παῖδα...θεοῦ: i.e. of Zeus; in apposition
87 τὸν Βρόμιον: repeated for emphasis
88 ὅν: *whom...*; relative
   ἔχουσ(α): *being pregnant with..*; a common idiom for 'being pregnant,' fem. sg. pple modifying μάτηρ
   ὠδίνων: gen. of description with ἀνάγκαισι
90 πταμένας Διὸς βροντᾶς: i.e. upon her; gen. abs. with aor. mid. pple πέτομαι
   Διός: *of Zeus*
   νηδύος: *from (her)...*; gen. of separation with ἔκβολον.

δύος ἔκβολον μάτηρ
ἔτεκεν, λιποῦσ' αἰῶ-
να κεραυνίῳ πλαγᾷ·
λοχίοις δ' αὐτίκα νιν δέ-
ξατο θαλάμαις Κρονίδας Ζεύς, 95
κατὰ μηρῷ δὲ καλύψας
χρυσέαισιν συνερείδει
περόναις κρυπτὸν ἀφ' Ἥρας.
ἔτεκεν δ', ἁνίκα Μοῖραι
τέλεσαν, ταυρόκερων θεὸν 100
στεφάνωσέν τε δρακόντων
στεφάνοις, ἔνθεν ἄγραν θη-
ροτρόφον μαινάδες ἀμφι-
βάλλονται πλοκάμοις.
ὦ Σεμέλας τροφοὶ Θῆ- 105 *στρ.*

αἰών, -ῶνος ὁ: life, span of life, 2
ἀμφι-βάλλω: put around, put upon; embrace, 3
αὐτίκα: straightaway, soon, immediately, 3
ἔκ-βολον, τό: outcast, thrown out
ἔνθεν: from where; thence, on the one side
ἡνίκα: at which time, when, since, 4
Ἥρα, ἡ: Hera, 5
θαλάμη, ἡ: chamber, cavity; lair, den, 2
θηρο-τρόφος, -ον: feeding/fed on wild beasts, 2
καλύπτω: cover over, conceal, hide, 2
κεραύνιος, -α, -ον: thunderbolt-struck, 5
Κρονίδας, ὁ: son of Cronus
κρυπτός, -όν: hidden, concealed, secret, 2

λόχιος, -α, -ον: childbirth, of childbirth, 2
μηρός, ὁ: thigh, 5
μοῖρα, ἡ: portion, share; lot in life, fate, 2
περόνη, ἡ: brooch, pin, fastening
πληγή, ἡ: blow, strike
στέφανος, ὁ: crown, 3
στεφανόω: wreath, crown; put in circle, 4
συν-ερείδω: press together, close
ταυρόκερως, -ωτος, ὁ, ἡ bull-horned
τελέω: accomplish, perform, pay; be classified, 4
τροφός, ὁ, ἡ: nurse
χρύσεος, -η, -ον: golden, of gold, 2

92 ἔκβολον: i.e. Dionysus, a substantive
ἔτεκεν: aor. τίκτω
λιποῦσ(α): aor. pple modifying μάτηρ
93 κεραυνίῳ πλαγᾷ: *with...*; dat. of cause
94 (ἐν) λοχίοις...θαλάμαις: *in...*; dat. place where; i.e. in a cavity of the body where Dionysus was eventually born; fem. θαλάμη can refer to a cavity of the body
νιν: i.e. Dionysus
(ἐ)δέξατο: unaugmented, aor. mid. δέχομαι
96 κατὰ...καλύψας: *covering (him) over...*; tmesis for aor. pple κατα-καλύπτω
μηρῷ: *in...*; dat. of place where or compound verb; κατά, as a preposition, governs either a gen. or an acc. but not a dat.
97 χρυσέαισιν...περόναις: *with...*; dat. of means
98 κρυπτὸν: *(him)...*; modifies the understood object of συνερείδει
ἀπ(ὸ) Ἥρας.: i.e. from Hera's sight, qualifying κρυπτὸν
99 ἔτεκεν: aor. τίκτω
ἀνίκα...(ἐ)τέλεσαν: unaugmented aor.; supply Dionysus as obj.; ἡνίκα in Attic
Μοῖραι: *the Fates*; personified as divinities
100 ταυρόκερων: acc. sg. modifying θεὸν
101 δρακόντων στεφάνοις: *with...*; dat. of means and gen. of material
102 ἔνθεν: *from which reason*; 'hence'
ἄγραν: *their prey*; i.e. snakes; modified by θηροτρόφον, 'fed on wild beasts'
103 πλοκάμοις: *around (their)...*; dat. of compound verb
105 ὦ...Θῆβαι: voc. direct address; the city
τροφοὶ: in apposition to Θῆβαι

βαι, στεφανοῦσθε κισσῷ·
βρύετε βρύετε χλοήρει
μίλακι καλλικάρπῳ
καὶ καταβακχιοῦσθε δρυὸς
ἢ ἐλάτας κλάδοισι, 110
στικτῶν τ' ἐνδυτὰ νεβρίδων
στέφετε λευκοτρίχων πλοκάμων
μαλλοῖς· ἀμφὶ δὲ νάρθηκας ὑβριστὰς
ὁσιοῦσθ'· αὐτίκα γᾶ πᾶσα χορεύσει—
Βρόμιος ὅστις ἄγῃ θιάσους— 115
εἰς ὄρος εἰς ὄρος, ἔνθα μένει
θηλυγενὴς ὄχλος
ἀφ' ἱστῶν παρὰ κερκίδων τ'
οἰστρηθεὶς Διονύσῳ.
ὦ θαλάμευμα Κουρή- 120 ἀντ.

αὐτίκα: straightaway, soon, immediately, 3
βρύω: swell, be full to bursting, teem with, 2
δρῦς, δρυός, ἡ: oak, 3
ἐνδυτόν, τό: garment; clothing; put on, 3
θαλάμευμα, -ατος, τό: chamber, 1
θηλυ-γενής, -ες: female, of female sex, 2
ἱστός, ὁ: loom; web; beam, mast, 3
καλλί-καρπος, -ον: rich in fruit
κατα-βακχιόομαι: be full of Bacchic frenzy
κερκίς, -ίδος ἡ: shuttle (for weaving), 2
κλάδος, -ου ὁ: branch; shoot, 4
Κουρῆτες, οἱ: Curetes (priests of Rhea/Cybele)
λευκό-θριξ, -τριχος: white-haired, white
μαλλός, ὁ: tufts (of wool)
μένω: to stay, remain, wait for, 5
μῖλαξ, -ακος ἡ: bryony (flowering plant), 2
νάρθηξ, -ηκος, ὁ: fennel stalk (i.e. the thyrsus), 5
νεβρίς, ιδος, ἡ: fawnskin, 5
οἰστράω: sting/goad (to madness), drive mad, 2
ὁσιόω: make holy/pious; *mid.* be holy/pious
ὄχλος, ὁ: crowd, mob, 3
στεφανόω: wreath, crown; put in circle, 4
στέφω: put around, crown, 3
στικτός, -ή, -όν: spotted, dappled, 2
ὑβριστής, -ου, ὁ, ἡ: insolent, outrageous, 2
χλοηρός (χλωρός), -ά, -όν: green; verdant

106 στεφανοῦσθε: pl. o-contract mid. imperative, reflexive in sense: supply 'yourselves' as obj.
107 βρύετε: pl. imperative
χλοήρει μίλακι καλλικάρπῳ: *with...*; dat. of means; a flowering plant with vines and reddening berries suitable for making wreaths
109 καταβακχιοῦσθε: pl. o-contract mid. imperative
δρυὸς ἢ ἐλάτας: *of...or of...*; gen. of material with dat. of means κλάδοισι
112 στέφετε: i.e. cover the fawnskin with tufts of wool; pl. imperative
λευκοτρίχων πλοκάμων: *of...*; gen. of material with dat of means μαλλοῖς
113 ἀμφὶ δὲ νάρθηκας ὑβριστὰς: i.e. in the midst of...; or 'about...'
114 ὁσιοῦσθ(ε): pl. mid. imperative
γᾶ: nom. γῆ in Attic
115 (ἔστι) Βρόμιος: nom. pred.; add verb
ὅστις ἄγῃ θιάσους: *anyone who...*; 'whoever' general relative clause with 3s pres. subj. ἄγω; subject of missing linking verb
116 ἔνθα: *where...*; relative clause
117 ἀ(πὸ) ἱστῶν: *away from...*
παρὰ κερκίδων: *from...*; lit. 'from the side of..'
119 οἰστρηθεὶς: nom. sg. aor. pass. pple οἰστράω.
Διονύσῳ: *by...*; dat. of agent
120 ὦ θαλάμευμα: voc. direct address, referring to the chamber where Zeus was raised on Crete

τῶν ζάθεοί τε Κρήτας
Διογενέτορες ἔναυλοι,
ἔνθα τρικόρυθες ἄντροις
βυρσότονον κύκλωμα τόδε
μοι Κορύβαντες ηὗρον· 125
βακχείᾳ δ' ἀνὰ συντόνῳ
κέρασαν ἁδυβόᾳ Φρυγίων
αὐλῶν πνεύματι ματρός τε Ῥέας ἐς
χέρα θῆκαν, κτύπον εὐάσμασι Βακχᾶν·
παρὰ δὲ μαινόμενοι Σάτυροι 130
ματέρος ἐξανύσαντο θεᾶς,
ἐς δὲ χορεύματα
συνῆψαν τριετηρίδων,
αἷς χαίρει Διόνυσος.
ἡδὺς ἐν ὄρεσιν, ὅταν ἐκ θιάσων δρομαί- 135 ἐπῳδ.

ἄντρον, τό: cave
αὐλός, ὁ: flute, aulos, pipe, 2
βυρσότονος, -ον: with hide stretched over it
Διογενέτωρ, -ορος, ὁ: giving birth to Zeus
δρομαῖος, -α, -ον: running (at full speed)
ἔναυλος, ὁ: dwelling, shelter
ἐξ-ανύω: fulfill, accomplish; *mid.* obtain, 2
εὔασμα, -ατος, τό: Bacchanalian shout, 2
ζά-θεος, -α, -ον: very divine, sacred
ἡδυ-βόης, -ου: sweet-sounding, sweet-blaring,
ἡδύς, -εῖα, -ύ: sweet, pleasant, glad, 2
θεά, ἡ: goddess, 4
κεράννυμι: to mix, mingle

Κορύβας, -αντος, ὁ: Corybant (priests of Cybele)
Κρήτη, ἡ: Crete
κτύπος, ὁ: beat, bang
κύκλωμα, -ατος, τό: circle, wheel, 1
πνεῦμα, -ατος, τό: breath; wind
Ῥέα, ἡ: Rhea (Cybele, mother of Zeus), 2
Σάτυρος, ὁ: Satyr
συν-άπτω: join together, 3
σύν-τονος, -ον: intense, strained, eager, 2
τριετηρίς, -ίδος, ἡ: biennial festival
τρι-κόρυθος, -ον:: with triple plumed helmet
Φρύγιος, -α, -ον: Phrygian, 4
χόρευμα, -ατος, τό: choral dance

121 ζάθεοί τε Διογενέτορες ἔναυλοι: *and (you)...*; vocative dir. address; i.e. the caves where Zeus was raised
123 ἔνθα: *where...*; relative clause
Τρικόρυθες...Κορύβαντες ηὗρον : nom. subj. and 3p aor. εὑρίσκω, 'invent' or 'discover'
(ἐν) ἄντροις: *in...*; dat. place where
124 βυρσότονον κύκλωμα τόδε: i.e. a drum
125 μοι: *for me*; dat. of interest
126 βακχείᾳ...συντόνῳ: *in intense Bacchic frenzy*; ἀνὰ is adverbial and not a preposition
ἀνὰ...κέρασαν: unaugmented 3p aor. with tmesis: ἀνα-κεράννυμι, 'mix up,' assume βυρσότονον κύκλωμα as object
127 ἁδυβόᾳ...πνεύματι: *with...*; dat. of means, ἡδυβόῃ in Attic; i.e. the sound of the flute
128 ματρός Ῥέας: gen. possession; i.e. Cybele

ἐς χέρα: *into...*; acc. sg. χείρ
129 (ἐ)θῆκαν: *placed (them)*; 3p aor. τίθημι
κτύπον: in apposition to neuter κύκλωμα
εὐάσμασι: *with...*; dat. pl. in apposition to ἁδυβόᾳ πνεύματι.
Βακχᾶν: Βακχῶν in Attic; gen. pl. Βακχή
130 παρὰ ματέρος θεᾶς: *from mother goddess*
131 ἐξανύσαντο: *obtained (it)*; 'fulfilled (it) for themselves,' aor. mid.; the Satyrs adopted the cymbals of Cybele for the worship of Dionysus
133 συνῆψαν: 3p aor. συν-άπτω
τριετηρίδων: *of the biennial festival*; the counting is inclusive: thus, every two years
134 αἷς...: *in which*; relative and dat. of cause
135 ἐν ὄρεσιν: dat. pl. ὄρος, ὄρε-ος
(ἔστιν) ἡδύς: *(he is)...*; nom. pred., add verb
ἐκ...: i.e. once part of but now departing from...

ὧν πέσῃ πεδόσε, νε-
βρίδος ἔχων ἱερὸν ἐνδυτόν, ἀγρεύων 138
αἷμα τραγοκτόνον, ὠμοφάγον χάριν, ἱέμε-
νος ἐς ὄρεα Φρύγια, Λύδι', ὁ δ' ἔξαρχος Βρόμιος, 140
εὐοῖ.
ῥεῖ δὲ γάλακτι πέδον, ῥεῖ δ' οἴνῳ, ῥεῖ δὲ μελισσᾶν
νέκταρι.
Συρίας δ' ὡς λιβάνου κα-
πνὸν ὁ Βακχεὺς ἀνέχων 145
πυρσώδη φλόγα πεύκας
ἐκ νάρθηκος ἀίσσει
δρόμῳ καὶ χοροῖσιν
πλανάτας ἐρεθίζων
ἰαχαῖς τ' ἀναπάλλων,
τρυφερόν <τε> πλόκαμον εἰς αἰθέρα ῥίπτων. 150

ἀγρεύω: hunt, hunt for, 4
ἀίσσω: rush, dart, shoot, 4
ἀνα-πάλλω: swing to and fro; fling, 2
ἀν-έχω: hold up, endure, 2
βακχεύς, ὁ: Bacchus
γάλα, γάλακτος, τό: milk, 3
δρόμος, ὁ: running; course; race, foot-race, 4
ἐνδυτόν, τό: garment; clothing; put on, 3
ἔξ-αρχος, ὁ, ἡ: leader, beginner
ἐρεθίζω: provoke, rouse
εὐοῖ: euhoi (an exclamation)
ἰαχή, ἡ: cry, shout
ἵημι: let go, send, throw; mid. hasten, 3
καπνός, ὁ: smoke
λίβανος, ὁ: frankincense
Λύδιος, -α, -ον: Lydian, of Lydia, 2
μέλιττα, ἡ: bee

νάρθηξ, -ηκος, ὁ: fennel stalk (i.e. the thyrsus), 5
νεβρίς, ιδος, ἡ: fawnskin, 5
νέκταρ, -αρος, τό: nectar
οἶνος, ὁ: wine, 4
πεδό-σε (πέδονδε): to the ground, 2
πεύκη, ἡ: pine; pine-wood, torch, 3
πλανήτης, -ου ὁ: a wanderer, roamer
πυρσώδης, -ες: like a torch, bright-burning
ῥέω: flow, run, stream, 3
ῥίπτω: throw, cast, hurl, 5
Σύριος, -α, -ον: Syrian
τραγό-κτονος, -ον: of slaughtered goats
τρυφερός, -ά, -όν: delicate, dainty
φλόξ, φλογός, ἡ: flame, fire, 3
Φρύγιος, -α, -ον: Phrygian, 4
χάρις, -ριτος, ἡ: delight, grace; favor, gratitude, 4
ὠμο-φάγος, -ον: raw-eaten, eaten raw

136 ὅταν...πέσῃ: *whenever...*; general temporal clause with ἄν + 3s aor. subj. πίπτω
139 ὠμοφάγον χάριν: acc. in apposition to αἷμα
ἱέμενος: *rushing*; 'sending (himself),' pres. mid. pple ἵημι is reflexive in sense
140 ὄρεα: uncontracted for ὄρη, neuter pl. ὄρος
Λύδι(α ὄρεα): ellipsis
(ἐστί) Βρόμιος: *(is)...*; nom. pred., add verb
142 γάλακτι...οἴνῳ...νέκταρι: *with...*; all dat. of means
μελισσᾶν: *of...*; gen. pl., μελιττῶν in Attic
144 Συρίας...ὡς λιβάνου καπνὸν: *just as the smoke...*; clause of comparison (as often, the verb is omitted); from Arabia but transported through Syria
146 πυρσώδε-α: acc. sg. adj. modifying φλόγα
πεύκας: gen. sg., πεύκης in Attic
147 ἐκ νάρθηκος: *on...*; i.e. the torch is attached to attached to the enf of the νάρθηξ
148 δρόμῳ: *at full speed, at a run*; dat. of manner
χοροῖσιν: *with his dances*; dat. of means
149 ἀναπάλλων: *making them move back and forth*; transitive, πλανάτας is the object
150 <τε>: diamond brackets indicate text not in the manuscript tradition but added by the editor

ἅμα δ' εὐάσμασι τοιάδ' ἐπιβρέμει·
Ὦ ἴτε βάκχαι,
[ὦ] ἴτε βάκχαι,
Τμώλου χρυσορόου χλιδᾷ
μέλπετε τὸν Διόνυσον 155
βαρυβρόμων ὑπὸ τυμπάνων, 157
εὔια τὸν εὔιον ἀγαλλόμεναι θεὸν
ἐν Φρυγίαισι βοαῖς ἐνοπαῖσί τε,
λωτὸς ὅταν εὐκέλαδος 160
ἱερὸς ἱερὰ παίγματα βρέμῃ, σύνοχα 164
φοιτάσιν εἰς ὄρος εἰς ὄρος· ἡδομέ- 165

ἀγάλλω: glorify; *pass.* take pride in, glory, 2
βαρύ-βρομος, -ον: loud-roaring
βοή, ἡ: shout, cry, 3
βρέμω: roar
ἐνοπή, ἡ: crying, screaming
ἐπι-βρέμω: roar out
εὔασμα, -ατος, τό: a Bacchanalian shout, 2
εὐ-κέλαδος, -ον: well-sounding, melodious
ἥδομαι: be pleased, take delight in (dat), 2
λωτός, -οῦ ὁ: pipe, flute; *else*, clover, lotus, 2
μέλπω: celebrate in song and dance

παῖγμα, ατος, τό: play, sport
συν-οχος, -ον: joined together, connected, in accord with (dat)
Τμῶλος, ὁ: Mt. Tmolus, 4
τοιόσδε, -άδε, -όνδε: such, this (here) sort, 5
τύμπανον, τό: kettledrum, cymbal, 2
φοιτάς, -άδος, ἡ: roaming about; frenzy
Φρύγιος, -α, -ον: Phrygian, 4
χλιδή, ἡ: luxury, refinement, daintiness
χρυσο-ρόης, -ου: gold-flowing

151 ἅμα...εὐάσμασι: *along with...*; dat. pl
τοιάδ(ε): *the following things*; 'these sort of things'
ἐπι-βρέμει: note the verb is a cognate of Dionysus' epithet: Βρόμιος, 'the Roarer'
152 ἴτε: pl. imperative ἔρχομαι
βάκχαι: voc. dir. address
153 [ὦ]: square brackets mark words that are part of the manuscript tradition but the editor thinks should be omitted
154 Τμώλου χρυσορόου: i.e. the Pactolus river, which flows down Mt. Tmolus and is known for its gold
χλιδᾷ: *with...*; dat. of accompaniment
155 βαρυβρόμων ὑπὸ τυμπάνων: *under...*

εὔια τὸν εὔιον ἀγαλλόμεναι θεὸν: *glorifying in the cries* εὔια *the joyous* god; εὔια is neut. pl. inner acc. referring to the cries; the second εὔιος is used as an adj. referring to the one summoned by the cries
159 ἐνοπαῖσί τε: *and...*; dat. pl.
160 ὅταν...βρέμῃ: *whenever...*; general relative clause with ἄν + 3s pres. subj.
ἱερὰ παίγματα: *sacred playful tunes*; 'sacred sport' inner acc.
165 φοιτάσιν: *with...*; dat. of compound adj.
ἡδομένα: *(a bacchante)...*; nom. sg. mid. pple modifying βάκχα in line 169; ἡδομένη in Attic

```
           να δ' ἄρα, πῶλος ὅπως ἅμα ματέρι
           φορβάδι, κῶλον ἄγει ταχύπουν σκιρτήμασι βάκχα.      169
Τε.    τίς ἐν πύλαισι; Κάδμον ἐκκάλει δόμων,                    170
           Ἀγήνορος παῖδ', ὃς πόλιν Σιδωνίαν
           λιπὼν ἐπύργωσ' ἄστυ Θηβαίων τόδε.
           ἴτω τις, εἰσάγγελλε Τειρεσίας ὅτι
           ζητεῖ νιν· οἶδε δ' αὐτὸς ὧν ἥκω πέρι
           ἅ τε ξυνεθέμην πρέσβυς ὢν γεραιτέρῳ,                 175
           θύρσους ἀνάπτειν καὶ νεβρῶν δορὰς ἔχειν
           στεφανοῦν τε κρᾶτα κισσίνοις βλαστήμασιν.
Κα.    ὦ φίλταθ', ὡς σὴν γῆρυν ᾐσθόμην κλύων
           σοφὴν σοφοῦ παρ' ἀνδρός, ἐν δόμοισιν ὤν·
           ἥκω δ' ἕτοιμος τήνδ' ἔχων σκευὴν θεοῦ·               180
```

Ἀγήνωρ, -ορος ὁ: Agenor (Cadmus' father)
αἰσθάνομαι: perceive, feel, realize (gen), 2
ἀν-άπτω: fasten upon, fasten to, 2
βλάστημα, -ατος, τό: a shoot, offspring, 2
γεραιός, -ά, -όν: old, aged, elder, 2
γῆρυς, -υος, ἡ: voice, speech
δορά, ἡ: a skin, hide, 2
εἰσ-αγγέλλω: announce, report, submit
ἐκ-καλέω: call out, summon
ἕτοιμος, -η, -ον: ready, prepared
ζητέω: seek, 2
κίσσινος, -η, -ον: of ivy, 5
κῶλον, τό: limb, leg, 2
νεβρός, ὁ: fawn, young deer, 3

ξυν-τίθημι (συν-): agree to (dat), put together, 4
ὅπως: how, in what way; (in order) that, 3
περί: around, about, concerning, 4
πρέσβυς, ὁ: old man, elder, 4
πύλη, ἡ: gate, gates, 3
πυργόω: make tower, lift up (with towers)
πῶλος: a foal, young horse, 2
Σιδώνιος, -α, -ον: Sidonian, of Sidon, 2
σκευή, ἡ: apparel, dress, equipment, 3
σκίρτημα, -ατος, τό: leap, bound
στεφανόω: wreath, crown; put in circle, 4
ταχύπους, -ποδος, ὁ, ἡ: swift-footed, 2
φίλτατος, -η, -ον: dearest, most beloved, 5
φορβάς, -αδος: grazing,

166 πῶλος ὅπως: *just as...*; simile, ὅπως introduces a clause of comparison, likening the joy of a bacchante to that of a foal

169 σκιρτήμασι: *with...*; dat. of means; just as a horse bounds forward in a leap to encourage faster running

170 τίς (ἐστι): *who (is)...*; Tiresias asks a guard or attendant to summon Cadmus out to speak
   ἐκκάλει: ἐκκάλε-ε; sg. imperative, ε-contract verb, a shift from 3rd to 2nd person
   δόμων: *from...*; gen. of separation

171 παῖδ(α): acc. apposition
   ὅς...ἐπύργωσ(ε): *who...*; relative

172 λιπών: aor. pple λείπω

173 ἴτω τις: *let someone...*; 3σ imper. ἔρχομαι
   εἰσάγγελλε: imperative, another shift from 2nd to 3rd person

174 οἶδε: 3s οἶδα; not nom. pl. οἵδε (note accent)
   αὐτός: i.e. 'by himself' without any additional information; intensive with 3s subject of οἶδε
   ὧν ἥκω πέρι: *about...*; indirect question with anastrophe: περὶ ὧν

175 ἅ τε ξυνεθέμην: *and what...*; 2nd indirect question, 1s aor. mid. ξυν-τίθημι which here means 'agree to' or 'make an agreement to'
   πρέσβυς ὤν: nom. sg. pple εἰμί and nom. pred.
   γεραιτέρῳ: *with (someone)...*; i.e. Cadmus, comparative adj.

176 ἀνάπτειν...ἔχειν...στεφανοῦν: *to...*; complementary infs. equiv. to ind. disc. ('that we...'); στεφανό-ειν is an ο-contract inf.

177 κρᾶτα: i.e. the old men's heads; acc. sg.

178 (ἥκω) ὡς...ᾐσθόμην: *(I have come) since...*; 'as...' add a main verb; 1s aor. αἰσθάνομαι

179 σοφοῦ παρ(ὰ) ἀνδρός: *from...*
   ἐν δόμοισιν ὤν: *(while)...*; nom. sg. pple εἰμί

180 ἕτοιμος: predicative adj. follows ἥκω
   τήνδε σκευήν: i.e. what was noted in ll. 176-7

δεῖ γάρ νιν ὄντα παῖδα θυγατρὸς ἐξ ἐμῆς
[Διόνυσον ὃς πέφηνεν ἀνθρώποις θεός]
ὅσον καθ' ἡμᾶς δυνατὸν αὔξεσθαι μέγαν.
ποῖ δεῖ χορεύειν, ποῖ καθιστάναι πόδα
καὶ κρᾶτα σεῖσαι πολιόν; ἐξηγοῦ σύ μοι 185
γέρων γέροντι, Τειρεσία· σὺ γὰρ σοφός.
ὡς οὐ κάμοιμ' ἂν οὔτε νύκτ' οὔθ' ἡμέραν
θύρσῳ κροτῶν γῆν· ἐπιλελήσμεθ' ἡδέως
γέροντες ὄντες.

Τε.   ταῦτ' ἐμοὶ πάσχεις ἄρα·
κἀγὼ γὰρ ἡβῶ κἀπιχειρήσω χοροῖς. 190
Κα. οὐκοῦν ὄχοισιν εἰς ὄρος περάσομεν;
Τε. ἀλλ' οὐχ ὁμοίως ἂν ὁ θεὸς τιμὴν ἔχοι.
Κα. γέρων γέροντα παιδαγωγήσω σ' ἐγώ.
Τε. ὁ θεὸς ἀμοχθὶ κεῖσε νῷν ἡγήσεται.
Κα. μόνοι δὲ πόλεως Βακχίῳ χορεύσομεν; 195

ἀμοχθί (ἀμοχθεί): without toil
αὐξάνω: exalt, extol; grow, increase, enrich, 3
δυνατός, -όν: capable, possible, strong, 2
ἐξ-ηγέομαι: lead (out) the way for; explain (dat)
ἐπι-λανθάνομαι: forget, let escape notice
ἐπι-χειρέω: attempt, put one's hand to
ἡβάω: be in the prime of youth
ἡδέως: sweetly, pleasantly, gladly, 2
ἡμέρα, ἡ: day, 5
κάμνω: tire, be weary; work, labor, toil
κεῖ-σε: to there, thither
κροτέω: strike, knock

νύξ, νυκτός, ἡ: night, 3
νώ, νῷν, : we two, us two (1st pers. dual.)
ὅμοιος, -η, -ον: like, similar; adv likewise, 2
οὐκ-οῦν: therefore, then, accordingly, 2
ὄχος, ὁ: carriage, 2
παιδαγωγέω: lead (just as a slave leads a child)
περάω: come, pass, penetrate, 3
ποῖ: (to) where?, whither?, 3
πολιός, -ά, -όν: grey, 3
σείω: to brandish, shake, move to and fro, 3
τιμή, ἡ: honor, worship, 4
χορεύω: dance, take part in the chorus, 2

181 νιν...αὔξεσθαι μέγαν: *that he be extolled (to be) great*; or 'be extolled as great,' ind. disc. with pres. mid. inf.; μέγαν is an acc. pred.
ὄντα παῖδα θυγατρὸς ἐξ ἐμῆς: acc. sg. pple εἰμί and acc. pred. modifying νιν; Semele is a daughter of Cadmus and Agave
182 [Διόνυσον ὃς πέφηνεν ἀνθρώποις θεός]: *Dionysus, who has appeared a god to humans*; brackets indicate text in the manuscript tradition that the editor choses to omit
183 ὅσον καθ' ἡμᾶς δυνατὸν (ἐστί): *as much as (it is)...*; relative clause, ὅσον is an adv. acc. (acc. of extent); the verb is impersonal
καθ' ἡμᾶς: *in us*; 'in accordance/relation to us'
184 (δεῖ) καθιστάναι...σεῖσαι: *(it is necessary) to...*; aor. inf. καθίστημι and σείω
185 κρᾶτα: acc. sg. κράς

ἐξηγέ(εσο): 2s pres. mid. imper. ἐξ-ηγέομαι
μοι...γέροντι: dat. ind. obj. or interest
186 Τειρεσία: vocative, dir. address
σὺ γὰρ (εἶ) σοφός: add a linking verb
187 ὡς: *since...*; 'as...' causal clause
οὐ κάμοιμ(ι) ἄν: *I would...*; potential opt. (ἄν + aor opt. κάμνω)
οὔτε νύκτα οὔθ'.: *neither...nor...*; acc. duration
188 ἐπιλελήσμεθα: 1p pf. mid. ἐπι-λανθάνομαι
ὄντες: *that we are..*; ind. disc. with pple εἰμί
189 τ(ὰ) αὐτά: αὐτός in the attributive position means 'same,' neut. acc. obj.
ἐμοί: *as me*; common dat. of special adj. αὐτός
190 κα(ὶ) ἐγώ...κα(ὶ) (ἐ)πιχειρήσω: *both...and...*; almost all the verbs are future tense
192 ἂν ἔχοι.: *would...*; potential opt.
195 Βακχίῳ: *for...*; dat. of interest

Τε. μόνοι γὰρ εὖ φρονοῦμεν, οἱ δ' ἄλλοι κακῶς.
Κα. μακρὸν τὸ μέλλειν· ἀλλ' ἐμῆς ἔχου χερός.
Τε. ἰδού, ξύναπτε καὶ ξυνωρίζου χέρα.
Κα. οὐ καταφρονῶ 'γὼ τῶν θεῶν θνητὸς γεγώς.
Τε. οὐδὲν σοφιζόμεσθα τοῖσι δαίμοσιν. 200
πατρίους παραδοχάς, ἅς θ' ὁμήλικας χρόνῳ
κεκτήμεθ', οὐδεὶς αὐτὰ καταβαλεῖ λόγος,
οὐδ' εἰ δι' ἄκρων τὸ σοφὸν ηὕρηται φρενῶν.
ἐρεῖ τις ὡς τὸ γῆρας οὐκ αἰσχύνομαι,
μέλλων χορεύειν κρᾶτα κισσώσας ἐμόν; 205
οὐ γὰρ διῄρηχ' ὁ θεός, οὔτε τὸν νέον
εἰ χρὴ χορεύειν οὔτε τὸν γεραίτερον,
ἀλλ' ἐξ ἁπάντων βούλεται τιμὰς ἔχειν
κοινάς, διαριθμῶν δ' οὐδέν' αὔξεσθαι θέλει.
Κα. ἐπεὶ σὺ φέγγος, Τειρεσία, τόδ' οὐχ ὁρᾷς, 210

αἰσχύνω: shame, dishonor; feel ashamed
ἄκρος, -α, -ον: highest, top of; edge, depths of, 4
αὐξάνω: exalt, extol; grow, increase, enrich, 3
βούλομαι: wish, be willing, 4
γεραιός, -ά, -όν: old, aged, elder, 2
γῆρυς, -υος, ἡ: voice, speech
δι-αιρέω: divide, take apart; make a distinction
δι-αριθμέω: count through, enumerate, classify
ἐπεί: when, after, since, because, 5
κατα-βάλλω: throw/put down, overthrow, 2
κατα-φρονέω: look down upon, despise (gen.) 2
κτάομαι: acquire, take possession of, 4

κισσάω: crown or wreathe with ivy
κοινός, -ή, -όν: common, shared, 3
μακρός, -ή, -όν: long, far, distant, large, 3
μέλλω: be about to, intend to; delay, 5
ξυν-άπτω: fasten or join together, 4
ξυν-ωρίζω: join together, yoke together
ὁμῆλιξ, -ικος, ὁ, ἡ: of the same age
παρα-δοχή, ἡ: custom, tradition
πάτριος, -α, -ον: ancestral, of the father, 2
σοφίζω: make wise; *mid.* devise skillfully
τιμή, ἡ: honor, worship, 4
φέγγος, -εος, τό: light; splendor, luster

196 εὖ φρονοῦμεν: i.e. think rightly
κακῶς (φρονοῦμεν)
197 τὸ μέλλειν (ἐστί): *delaying*; articular inf.
ἔχε(σ)ο: sg. mid. imperative ἔχω; mid. ἔχομαι often means 'take hold of' or 'cling to' + gen.
ἐμῆς...χερός.: *of...*; partitive gen. χείρ
198 ἰδού: *look! behold!*; adv. from, ἰδοῦ (ἰδέ(σ)ο) sg, aor. mid. imperative of ὁράω (aor. ἰδ-); the middle voice is often used as active in poetry
ξυνωρίζε(σ)ο: sg. mid. imper. ξυν-ωρίζω
198 χέρα: acc. sg. χείρ
θνητὸς γεγώς: nom. sg. pf. pple, γίγνομαι 'be born,' + nom. pred.
200 οὐδὲν: *not at all*; adverbial acc. (inner acc. 'have no wisdom')
τοῖσι δαίμοσιν: *against...*; 'for,' dat. of interest; or possibly dat. of reference (point of view): 'we are not at all wise in the eyes of the gods'
201 (ἐκείνας) ἅς τε...κεκτήμεθ(α),: *and (those)*

which...; relative + 1s pf. mid.; the missing acc. antecedent is joined to παραδοχάς by τε
χρόνῳ: *in...*; dat. of respect
202 αὐτὰ: *them*; resuming and replacing both acc. objs. above with a shift to neuter pl.
καταβαλεῖ: καταβαλέ-ει, fut.
203 οὐδ' εἰ...ηὕρηται: *not even if...*; pf. pass. indicative, εὑρίσκω; οὐδὲ is adverbial
δι' ἄκρων...φρενῶν: *through the depths of our wits*; ἄκρων is not here 'highest' but 'deepest'
τὸ σοφὸν: *the wise thing*
204 ἐρεῖ...ὡς: *will say that...*; ind. disc. fut. λέγω
206 διήρηκ(ε): *made a distinction/divided up*; pf.
εἰ χρὴ χορεύειν: *whether...*; ind. question
οὔτε τὸν νέον οὔτε τὸν γεραίτερον: *either young or older*; acc. subjects of χορεύειν
209 διαριθμῶν...θέλει: *he wants to be exalted counting no one (by class)*; difficult to interpret

ἐγὼ προφήτης σοι λόγων γενήσομαι.
Πενθεὺς πρὸς οἴκους ὅδε διὰ σπουδῆς περᾷ,
Ἐχίονος παῖς, ᾧ κράτος δίδωμι γῆς.
ὡς ἐπτόηται· τί ποτ' ἐρεῖ νεώτερον;

Πε. ἔκδημος ὢν μὲν τῆσδ' ἐτύγχανον χθονός, 215
κλύω δὲ νεοχμὰ τήνδ' ἀνὰ πτόλιν κακά,
γυναῖκας ἡμῖν δώματ' ἐκλελοιπέναι
πλασταῖσι βακχείαισιν, ἐν δὲ δασκίοις
ὄρεσι θοάζειν, τὸν νεωστὶ δαίμονα
Διόνυσον, ὅστις ἔστι, τιμώσας χοροῖς· 220
πλήρεις δὲ θιάσοις ἐν μέσοισιν ἑστάναι
κρατῆρας, ἄλλην δ' ἄλλοσ' εἰς ἐρημίαν
πτώσσουσαν εὐναῖς ἀρσένων ὑπηρετεῖν,
πρόφασιν μὲν ὡς δὴ μαινάδας θυοσκόους,
τὴν δ' Ἀφροδίτην πρόσθ' ἄγειν τοῦ Βακχίου. 225

ἄλλο-σε: to another place
ἄρσην, ἄρσενος: male, 3
Ἀφροδίτη, ἡ: Aphrodite, 4
δάσκιος, -ον: thick-shaded, bushy
δή: indeed, surely, really, certainly, just, 5
ἔκ-δημος, -ον: away from home, abroad
ἐρημία, ἡ: solitude, loneliness; wilderness, 4
εὐνή, ἡ: bed
θοάζω: rush, move quickly, 2
θυο-σκόος, ὁ: sacrificing priest
κρατήρ, -ῆρος, ὁ: mixing bowl, 3
κράτος, τό: power, might
μέσος, -η, -ον: middle, in the middle of, 4

νεοχμός, -όν: new
νεωστί: newly, lately, just now
περάω: come, traverse, pass, 3
πλαστός, -ή, -όν: fabricated, made-up
πλήρης, -ες: full of, filled of, 2
πρό-φασις, ἡ: alleged motive, pretext
προ-φήτης, ὁ: interpreter, spokesman, 2
πρόσθεν: before, (gen); *adv.* before, forward, 5
πτοέω: make panic, scare; flutter, excite, 2
πτώσσω: shrink away, cower, creep
σπουδή, ἡ: haste, eagerness, zeal, effort, 2
τιμάω: honor, revere, 5
ὑπ-ηρετέω: serve, minister to (dat)

211 σοι: dat. of interest
γενήσομαι: fut. γίγνομαι
212 ὅδε: *here*; deictic: Cadmus is likely pointing
διὰ σπουδῆς: *in haste*; 'through haste'
213 Ἐχίονος παῖς: in apposition to Πενθεὺς
ᾧ...δίδωμι: *to whom...*; relative, dat. ind. obj.
214 ὡς ἐπτόηται: *How panicked he is!*; in exclamation; pf. pass. πτοέω denotes a state
τί ποτ(ὲ): *what in the world...?*; intensive ποτέ
ἐρεῖ: fut. λέγω
νεώτερον: *news*; 'newer,' comparative of νέος
215 ὢν...ἐτύγχανον: *I happened to...*; τυγχάνω + pple, here εἰμί, is translated as 'happen to X'
τῆσδε χθονός: *from...*; abl. of separation
216 νεοχμὰ κακά: neut. substantive: add 'things'
τήνδ' ἀνὰ πτόλιν: *throughout..., upon...*
217 γυναῖκας...δώματα ἐκλελοιπέναι: *that...*;

ind. disc. with pf. act. inf. ἐκ-λείπω
ἡμῖν: *our*; dat. of possession or ethical dat.
218 βακχείαισιν: *because of...*; dat of cause
ἐν δὲ...θοάζειν: *and (that they)...*; ind. disc.
τὸν νεωστὶ δαίμονα: *this newly(-arrived) god*
220 ὅστις ἔστι: *whoever he is*; Pentheus trivializes the importance of Dionysus
τιμώσας: acc. pl. pres. α-contract pple modifying γυναῖκας; τὸν...δαίμονα is object
221 ἑστάναι κρατῆρας: *that mixing bowls...*; ind. disc. with pf. ἵστημι; κρατῆρας is acc. subject
222 ἄλλην δ' ἄλλοσε...ὑπηρετεῖν: *that different (women) into different directions....*; ind. disc.
224 πρόφασιν μὲν: *on pretext*; acc. of respect
ὡς δὴ (οὖσας)...,: *on the grounds, of course, of (being)...*; ὡς + pple of alleged cause; add pple
225 δὲ...ἄγειν: *but that (they) celebrate* (acc) *before* (gen); ind. disc.; gen. of comparison

ὅσας μὲν οὖν εἴληφα, δεσμίους χέρας
σῴζουσι πανδήμοισι πρόσπολοι στέγαις·
ὅσαι δ' ἄπεισιν, ἐξ ὄρους θηράσομαι,
[Ἰνώ τ' Ἀγαύην θ', ἥ μ' ἔτικτ' Ἐχίονι,
Ἀκταίονός τε μητέρ', Αὐτονόην λέγω.]   230
καὶ σφᾶς σιδηραῖς ἁρμόσας ἐν ἄρκυσιν
παύσω κακούργου τῆσδε βακχείας τάχα.

λέγουσι δ' ὥς τις εἰσελήλυθε ξένος,
γόης ἐπῳδὸς Λυδίας ἀπὸ χθονός,
ξανθοῖσι βοστρύχοισιν εὐοσμῶν κόμην,   235
οἰνῶπας ὄσσοις χάριτας Ἀφροδίτης ἔχων,
ὃς ἡμέρας τε κεὐφρόνας συγγίγνεται
τελετὰς προτείνων εὐίους νεάνισιν.
εἰ δ' αὐτὸν εἴσω τῆσδε λήψομαι στέγης,
παύσω κτυποῦντα θύρσον ἀνασείοντά τε   240

Ἀκτέων, -ος (and Ἀκταίονός), ὁ: Actaeon, 4
ἀνα-σείω: shake back, shake to and fro, 2
ἄπ-ειμι: be away, be distant, 3
ἄρκυς, -υος, ἡ: net, hunter's net, 3
ἁρμόζω: fit together, join; bind together
Αὐτονοή, ἡ: Autonoe, 4
Ἀφροδίτη, ἡ: Aphrodite, 4
βόστρυχος, ὁ: curl, lock of hair, 3
γόης, γόητος, ὁ: enchanter, sorcerer
δέσμιος, -ον: bound, captive; binding, 5
εἰσ-έρχομαι (εἶμι, ἦλθον): come or go to
ἐπ-ῳδός, -όν: enchanting, singing
εὐ-οσμέω: be fragrant, sweet-smelling
εὐ-φρόνη, ἡ: night (lit. 'kindly time')
ἡμέρα, ἡ: day, 5
Ἰνώ, Ἰνέος, ἡ: Ino, 5
κάκ-ουργος, -ον: doing bad, mischievous
κόμη, ἡ: hair, hair of the head, 5

κτυπέω: crash, ring, resound, 2
Λύδιος, -α, -ον: Lydian, of Lydia, 2
νεᾶνις, -ιδος, ἡ: young woman, girl, maiden, 3
ξανθός, -ή, -όν: yellow, auburn
οἰν-ώψ, -ῶπος, ὁ, ἡ: wine-dark, wine-looking, 2
ὄσσε, τώ: two eyes (dual), 4
πάν-δημος, -ον: public, common, 2
πρόσ-πολος, ὁ: servant, attendant, 2
προ-τείνω: hold out, offer; stretch before
σιδήρεος, -α, -ον: made of iron
στέγη, ἡ: roof; shelter, building, home, 4
συγ-γίγνομαι: come to be with, associate with
σφεῖς,-έων,-ιν,-ας (sg. σφέ): them (him/her/it), 4
σῴζω: save, keep safe, preserve, 4
τάχα: soon, presently; quickly, 5
τελετή, ἡ: rite, initiation, 5
χάρις, -ριτος, ἡ: delight, grace; favor, gratitude, 4

226 (γυναῖκας) ὅσας...εἴληφα: *as many (women) as...*; relative with 1s pf. λαμβάνω
δεσμίους: two-ending adj. modifying γυναῖκας
χέρας: *in (their)...*; acc. of respect, χείρ
227 (ἐν) πανδήμοισι στέγαις: i.e. in prison
228 (γυναῖκας) ὅσαι δ' ἄπεισιν: *but as many (women) as...*; relative, 3p pres. ἄπ-ειμι
θηράσομαι: fut. mid.
229 [Ἰνώ...λέγω]: *I mean both Ino and Agave, who gave birth to me to Echion, and Autonoe, mother of Actaeon*; [] = editor chooses to omit
231 ἁρμόσας: *binding*; nom. aor. pple ἁρμόζω

232 παύσω (σφᾶς): *I will make (them) stop*
κακούργου...βακχείας: *from...*; gen. separation
233 ὥς... εἰσελήλυθε: *that...*; ind. disc.; 3s pf.
234 ξανθοῖσι βοστρύχοισιν: *with...*
κόμην: *in...*; acc. of respect
236 (ἐν) ὄσσοις: *in his eyes*; dat. of place where
237 ἡμέρας...κ(αὶ) εὐφρόνας: *both...and*; duration
238 νεάνισιν: *with...*; dat. pl. of compound verb
239 εἰ λήψομαι, παύσω: *if I catch...*; emotional fut. more vivid (εἰ fut., fut.) λαμβάνω, παύω
εἴσω τῆσδε...στέγης: *inside...*; εἴσω = ἔσω
240 παύσω (νιν): *I will make (him) stop*

κόμας, τράχηλον σώματος χωρὶς τεμών.
ἐκεῖνος εἶναί φησι Διόνυσον θεόν,
ἐκεῖνος ἐν μηρῷ ποτ' ἐρράφθαι Διός,
ὃς ἐκπυροῦται λαμπάσιν κεραυνίαις
σὺν μητρί, Δίους ὅτι γάμους ἐψεύσατο.   245
ταῦτ' οὐχὶ δεινῆς ἀγχόνης ἔστ' ἄξια,
ὕβρεις ὑβρίζειν, ὅστις ἔστιν ὁ ξένος;
  ἀτὰρ τόδ' ἄλλο θαῦμα, τὸν τερασκόπον
ἐν ποικίλαισι νεβρίσι Τειρεσίαν ὁρῶ
πατέρα τε μητρὸς τῆς ἐμῆς—πολὺν γέλων—   250
νάρθηκι βακχεύοντ'· ἀναίνομαι, πάτερ,
τὸ γῆρας ὑμῶν εἰσορῶν νοῦν οὐκ ἔχον.
οὐκ ἀποτινάξεις κισσόν; οὐκ ἐλευθέραν
θύρσου μεθήσεις χεῖρ', ἐμῆς μητρὸς πάτερ;
σὺ ταῦτ' ἔπεισας, Τειρεσία· τόνδ' αὖ θέλεις   255

ἀγχόνη, ἡ: hanging, strangling
ἀν-αίνομαι: refuse, spurn, decline, 2
ἀπο-τινάσσω: shake off
ἀτάρ: but, yet, 3
αὖ: again; moreover, besides; in turn, 4
βακχεύω: rave, be/make frenzied, 3
γάμος, ὁ: *pl.* wedding, marriage, 3
γέλως, γέλω(τος), ὁ: laughter, mockery
γῆρας, τό: old age, 4
δῖος, -α, -ον: divine; of Zeus, 3
ἐκ-πυρόω: burn to ashes, consume utterly
ἐλεύθερος, -α, -ον: free, 2
κεραύνιος, -α, -ον: thunderbolt-struck, 5
κόμη, ἡ: hair, hair of the head, 5
λαμπάς, -άδος, ἡ: torch, 2

μεθ-ίημι: let go, release, relax, send; give up, 5
μηρός, ὁ: thigh, 5
νάρθηξ, -ηκος, ὁ: fennel stalk (i.e. the thyrsus), 5
νεβρίς, ιδος, ἡ: fawnskin, 5
νοῦς, ὁ: mind, thought, attention, 2
ποικίλος, -η, -ον: varied, spotted;, *adv.* artfully, 3
ῥάπτω: sew together, stitch, 2
σύν: along with, with, together (gen), 5
τέμνω: cut, severe, 2
τερα-σκόπος, ὁ: soothsayer, prophet
τράχηλος, -ου, τό: neck, throat
ὑβρίζω: commit outrage, insult, maltreat, 4
ὕβρις, ἡ: outrage, insolence, insult, pride, 5
χωρίς: separately; apart from, without (gen), 3
ψεύδομαι: lie about, speak falsely, feign, 2

241 σώματος χωρὶς: *apart from...;* anastrophe
  τεμών: *by...;* causal, nom. sg. aor. pple τέμνω
242 ἐκεῖνος...φησι: i.e. the stranger, ξένος, in line 233; 3s φημί
  εἶναί Διόνυσον θεόν,: *that Dionysus is a god*; ind. disc. with inf. εἰμί
243 ἐκεῖνος (φησι): ellipsis, add verb from above
  ἐρράφθαι: *that (Dionysus)...;* ind. disc. with aor. pass. inf. ῥάπτω; Διός is gen. sg. Ζεύς
244 ὃς ἐκπυροῦται: *who (in fact)...;* Pentheus thinks that he just burned up; 3s historical pres. pass.; the antecedent is Dionysus, not Zeus
  λαμπάσιν κεραυνίαις: dat. of means
245 ὅτι: *because...;* causal clause
  Δίους: acc. pl. of adjective δῖος

246 ταῦτ(α)...ἔστ(ι): *Are these things not...?*
  δεινῆς ἀγχόνης: gen. with nom. pred. ἄξια
247 ὕβρεις ὑβρίζειν: *(namely) to commit such insolence*; in apposition to ταῦτα; the cognate acc. ὕβρεις makes the verb more emphatic
  ὅστις ἔστιν ὁ ξένος: *whoever...;* Pentheus again trivializes Dionysus' importance; cf. line 220,
250 πολὺν γέλων: acc. in apposition
251 εἰσορῶν: nom. sg. pple
252 νοῦν οὐκ ἔχον: *not having sense;* acc. pple
254 θύρσου: *from...;* gen. of separation
  μεθήσεις χεῖρ(α): 2s fut. μεθ-ίημι in a question
255 ἔπεισας: 2s aor. πείθω

τὸν δαίμον' ἀνθρώποισιν ἐσφέρων νέον
σκοπεῖν πτερωτοὺς κἀμπύρων μισθοὺς φέρειν.
εἰ μή σε γῆρας πολιὸν ἐξερρύετο,
καθῆσ' ἂν ἐν βάκχαισι δέσμιος μέσαις,
τελετὰς πονηρὰς εἰσάγων· γυναιξὶ γὰρ   260
ὅπου βότρυος ἐν δαιτὶ γίγνεται γάνος,
οὐχ ὑγιὲς οὐδὲν ἔτι λέγω τῶν ὀργίων.
Χο. τῆς δυσσεβείας. ὦ ξέν', οὐκ αἰδῇ θεοὺς
Κάδμον τε τὸν σπείραντα γηγενῆ στάχυν,
Ἐχίονος δ' ὢν παῖς καταισχύνεις γένος;   265
Τε. ὅταν λάβῃ τις τῶν λόγων ἀνὴρ σοφὸς
καλὰς ἀφορμάς, οὐ μέγ' ἔργον εὖ λέγειν·
σὺ δ' εὔτροχον μὲν γλῶσσαν ὡς φρονῶν ἔχεις,
ἐν τοῖς λόγοισι δ' οὐκ ἔνεισί σοι φρένες.
θράσει δὲ δυνατὸς καὶ λέγειν οἷός τ' ἀνὴρ   270

αἰδέομαι: revere, respect, feel ashamed
ἀφ-ορμή, ἡ: starting-point
βότρυς, -υος, ὁ: cluster of grapes, 3
γάνος, -εος, τό: refreshment, joy (of wine), 2
γη-γενής, -ές: earthborn, 4
γῆρας, τό: old age, 4
γλῶσσα, ἡ: tongue, language, 3
δαίς, δαιτός, ἡ: meal, feast, banquet, 4
δέσμιος, -ον: bound, captive; binding, 5
δυνατός, -όν: capable, possible, strong, 2
δυσ-σέβεια, ἡ: impiety, unholiness
εἰσ-άγω: lead in
εἰσ-φέρω: bring or carry in, 5
ἐκ-ρύομαι: deliver, rescue, draw out
ἐμ-πυρόω: set on fire, burn
ἔν-ειμι: be in, be available (ἔνι=ἔνεστι), 2

ἔργον, τό: work, labor, deed, act, 3
εὔ-τροχος, -ον: well-wheeled
θράσος, -εος τό: boldness; courage
κάθ-ημαι: sit, be seated, 4
κατ-αισχύνω: disgrace, dishonour, shame, 2
μέσος, -η, -ον: middle, in the middle of, 4
μισθός, ὁ: fee, pay, hire
ὅπου: where; somewhere, 2
πολιός, -ά, -όν: grey, 3
πονηρός, -α, -ον: wicked, bad, worthless
πτερωτός, -ή, -όν: feathered, winged; subst. bird
σκοπέω: to examine, consider, behold, 2
σπείρω: sow, plant, 4
στάχυς, -υος, ὁ: crop, ear of grain, 2
τελετή, ἡ: rite, initiation, 5
ὑγιής, -ές: healthy, sound, 2

256 ἐσφέρων: by...; causal pres. pple
257 σκοπεῖν: i.e. augury; governed by θέλεις
πτερωτούς: birds; 'feathered (ones)'
κα(ὶ) (ἐ)μπύρων: and by...; causal nom. sg. pple; i.e. performing and burning sacrifices
φέρειν: bring in, carry off; i.e. gain
258 εἰ μή...ἐξερρύετο, καθῆσο ἂν: if...were not delivering..., you would...; contrary to fact condition (εἰ impf., ἄν + aor.); 3s impf. mid. ἐκ-ρύομαι and 2s aor. mid. κάθ-ημαι
260 εἰσάγων: (for)...; causal pres. pple
γυναιξὶ...γίγνεται: women have...; dat. pl. of possession; make the subject γάνος the object
262 οὐχ...ἔτι: any longer; positve after οὐδὲν

ὑγιὲς (εἶναι) οὐδὲν...τῶν ὀργίων.: that nothing...(is)...; ind. disc., οὐδὲν is acc. subject
263 τῆς δυσσεβείας: The impiety!; exclamations are often in the genitive (~gen. of cause, S1407)
αἰδέ(σ)αι: do you not revere; 2s mid.
γηγενῆ στάχυν: i.e. sown from serpent's teeth
265 ὢν: nom. sg. pple εἰμί
266 ὅταν λάβῃ: whenever...takes...; general temporal clause with ἄν + 3s aor. subj.
267 ἔργον (ἐστίν): it is a task; impersonal
268 ὡς φρονῶν: just as one being sensible
269 σοι: in you; dat. of compound verb
θράσει...: powerful in boldness; dat. of respect
270 οἷός τ' (ὢν): being able; '(being) the sort to'

κακὸς πολίτης γίγνεται νοῦν οὐκ ἔχων.
  οὗτος δ' ὁ δαίμων ὁ νέος, ὃν σὺ διαγελᾷς,
οὐκ ἂν δυναίμην μέγεθος ἐξειπεῖν ὅσος
καθ' Ἑλλάδ' ἔσται. δύο γάρ, ὦ νεανία,
τὰ πρῶτ' ἐν ἀνθρώποισι· Δημήτηρ θεά—   275
γῆ δ' ἐστίν, ὄνομα δ' ὁπότερον βούλῃ κάλει·
αὕτη μὲν ἐν ξηροῖσιν ἐκτρέφει βροτούς·
ὃς δ' ἦλθ' ἔπειτ', ἀντίπαλον ὁ Σεμέλης γόνος
βότρυος ὑγρὸν πῶμ' ηὗρε κεἰσηνέγκατο
θνητοῖς, ὃ παύει τοὺς ταλαιπώρους βροτοὺς   280
λύπης, ὅταν πλησθῶσιν ἀμπέλου ῥοῆς,
ὕπνον τε λήθην τῶν καθ' ἡμέραν κακῶν
δίδωσιν, οὐδ' ἔστ' ἄλλο φάρμακον πόνων.
οὗτος θεοῖσι σπένδεται θεὸς γεγώς,
ὥστε διὰ τοῦτον τἀγάθ' ἀνθρώπους ἔχειν.   285

ἀγαθός, -ή, -όν: good, brave, capable
ἄμπελος, ὁ: vine, 4
ἀντί-παλος, -ον: rival, match; wrestling rival, 2
βότρυς, -υος, ὁ: cluster of grapes, 3
βούλομαι: wish, be willing, 4
γόνος, ὁ: offspring, a child; family, 5
Δημήρηρ, ἡ: Demeter
δια-γελάω: laugh at, 2
δύναμαι: be able, can, be capable, 4
δύο: two, 3
εἰσ-φέρω: bring or carry in, 5
ἐκ-λέγω (aor. εἶπον): speak out, declare, 2
ἐκ-τρέφω: rear, raise up, bring up
ἔπειτα: then, thereupon, next, 3
ἡμέρα, ἡ: day, 5
θεά, ἡ: goddess, 4
λήθη, ἡ: forgetfulness, oblivion

λύπη, ἡ: pain; grief
μέγεθος, τό: size, magnitude, greatness
νεανίης, ὁ: young man, youth, 3
νοῦς, ὁ: mind, thought, attention, 2
ξηρός, -α, -ον: dry
ὄνομα, ὀνόματος, τό: name, expression, 5
ὁπότερος, -η, -ον: which (of two)
πίμπλημι: make full, fill, fill full of
πολίτης, ὁ: citizen
πόνος, ὁ: work, toil; woe, trouble, 5
πῶμα, ατος, τό: drink, 2
ῥοή, ἡ: stream, flow, river, 5
σπένδω: make a libation, make a truce, 2
ταλαίπωρος, -ον: suffering, miserable
ὑγρός, ά, όν: wet, watery, moist
ὕπνος, -ου, ὁ: sleep, 4
φάρμακον, τό: drug, ointment, 2

271 νοῦν οὐκ ἔχον: *(by/if) not having sense*
272 οὗτος δ' ὁ δαίμων ὁ νέος: a single subject; νέος is in the attributive position with δαίμων
  ὃν σὺ διαγελᾷς,: *whom...*; 2s pres. διαγελά-εις
273 ἂν δυναίμην: *I would...*; potential pres. opt.
  μέγεθος ὅσος ἔσται.: *how large in greatness...*; ind. question; fut. εἰμί and neut. acc. of respect
274 κα(τὰ) Ἑλλάδ(α): *in..., through...*
275 (εἰσίν) τὰ πρῶτ(α): *(are) primary/foremost*
  ἐν ἀνθρώποισι: *among...*; i.e. in the eyes of...
276 γῆ δ' ἐστίν: *(she) is...*; γῆ is nom. pred.
  βούλέ(σ)αι: 2s pres. mid.
  κάλει: sg. ε-contract imperative, κάλε-ε

277 ἐν ξηροῖσιν: *on dry foods*; i.e. grains
278 ὃς...ἔπειτ(α),: *but (the one) who came next*
  ὁ γόνος: in apposition to ὃς δ' ἦλθ(ε) ἔπειτ(α)
279 ηὗρε: *found (x) (y)*; aor. εὑρίσκω, double acc
  κ(αὶ) εἰσηνέγκατο: aor. mid. εἰσ-φέρω (ἠνέγκ)
281 λύπης: *from...*; gen. of separation
  ὅταν πλησθῶσιν: *whenever...*; general temporal cl. with ἄν + 3p aor. pass. subj. + partitive gen.
282 λήθην: in apposition to ὕπνον
  καθ' ἡμέραν: *daily*; 'day by day,' distributive
284 θεὸς γεγώς: pf. pple γίγνομαι, 'be born'
  σπένδεται: *is poured out in libation to the gods*
285 ὥστε...ἔχειν.: *so that humans...*; result clause

καὶ καταγελᾷς νιν, ὡς ἐνερράφη Διὸς
μηρῷ; διδάξω σ' ὡς καλῶς ἔχει τόδε.
ἐπεί νιν ἥρπασ' ἐκ πυρὸς κεραυνίου
Ζεύς, ἐς δ' Ὄλυμπον βρέφος ἀνήγαγεν θεόν,
Ἥρα νιν ἤθελ' ἐκβαλεῖν ἀπ' οὐρανοῦ· 290
Ζεὺς δ' ἀντεμηχανήσαθ' οἷα δὴ θεός.
ῥήξας μέρος τι τοῦ χθόν' ἐγκυκλουμένου
αἰθέρος, ἔθηκε τόνδ' ὅμηρον ἐκδιδούς,
*
Διόνυσον Ἥρας νεικέων· χρόνῳ δέ νιν
βροτοὶ ῥαφῆναί φασιν ἐν μηρῷ Διός, 295
ὄνομα μεταστήσαντες, ὅτι θεᾷ θεὸς
Ἥρᾳ ποθ' ὡμήρευσε, συνθέντες λόγον.
  μάντις δ' ὁ δαίμων ὅδε· τὸ γὰρ βακχεύσιμον
καὶ τὸ μανιῶδες μαντικὴν πολλὴν ἔχει·
ὅταν γὰρ ὁ θεὸς ἐς τὸ σῶμ' ἔλθῃ πολύς, 300

ἀν-άγω: lead up
ἀντι-μηχανάομαι: contrive against/in response
ἁρπάζω: snatch, carry off, kidnap, 4
Βακχεύσιμος, -ον: Bacchanalian, frenzied
βρέφος, -εος, τό: infant (in the womb), fetus, 3
δή: indeed, surely, really, certainly, just, 5
διδάσκω: to teach, tell
ἐγ-κυκλέομαι: surround, *mid.* encircle
ἐκ-βάλλω: throw out of, cast away, expel, 5
ἐκ-δίδωμι: give out, give up
ἐν-ράπτω: sew up in
ἐπεί: when, after, since, because, 5
Ἥρα, ἡ: Hera, 5   θεά, ἡ: goddess, 4
κατα-γελάω: laugh at, mock
κεραύνιος, -α, -ον: thunderbolt-struck, 5

μανιώδης, -ες: mad, full of madness
μαντικός, -ή, -όν: prophetic; *subs.* prophetic art, 2
μάντις, -εως, ὁ: seer, prophet, diviner
μεθ-ίστημι: change, move, 4
μέρος, -εος, τό: part, share, portion, 2
μηρός, ὁ: thigh, 5
νεῖκος, -εος, τό: quarrel, strife
Ὄλυμπος, ὁ: Mt. Olympus, 4
ὁμηρεύω: serve as a hostage
ὅμηρος, ὁ: hostage, pledge
ὄνομα, ὀνόματος, τό: name, expression, 5
οὐρανός, ὁ: sky, 3
ῥάπτω: sew together, stitch, 2
ῥήγνυμι: break, break down or apart; tear, 3
συν-τίθημι (ξυν-): agree to (dat), put together, 4

286 νιν ὡς ἐνερράφη:: *that he...*; ind. disc. + aor. pass. ῥάπτω; make proleptic νιν the subject
   μηρῷ: *in...*; dat. of compound verb
287 ὡς καλῶς ἔχει τόδε: *that...*; ind. disc.
   καλῶς ἔχει: ἔχω ('holds,' 'is disposed') + adv. is often translated as εἰμί + pred.: 'is good/right'
288 ἥρπασ(ε): aor. ἁρπάζω
289 θεόν: *as a god*; predicative
290 ἤθελ(ε): impf. θέλω/ἐθέλω
291 ἀντεμηχανήσατ(ο): 3s aor. mid.
   οἷα δὴ θεός: *the very sort of things a god (contrives)*; relative clause, δή is intensive
292 ῥήξας: nom. sg. aor. pple ῥήγνυμι
   τοῦ χθόν(α) ἐγκυκλουμένου αἰθέρος: mid. pple

293 ἔθηκε: *he made (x) (y)*; aor. τίθημι + double acc.; Zeus made a likeness of Dionysus from air and gave it to Hera as if it were the god himself
   τόνδε: i.e. μέρος τι, neut. but drawn into masc.
   ἐκδιδούς Διόνυσον Ἥρας νεικέων: *giving up Dionysus away from the quarrels of Hera*; i.e. to be raised by Nymphs away from Hera; nom. sg. pres. pple and gen. of separation
294 χρόνῳ φασιν: *in time mortals say...*; 3p φημί
295 νιν ῥαφῆναί: *that...*; aor. pass. inf. ῥάπτω
296 ὅτι...ὡμήρευσε: *because...*; causal, ὁμηρεύω
   συνθέντες λόγον: *composing a story*; aor.
298 τὸ βακχεύσιμον...: *the frenzy and madness*
300 ὅταν...ἔλθῃ: *whenever...*; aor. subj. ἔρχομαι
   πολύς: *in full, completely*; predicative adj.

λέγειν τὸ μέλλον τοὺς μεμηνότας ποιεῖ.
Ἄρεώς τε μοῖραν μεταλαβὼν ἔχει τινά·
στρατὸν γὰρ ἐν ὅπλοις ὄντα κἀπὶ τάξεσιν
φόβος διεπτόησε πρὶν λόγχης θιγεῖν.
μανία δὲ καὶ τοῦτ' ἐστὶ Διονύσου πάρα. 305
ἔτ' αὐτὸν ὄψῃ κἀπὶ Δελφίσιν πέτραις
πηδῶντα σὺν πεύκαισι δικόρυφον πλάκα,
πάλλοντα καὶ σείοντα βακχεῖον κλάδον,
μέγαν τ' ἀν' Ἑλλάδα. ἀλλ' ἐμοί, Πενθεῦ, πιθοῦ·
μὴ τὸ κράτος αὔχει δύναμιν ἀνθρώποις ἔχειν, 310
μηδ', ἢν δοκῇς μέν, ἡ δὲ δόξα σου νοσῇ,
φρονεῖν δόκει τι· τὸν θεὸν δ' ἐς γῆν δέχου
καὶ σπένδε καὶ βάκχευε καὶ στέφου κάρα.
οὐχ ὁ Διόνυσος σωφρονεῖν ἀναγκάσει
γυναῖκας ἐς τὴν Κύπριν, ἀλλ' ἐν τῇ φύσει 315

ἀναγκάζω: force, compel, 4
Ἄρης, -εος, ὁ: Ares, god of bloody war, 4
αὐχέω: boast, speak confidently
βακχεύω: rave, be/make frenzied, 2
Δελφίς (fem. adj.): Delphic, of Delphi
δια-πτοέω: make panic, startle, scare off
δι-κόρυφος, -ον: two-peaked
δόξα, ἡ: opinion, thought, reputation, honor, 3
δύναμις, ἡ: power, might, strength, 2
θιγγάνω (aor. θιγ): touch, take hold of (gen.), 4
κλάδος, -ου ὁ: branch, shoot, 4
Κύπρις, ἡ: Cypris, Aphrodite, 3
λόγχη, ἡ: spear-head, javelin-head, 2
μανία, ἡ: madness, frenzy, 2
μέλλω: to be about to, intend to; delay, 5
μετα-λαμβάνω: have a share

μη-δέ: nor, not even, 4
μοῖρα, ἡ: portion, share; lot in life, fate, 2
νοσέω: be sick, be ill, be diseased, 2
πάλλω: shake, quiver; brandish, 2
πεύκη, ἡ: pine; pine-wood, torch, 3
πηδάω: leap along (acc), spring, 2
πλάξ, -ακος, ἡ: plain, flat land, 3
ποιέω: to do, make, create, compose, 3
σείω: to brandish, shake, move to and fro, 3
σπένδω: make a libation, make a truce, 2
στέφω: put around, crown, 3
στρατός, ὁ: army, 2
σύν: along with, with, together (gen), 5
τάξις, -εως, ἡ: arrangement, position
φόβος, ὁ: fear, dread, panic, 3
φύσις, -εως, ἡ: nature, character; birth, 4

301 τὸ μέλλον: *the future*; 'the going to be'
τοὺς μεμηνότας: *those...*; pf. pple μαίνομαι
302 Ἄρεώς μοῖραν τινά·: *some share of Ares*
μεταλαβὼν ἔχει: *has taken...*; i.e. has taken and possesses; periphrastic pf. (ἔχω+aor. pple)
κα(ὶ) (ἐ)πὶ τάξεσιν: *and in position*
304 διεπτόησε: *makes panic*; gnomic aor., S1931
πρὶν λόγχης θιγεῖν: *before...*; aor. θιγγάνω + partitive gen. (common with verbs of touching);
305 καὶ τοῦτ(ο) ἐστί: *this also is...*; καί is an adv.; continuing the analogy with Ares and war
Διονύσου πάρα: *from...*; anastrophe
306 ὄψῃ: ὄψέ(σ)αι, 2s fut. ὁράω
κα(ὶ) (ἐ)πὶ...: *also upon...*; adverbial καί

307 σὺν πεύκαισι: *with pine-torches*
δικόρυφον πλάκα: *twin-peaked (high) plain*
308 μέγαν τ' ἀν(ὰ) Ἑλλάδα: *and through...*
309 πιθέ(σ)ο: aor. mid. imperative πείθω, 'obey'
310 μὴ...αὔχει: *do not...*; neg. imperative, αὔχε-ε
τὸ κράτος...ἔχειν: *that...*; ind. disc.
δύναμιν: *influence*; acc. obj. of ἔχειν
ἀνθρώποις: *for...*; dat. of interest
311 μηδ(ὲ)...φρονεῖν δόκει τι: *do not think (you) are at all thinking soundly*; δόκε-ε and ind. disc.
ἢν δοκῇς.. δὲ..νοσῇ: *even if you think so and...*; ἢν= ἐάν, 2s + 3s pres. subj.; 'even' from μηδὲ
δέχε(σ)ο, στέφε(σ)ο: pres. mid. imperatives
315 ἐς τὴν Κύπριν: *in regard to Aphrodites*

[τὸ σωφρονεῖν ἔνεστιν εἰς τὰ πάντ' ἀεί]
τοῦτο σκοπεῖν χρή· καὶ γὰρ ἐν βακχεύμασιν
οὖσ' ἥ γε σώφρων οὐ διαφθαρήσεται.
　ὁρᾷς, σὺ χαίρεις, ὅταν ἐφεστῶσιν πύλαις
πολλοί, τὸ Πενθέως δ' ὄνομα μεγαλύνῃ πόλις·   320
κἀκεῖνος, οἶμαι, τέρπεται τιμώμενος.
ἐγὼ μὲν οὖν καὶ Κάδμος, ὃν σὺ διαγελᾷς,
κισσῷ τ' ἐρεψόμεσθα καὶ χορεύσομεν,
πολιὰ ξυνωρίς, ἀλλ' ὅμως χορευτέον,
κοὐ θεομαχήσω σῶν λόγων πεισθεὶς ὕπο.   325
μαίνῃ γὰρ ὡς ἄλγιστα, κοὔτε φαρμάκοις
ἄκη λάβοις ἂν οὔτ' ἄνευ τούτων νοσεῖς.
Χο.　ὦ πρέσβυ, Φοῖβόν τ' οὐ καταισχύνεις λόγοις,
τιμῶν τε Βρόμιον σωφρονεῖς, μέγαν θεόν.
Κα.　ὦ παῖ, καλῶς σοι Τειρεσίας παρῄνεσεν.   330

ἄκος, -εος, τό: cure, remedy
ἄλγιστος, -ον: most painful/grievous
ἄνευ: without, 5　　δια-γελάω: laugh at, 2
δια-φθείρω: destroy, corrupt
ἔν-ειμι: be in, be available (ἔνι=ἔνεστι), 2
ἐρέφω: cover over, crown, wreath
ἐφ-ίστημι: stand near or at; set upon
θεο-μαχέω: fight against the gods, 3
κατ-αισχύνω: disgrace, dishonour, shame, 2
κεῖνος (ἐκεῖνος), -η, -ον: that, those, 3
μεγαλύνω: make great, magnify, extol
νοσέω: be sick, be ill, be diseased, 2
ξυν-ωρίς, -ίδος, ἡ: pair, couple

οἴομαι (οἶμαι): to suppose, think, imagine, 2
ὄνομα, ὀνόματος, τό: name, expression, 5
παρ-αινέω: advise, exhort
πολιός, -ά, -όν: grey, 3
πρέσβυς, ὁ: old man, elder, 4
πύλη, ἡ: gate, gates, 3
σκοπέω: to examine, consider, behold, 2
τέρπομαι: enjoy, be satisfied
τιμάω: honor, revere, 5
φάρμακον, τό: drug, ointment, 2
Φοῖβος, ὁ: Phoebus (Apollo)
χορευτέος, -ον: to be danced
χορεύω: dance, take part in the chorus, 2

316 [τὸ σωφρονεῖν ἔνεστιν εἰς τὰ πάντ' ἀεί]: *but being modest is always in all things*; brackets mark text in the manuscript tradition but the editor wishes to omit

317 καὶ...ἐν βακχεύμασιν οὖσ(α): *even (if)...*; a conditional pres. pple εἰμί; καὶ is an adv.
　ἥ γε σώφρων: *a modest woman, a temperate woman*; γε is intensive
　διαφθαρήσεται: fut. pass. διαφθείρω

319 ὁρᾷς: parenthetical, ὁρά-εις, 2s pres.
　ὅταν ἐφεστῶσιν: *whenever...*; general temporal clause, 3p aor. subj. ἐφ-ίστημι
　πύλαις: *at (your) gates*; dat. of compound

320 τὸ Πενθέως ὄνομα: acc. obj
　μεγαλύνῃ: *and...*; 3s subj. in same temporal cl.

321 κα(ὶ) (ἐ)κεῖνος: *that one also...*
　οἶμαι: οἴ(ο)μαι, parenthetical remark

322 μὲν οὖν: *and so*; resumptive
　ὃν σὺ διαγελᾷς: *whom...*; pres. διαγελα-εις
　κισσῷ: dat. of means

323 ἐρεψόμεσθα: fut. mid. ἐρέφω, i.e. our heads

324 χορευτέον (ἐστί): *(we) must/have to...*; '(it is) to be...(by us)' an impersonal verbal adj. + ἐστί construction expresses obligation; translate as active in English

325 κα(ὶ) οὐ θεομαχήσω: *and...*; fut.
　σῶν λόγων ὕπο: *because of...*; anastrophe
　πεισθεὶς: aor. pass. pple πείθω

326 μαίνέ(σ)αι: 2s pres. mid.
　ὡς...: ὡς+superlative means 'as X as possible'
　κ(αὶ) οὔτε...οὔτ(ε): *and neither...nor...*

327 ἄκε(α): neut. acc. pl. ἄκος
　λάβοις ἂν: *would...*; potential opt. λαμβάνω

330 παρῄνεσεν: 3s aor. παρ-αινέω

οἴκει μεθ' ἡμῶν, μὴ θύραζε τῶν νόμων.
νῦν γὰρ πέτῃ τε καὶ φρονῶν οὐδὲν φρονεῖς.
κεἰ μὴ γὰρ ἔστιν ὁ θεὸς οὗτος, ὡς σὺ φῄς,
παρὰ σοὶ λεγέσθω· καὶ καταψεύδου καλῶς
ὡς ἔστι, Σεμέλη θ' ἵνα δοκῇ θεὸν τεκεῖν, 335
ἡμῖν τε τιμὴ παντὶ τῷ γένει προσῇ.
  ὁρᾷς τὸν Ἀκτέωνος ἄθλιον μόρον,
ὃν ὠμόσιτοι σκύλακες ἃς ἐθρέψατο
διεσπάσαντο, κρείσσον' ἐν κυναγίαις
Ἀρτέμιδος εἶναι κομπάσαντ', ἐν ὀργάσιν. 340
ὃ μὴ πάθῃς σύ· δεῦρό σου στέψω κάρα
κισσῷ· μεθ' ἡμῶν τῷ θεῷ τιμὴν δίδου.
Πε. οὐ μὴ προσοίσεις χεῖρα, βακχεύσεις δ' ἰών,
μηδ' ἐξομόρξῃ μωρίαν τὴν σὴν ἐμοί;
τῆς σῆς ⟨δ'⟩ ἀνοίας τόνδε τὸν διδάσκαλον 345

Ἀκτέων, -ος (and Ἀκταίονός), ὁ: Actaeon, 4
ἄ-νοια, ἡ: folly, lack of understanding
Ἄρτεμις, -ιδος (-ιτος) ἡ: Artemis
βακχεύω: rave, be/make frenzied, 3
δια-σπάω: tear asunder
διδάσκαλος, ὁ: teacher, instructor
ἐξ-ομόργνυμι: wipe off (acc) on (dat)
θύρα-ζε: to the door; outdoors/outside of (gen)
κατα-ψεύδομαι: tell a lie, speak falsely
κομπάζω: boast, brag, vaunt, 3
κυν-ηγέτης, ὁ: hunter, 2
μη-δέ: nor, not even, 4

μόρος, ὁ: death, fate, destiny, 2
μωρία, ἡ: folly, foolishness
νόμος, ὁ: law, custom, 3
ὀργάς, -αδος, ἡ: well-watered or fertile land, 3
πέτομαι: fly, flutter, 2
πρόσ-ειμι: be present, be at hand
προσ-φέρω: bring/carry to, lay a (hand) on
σκύλαξ, -ακος, ὁ, ἡ: young dog, puppy
στέφω: put around, crown, 3
τιμή, ἡ: honor, worship, 4
τρέφω: rear, foster, nuture, 2
ὠμό-σιτος, -ον: eating raw (meat)

331 οἴκει: οἴκε-ε, imperative addressing Pentheus
  μὴ (οἴκει): *do not...*; neg. imperative, add verb
  θύραζε: *outside of* + gen. of separation
332 πέτε(σ)αι: 2s pres mid.
  οὐδὲν φρονεῖς: *you think nothing sensible*; or 'you think not a all,' οὐδὲν is an inner acc.
333 κ(αὶ) εἰ μὴ γὰρ ἔστιν...: *for even if...*; ἔστιν here means 'exists,' as the accent suggests
  ὡς σὺ φῄς: *as...*; parenthetical, 2s pres. φημί
334 παρὰ σοί: *to yourself*; 'before yourself,' i.e. let it be said in front of you without denying it
  λεγέσθω: *let it be said*; 3s passive imperative; assume the previous clause as subject
  καταψεύδε(σ)ο: pres. mid. imperative
335 ὡς ἔστι: *that...*; ind. disc.; ἔστιν, 'exists,'
  ἵνα δοκῇ...προσῇ: *in order that...may...*; purpose cl., 3s pres. subj. δοκέω and πρόσ-ειμι
  τεκεῖν: aor. inf. τίκτω

336 ἡμῖν: *for...*; dat. of interest or compound
  παντὶ τῷ γένει: in apposition to ἡμῖν
338 ὃν διεσπάσαντο: *whom*; aor. mid. δια-σπάω
  ἃς ἐθρέψατο: *which (he)...*; aor. mid. τρέφω.
339 κρείσσον(α)...εἶναι: *that (he) was...*; ind. disc. governed by κομπάσαντ(α)
  Ἀρτέμιδος: *than...*; gen. of comparison
340 κομπάσαντ(α): aor. pple modifying ὃν
341 μὴ πάθῃς: *Do not...*; or 'you should not...' prohibitive aor. subj. πάσχω (S1800)
  στέψω: *let me...*; 1s hortatory subj. (S1797)
342 δίδο(σ)ο: sg. mid. imperative
343 οὐ μὴ προσοίσεις χεῖρα: *You will not lay a hand on (me)*; οὐ μὴ + 2s fut. προσφέρω expresses a strong prohibition (S1919)
  βακχεύσεις δ' ἰών: 2s fut., nom. pple ἔρχομαι
344 μηδ'ἐξομόρξῃ: *don't...*; prohibitive aor. subj.
  ἐμοί: *on me, against me*; dat. of interest

δίκην μέτειμι. στειχέτω τις ὡς τάχος,
ἐλθὼν δὲ θάκους τοῦδ' ἵν' οἰωνοσκοπεῖ
μοχλοῖς τριαίνου κἀνάτρεψον ἔμπαλιν,
ἄνω κάτω τὰ πάντα συγχέας ὁμοῦ,
καὶ στέμματ' ἀνέμοις καὶ θυέλλαισιν μέθες.   350
μάλιστα γάρ νιν δήξομαι δράσας τάδε.
  οἳ δ' ἀνὰ πόλιν στείχοντες ἐξιχνεύσατε
τὸν θηλύμορφον ξένον, ὃς ἐσφέρει νόσον
καινὴν γυναιξὶ καὶ λέχη λυμαίνεται.
κἄνπερ λάβητε, δέσμιον πορεύσατε   355
δεῦρ' αὐτόν, ὡς ἂν λευσίμου δίκης τυχὼν
θάνῃ, πικρὰν βάκχευσιν ἐν Θήβαις ἰδών.

Τε. ὦ σχέτλι', ὡς οὐκ οἶσθα ποῦ ποτ' εἶ λόγων.
μέμηνας ἤδη· καὶ πρὶν ἐξέστης φρενῶν.
  στείχωμεν ἡμεῖς, Κάδμε, κἀξαιτώμεθα   360

ἀνα-τρέφω: turn up, overturn
ἄνεμος, ὁ: wind
Βάκχευσις, -εως, ἡ: Bacchic revelry, 1
δάκνω: bite
δέσμιος, -ον: bound, captive; binding, 5
ἐάν-περ: if really, if
εἰσ-φέρω: bring or carry in, 5
ἔμπαλιν: back, backwards, the opposite way
ἐξ-αιτέω: ask for, request
ἐξ-ίστημι: drive out; displace; stand out, 3
ἐξ-ιχνεύω: track down, hunt, 2
θᾶκος, ὁ: seat, chair
θηλυ-μορφος, -ον: feminine-looking/shaped
θνῄσκω: die, 3
θυέλλα, ἡ: gust, squall, storm
καινός, -ή, -όν: new, fresh; strange, 2
κάτω: below, under (gen), 4

λεύσιμος, -ον: of a stoning
λέχος, -εος, τό: (marriage) bed, couch, 2
λυμαίνομαι: inflict outrages/insults upon (dat), 2
μάλιστα: most of all; certainly, especially, 3
μεθ-ίημι: let go, release, relax, send; give up, 5
μετ-έρχομαι (fut. μετ-ειμι): go after, pursue, 3
μοχλός: lever, crowbar, bar, 3
νόσος, ὁ: sickness, illness, disease
οἰωνο-σκοπέω: take auguries, examine birds
ὁμοῦ: at the same place; together, at once, 4
πικρός, -ή, -όν: sharp; bitter, cruel; keen, 3
πορεύω: carry, convey; mid. travel, 2
στέμμα, -ατος, τό: wreath, garland
συγ-χέω: confound, pour together, confuse
σχέτλιος, -η, -ον: hard-hearted, cruel
τάχος, τό: speed, swiftness, 2
τριαινόω: heave (with the trident)

346 δίκην: *in judgment*; acc. of respect
  μέτειμι: *I will go after*; fut. μετ-έρχομαι
  στειχέτω: *let...*; 3s imperative στείχω
  ὡς τάχος: *as quickly as possible*; =ὡς τάχιστα
347 θάκους τοῦδ(ε): *to the...*; i.e. Teiresias'
  ἵν(α)...: *where...*; as often with indicative
348 μοχλοῖς τριαίνε(σ)ο: *heave (it) with levers*;
  2s mid. imperative addressing a servant
  κα(ὶ) ἀνάτρεψον: aor. imperative ἀνα-τρέφω
349 ἄνω κάτω: *up and down*; i.e. in confusion
  συγχέας: nom. sg. aor. pple συγ-χέω
350 ἀνέμοις καὶ θυέλλαισιν: *to...*; dat. ind. obj.
  μέθες: 2s aor. imperative, μεθ-ίημι
351 δήξομαι: fut. mid. δάκνω; i.e. wound

352 οἳ δ': *some (of you)*   ἀνὰ: *through...*
  ἐξιχνεύσατε: 2p aor. imperative
355 κα(ὶ) ἐάνπερ λάβητε, πορεύσατε: *if you catch (him)...*; fut. more vivid (ἐάν subj., fut.); 2s aor. subj.; aor. imperative in place of the fut.
356 ὡς ἂν...θάνῃ: *so that he may...*; purpose cl.
  τυχών: *attaining*; aor. pple + partitive gen.
357 ἰδών: aor. pple ὁράω
358 ὡς οὐκ οἶσθα: *since...*; 'as,' 2s οἶδα
  ποῦ ποτ' εἶ λόγων.: *where of words...*; 2s εἰμί
359 μέμηνας: 2s pf. μαίνομαι
  ἐξέστης φρενῶν: *you stood out of your wits*; 2s aor/plpf. ἐξ-ίστημι + gen. of separation
360 στείχωμεν...: *let us...*; two hortatory subjs.

ὑπέρ τε τούτου καίπερ ὄντος ἀγρίου
ὑπέρ τε πόλεως τὸν θεὸν μηδὲν νέον
δρᾶν. ἀλλ' ἕπου μοι κισσίνου βάκτρου μέτα,
πειρῶ δ' ἀνορθοῦν σῶμ' ἐμόν, κἀγὼ τὸ σόν·
γέροντε δ' αἰσχρὸν δύο πεσεῖν· ἴτω δ' ὅμως,   365
τῷ Βακχίῳ γὰρ τῷ Διὸς δουλευτέον.
Πενθεὺς δ' ὅπως μὴ πένθος εἰσοίσει δόμοις
τοῖς σοῖσι, Κάδμε· μαντικῇ μὲν οὐ λέγω,
τοῖς πράγμασιν δέ· μῶρα γὰρ μῶρος λέγει.

Χο. Ὁσία πότνα θεῶν,   370 στρ.
Ὁσία δ' ἃ κατὰ γᾶν
χρυσέαν πτέρυγα φέρεις,
τάδε Πενθέως ἀίεις;
ἀίεις οὐχ ὁσίαν
ὕβριν ἐς τὸν Βρόμιον, τὸν   375

ἄγριος, -α, -ον: wild, fierce; cruel, 3
αἰσχρός, -ά, -όν: shameful, disgraceful, 4
ἀίω: to perceive, hear, heed, 2
ἀν-ορθόω: keep upright, set up again
βάκτρον, τό: stick, club
δουλευτέος, -ον: to be served/a slave to (dat)
δύο: two, 3   εἰσ-φέρω: bring/carry in, 5
καί-περ: although, albeit
κίσσινος, -η, -ον: of ivy, 5
μαντικός, -ή, -όν: prophetic; subs. prophetic art, 2
μηδ-είς, μηδ-εμία, μηδ-έν: no one, nothing

μῶρος, -η, -ον: foolish, dull, stupid, 2
ὅπως: how, in what way; (in order) that, 3
Ὁσία, ἡ: Holiness, Righteousness, 2
ὅσιος, -η, -ον: holy, sacred, 2
πειράω: try, attempt; make trial of
πένθος, τό: grief, woe, sorrow, 2
πότνια (πότνα), ἡ: mistress, queen, 3
πρᾶγμα, -ατος, τό: deed, matter; affair, 2
πτέρυξ, -υγος, ὁ: wing(s)
ὕβρις, ἡ: outrage, insolence, insult, pride, 5
χρύσεος, -η, -ον: golden, of gold, 2

361 ὑπέρ...: *on behalf of...*; i.e. Pentheus
  καίπερ ὄντος ἀγρίου: *although...*; καίπερ indicates the pple εἰμί is concessive in sense
362 τὸν θεὸν μηδὲν νέον δρᾶν: *that...*; ind. disc. governed by ἐξαιτώμεθα with pres. inf. δράω
  μηδὲν νέον: *nothing strange*; μή is used instead of οὐ when expressing a wish; νέος often suggests something odd and not trustworthy
363 ἕπε(σ)ο: mid. imperative ἕπομαι + dat.
  κισσίνου βάκτρου μέτα: *with...*; anastophe
364 πειρα(σ)ο: pres. mid. imperative to Cadmus
  ἀνορθοῦν: *keep upright*; o-contract inf.
  κα(ὶ) (ἐ)γὼ τὸ σόν: ellipsis, add verbs above
365 αἰσχρὸν (ἐστί): *(it is)...*; impersonal verb
  γέροντε..δύο πεσεῖν: *that...*; ind. disc. with aor. inf. πίπτω; γέροντε is dual acc. subject
  ἴτω: *let it go*; 3s pres. imper.; i.e. pass over age
366 τῷ Βακχίῳ: obj. of δουλευτέον
  τῷ Διὸς: *(son) of Zeus*; in apposition

δουλευτέον (ἐστί): *(we) must/have to...*; '(it is) to be...(by us)' impersonal verbal adj. + ἐστί construction expresses obligation; translate as active in English; the verbal adj. has a dat. obj.
367 Πενθεὺς δ' ὅπως μὴ...εἰσοίσει: *(see to it) that Pentheus not...*; neg. object clause with 3s fut. εἰσ-φέρω; supply a suitable main verb
  πένθος: note the wordplay: Πενθεὺς & πένθος
  δόμοις τοῖς σοῖσι: *into...*; dat. compound verb
368 μαντικῇ μὲν οὐ...τοῖς πράγμασιν δέ: *not because of...but because of...*; dat. of cause; τὰ πράγματα are 'facts' or 'circumstances'
369 μῶρα γὰρ μῶρος λέγει: Teiresias' opinion of Pentheus or, less likely, a general truth
370 Ὁσία πότνα θεῶν,: *Holiness, queen of the gods*; vocative fem. sg.; Ὁσία is personified
371 ἃ...φέρεις: *you who...*; 2s relative, ἥ in Attic
  κατὰ γᾶν: *by land*
374 οὐχ ὁσίαν ὕβριν: *unholy insolence*

Σεμέλας, τὸν παρὰ καλλι-
στεφάνοις εὐφροσύναις δαί-
μονα πρῶτον μακάρων· ὃς τάδ' ἔχει,
θιασεύειν τε χοροῖς
μετά τ' αὐλοῦ γελάσαι   380
ἀποπαῦσαί τε μερίμνας,
ὁπόταν βότρυος ἔλθῃ
γάνος ἐν δαιτὶ θεῶν, κισ-
σοφόροις δ' ἐν θαλίαις ἀν-
δράσι κρατὴρ ὕπνον ἀμ-   385
φιβάλλῃ.   385b
ἀχαλίνων στομάτων   ἀντ.
ἀνόμου τ' ἀφροσύνας
τὸ τέλος δυστυχία·
ὁ δὲ τᾶς ἡσυχίας
βίοτος καὶ τὸ φρονεῖν   390

ἀμφι-βάλλω: put around, put upon; embrace, 3
ἄ-νομος, -ον: lawless, illegal, 3
ἀπο-παύω: stop, cease from
ἀ-φροσύνη, ἡ: folly, thoughtlessness, 2
ἀ-χάλινος, -ον: unbridled (
αὐλός, ὁ: flute, aulos, pipe, 2
βίοτος, ὁ: life, livelihood, goods, 2
βότρυς, -υος, ὁ: cluster of grapes, 3
γάνος, -εος, τό: refreshment, joy (of wine), 2
γελάω: laugh (at); smile, 5
δαίς, δαιτός, ἡ: meal, feast, banquet, 4
δυσ-τυχία, ἡ: bad fortune, bad luck, 2

εὐ-φροσύνη, ἡ: merriment, mirth, festivity
ἡσυχία, ἡ: rest, quiet
θαλία, ἡ: abundance, good cheer; pl. festivities, 2
θιασεύω: initiate into the Bacchic rites, 2
καλλιστέφανος, -ον: beautifully garlanded
κισσο-φόρος, -ον: ivy-bearing
κρατήρ, -ῆρος, ὁ: mixing bowl, 3
μέριμνα, ἡ: care, thought, worry
ὁπότ-αν: whensoever
στόμα, -ατος, τό: mouth, 3
τέλος, -εος, τό: end, finish; rites, offerings, 4
ὕπνος, -ου, ὁ: sleep, 4

376 τὸν Σεμέλας: *son of Semele*; in apposition
  τὸν δαίμονα πρῶτον: *the first god*; apposition
  μακάρων: *of the blessed (gods)*; partitive gen.
  with πρῶτον
  παρὰ καλλιστεφάνοις εὐφροσύναις: *at beautifully garlanded festivities*
377 τάδε: *the following*; 'these things'
379 θιασεύειν...γελάσαι...ἀποπαῦσαί: *to...and to...and to...*; a list of pres. and aor. act. infs.
381 μερίμνας: *from...*; gen. of separation
382 ὁπόταν...ἔλθῃ: *whenever...*; general temporal with 3s aor. subjunctive ἔρχομαι

384 ἀνδράσι: *around...*; dat. of compound verb
385 ἀμφιβάλλῃ: 3s pres. subj. in the same general temporal clause
388 τὸ τέλος (ἐστίν)...: *the result (is)...*; both ἀχαλίνων στομάτων and ἀνόμου ἀφροσύνας are subjective gen. modifying τέλος.
389 ὁ δὲ βίοτος: *but...*
  τᾶς ἡσυχίας: *of...*; gen. sg.
390 τὸ φρονεῖν: *thinking sensibly*; articular inf. as a second subject: translate as an infinitive or gerund (-ing)

ἀσάλευτόν τε μένει καὶ
συνέχει δώματα· πόρσω
γὰρ ὅμως αἰθέρα ναίον-
τες ὁρῶσιν τὰ βροτῶν οὐρανίδαι.
τὸ σοφὸν δ' οὐ σοφία 395
τό τε μὴ θνητὰ φρονεῖν.
βραχὺς αἰών· ἐπὶ τούτῳ
δέ τις ἂν μεγάλα διώκων
τὰ παρόντ' οὐχὶ φέροι. μαι-
νομένων οἵδε τρόποι καὶ 400
κακοβούλων παρ' ἔμοι-
γε φωτῶν. 401b

ἱκοίμαν ποτὶ Κύπρον, στρ.
νᾶσον τᾶς Ἀφροδίτας,
ἵν' οἱ θελξίφρονες νέμον
ται θνατοῖσιν Ἔρωτες, 405

αἰών, -ῶνος ὁ: life, span of life, 2
ἀ-σάλευτος, -ον: unshaken
Ἀφροδίτη, ἡ: Aphrodite, 4
βραχύς, -εῖα, -ύ: short, 2
διώκω: pursue
ἔγω-γε: I, for my part, 4
ἔρως, -ωτος, ὁ: desire, love, 2
θελξί-φρων, -ονος: soothing the hearts
ἱκνέομαι: to come to, approach, arrive at
κακό-βουλος, -ον: ill-advised
Κύπρος, ὁ: Cyprus

μένω: to stay, remain, wait for, 5
ναίω: live in, dwell in, inhabit, 3
νέμω: hold sway, manage; graze, pasture, 2
νῆσος, ὁ: island
Οὐρανίδης, -ου ὁ: child of Uranus, a god
ποτί (Dor. πρός): to, towards (acc.)
πρόσω (πόρσω): far off; forwards, further, 2
σοφία, ἡ: wisdom; skill, intelligence
συν-έχω: hold together, 2
τρόπος, ὁ: manner, way; turn, direction, 3

391 ἀσάλευτόν: predicative, translate after μένει; modifies two subjects but agrees with the latter τε μένει καὶ συνέχει: both 3s with a 3p subject
392 πόρσω: modifying ναίοντες + acc. obj.
  ὁρῶσιν: ὁρά-ουσιν; 3p pres. ὁράω
394 τὰ βροτῶν: the affairs of mortals
395 τὸ σοφὸν δ' (ἐστίν) οὐ σοφία: but what is called "wise" (is)...; τὸ σοφὸν can be a substantive, e.g. 'the wise thing' or 'wisdom,' or, as here, the article serves the same purpose as quotation marks, i.e. (what is called) "wise." For this reason, τὸ σοφὸν' is translated by some here as 'cleverness' or 'mere cleverness'
396 τό τε μὴ θνητὰ φρονεῖν (ἐστίν οὐ σοφία): and thinking thoughts not suitable for mortals (is not wisdom); τὸ φρονεῖν is an articular infinitive parallel to τὸ σοφόν; θνητά, 'suitable for mortals' is an inner acc.; μὴ is used instead of οὐ because the adj. has conditional force: 'if they are not suitable for mortals
397 βραχὺς (ἐστίν) αἰών
  ἐπὶ τούτῳ: on this condition (S1689.2c)
398 ἄν...οὐχὶ φέροι: would not carry off; i.e. achieve or win; potential opt.
  μεγάλα διώκων: (if)...; conditional pres. pple and μεγάλα is a neut. pl. substantive: 'great things'
399 τὰ παρόντα: (great things) being present;
400 οἵδε (εἰσίν) τρόποι: these (are) the ways
401 παρ(ὰ) ἔμοιγε: in my opinion, at least; γε is intensive and restrictive; παρά + dat. often refers to the person judging (S1692.2b)
402 ἱκοίμαν: would that I go...; aor. opt. of wish
  ἵν(α)...νέμονται: where...dwell
405 θνατοῖσιν: for mortals; with θελξίφρονες
  Ἔρωτες: the Loves; personfication

Πάφον θ' ἃν ἑκατόστομοι
βαρβάρου ποταμοῦ ῥοαὶ
καρπίζουσιν ἄνομβροι.
οὗ δ' ἁ καλλιστευομένα
Πιερία μούσειος ἕδρα,   410
σεμνὰ κλιτὺς Ὀλύμπου,
ἐκεῖσ' ἄγε με, Βρόμιε Βρόμιε,
πρόβακχ' εὔιε δαῖμον.
ἐκεῖ Χάριτες,
ἐκεῖ δὲ Πόθος· ἐκεῖ δὲ βάκ-   415
χαις θέμις ὀργιάζειν.
ὁ δαίμων ὁ Διὸς παῖς   ἀντ.
χαίρει μὲν θαλίαισιν,
φιλεῖ δ' ὀλβοδότειραν Εἰ-
ρήναν, κουροτρόφον θεάν.   420

ἄν-ομβρος, -ον: without rain
ἕδρα, ἡ: seat, place, 4
εἰρήνη, ἡ: peace
ἑκατό-στομος, ον: hundred-mouthed
ἐκεῖ-σε: to there, thither, 4
θαλία, ἡ: abundance, good cheer; *pl.* festivities, 2
θεά, ἡ: goddess, 4
θέμις, θέμιστος, ἡ: right, custom, law, 2
καλλιστεύω: be the finest, most beautiful
καρπίζω: make fruitful, fertilize, enjoy fruits of
κλιτύς, ἡ: slope, mountain-side
κουρο-τρόφος, -ον: nourishing children
μούσειος, -ον: of the muses

ὀλβοδότειρα, ἡ: giver of wealth
Ὄλυμπος, ὁ: Mt. Olympus, 4
ὀργιάζω: celebrate
οὗ: where, 4
Πάφος, ἡ: Paphus (town in Cyprus)
Πιερία, ἡ: Pieria, 2
πόθος, ὁ: longing, yearning, desire, 3
ποταμός, ὁ: river
προ-βακχεῖος, ὁ: leader of the Bacchae
ῥοή, ἡ: stream, flow, river, 5
σεμνός, -η, -ον: revered, holy, 3
φιλέω: love, befriend; tend, be accustomed
Χάρις, Χάριτος, ἡ: Grace

406 (ἱκοίμαν ποτὶ) Πάφον: *(Would that I go to) Paphus*;
τ(ε γᾶν) ἃν...καρπίζουσιν: *and (the land) which...*; i.e. Egypt, fed by the Nile river; a relative clause with missing antecedent
407 βαρβάρου ποταμοῦ: i.e. the Nile river
409 οὗ δ' (ἐστίν)...: *and (to the place) where (there is)...*; οὗ, 'where,' is a relative adverb, here with a missing antecedent
ἁ καλλιστευομένα Πιερία: ἡ καλλιστευομένη Πιερία in Attic; nom. subject and mid. pple
410 μούσειος ἕδρα: in apposition to Πιερία; μούσειος is a 2-ending fem. adj.
σεμνὰ κλιτὺς Ὀλύμπου: in apposition

412 ἐκεῖσ(ε): adv.
ἄγε: sg. imperative
Βρόμιε Βρόμιε...δαῖμον: all voc. dir. address
414 ἐκεῖ (εἰσίν) Χάριτες: nom. subject; add verb; the Χάριτες are personified
415 ἐκεῖ (ἐστίν) δὲ Πόθος: add verb; Πόθος also is personified
βάκχαις: *for...*; dat. of interest
416 θέμις (ἐστίν): *it is...*; impersonal construction
417 ὁ Διὸς παῖς: in apposition
418 χαίρει: *rejoices in, enjoys* + dat.
419 Εἰρήναν: personified; κουροτρόφον θεάν is in apposition

ἴσαν δ' ἔς τε τὸν ὄλβιον
τόν τε χείρονα δῶκ' ἔχειν
οἴνου τέρψιν ἄλυπον·
μισεῖ δ' ᾧ μὴ ταῦτα μέλει,
κατὰ φάος νύκτας τε φίλας   425
εὐαίωνα διαζῆν,
σοφὰν δ' ἀπέχειν πραπίδα φρένα τε
περισσῶν παρὰ φωτῶν·
τὸ πλῆθος ὅ τι   430
τὸ φαυλότερον ἐνόμισε χρῆ-
ταί τε, τόδ' ἂν δεχοίμαν.
Θε. Πενθεῦ, πάρεσμεν τήνδ' ἄγραν ἠγρευκότες
ἐφ' ἣν ἔπεμψας, οὐδ' ἄκρανθ' ὡρμήσαμεν.   435

ἀγρεύω: hunt, hunt for, 4
ἄ-κραντος, -ον: unfulfilled, fruitless, 2
ἄ-λυπος, -ον: without pain or grief, 2
ἀπ-έχω: keep away from, be distant,
δια-ζάω: live through, pass
εὐ-αίων, -ωνος: happy (in life), fortunate
ἴσος, -η, -ον: equal, fair, alike
μέλω: μέλει, there is a care for (dat., gen.), 5
μισέω: hate
νομίζω: believe, consider, deem, hold
νύξ, νυκτός, ἡ: night, 3
οἶνος, ὁ: wine, 4

ὄλβιος, -α, -ον: happy, blest
ὁρμάω: set out, begin; set in motion, 2
πέμπω: to send, conduct, convey, dispatch, 2
περισσός, -ή, -όν: odd, extraordinary, 3
πλῆθος, ἡ: multitude, masses, crowd
πραπίς, ἡ: mind, wits, midriff, diaphragm, 2
τέρψις, -ιος, ἡ: enjoyment, delight
φαῦλος, -η, -ον: ordinary, common, insignificant
φίλος, -η, -ον: dear, beloved; friend, kin, 5
χείρων, -ον, (-οντος): worse, inferior
χράομαι: use, employ, experience (dat), 2

421 ἴσαν...τέρψιν: acc. obj. of ἔχειν
ἔς τε τὸν ὄλβιον τόν τε χείρονα: *to the blessed and to the worse off*; lit. 'in regard to...'
422 δῶκ(ε): *he granted*; unaugmented 3s aor. δίδωμι; Dionysus is subject
424 ᾧ μὴ...μέλει: *(the one) for whom...*; relative with dat. of interest; the missing antecedent is obj. of μισεῖ; μή is used instead of οὐ in general relative clauses
ταῦτα...: i.e. the following things; nom. subject
424 διαζῆν...δ' ἀπέχειν: *(namely) to live life... and to keep away...*; infinitives in apposition to ταῦτα.
κατὰ φάος νύκτας τε φίλας: *by (day)light and by...*; common usage for κατὰ + acc.
426 εὐαίωνα: *as one happy in life*; predicative, modifying the missing acc. subject of διαζῆν; translate this adjective after the inf.
427 σοφὰν...πραπίδα φρένα τε: *wise mind and wits*; both πραπίς and φρήν refer to the midriff as the source of mind in the body (cf., 'I have a feeling in my gut' or 'My gut tells me')
περισσῶν παρὰ φωτῶν: *from...*; gen. of separation; i.e. those such as Pentheus who interfere in matters above their station
430 τὸ πλῆθος ὅ τι τὸ φαυλότερον ἐνόμισε χρῆταί τε: *whatever the common multitude...*; ὅ τι is neut. acc. of ὅστις with impf. νομίζω and pres. χράομαι; τὸ φαυλότερον is in the attibutive position modifying the subject τὸ πλῆθος; the antecedent is τόδε below
433 ἂν δεχοίμαν: *I would...*; potential opt.
434 πάρεσμεν: 1p pres. πάρ-ειμι
ἠγρευκότες: pf. act. pple ἀγρεύω
435 ἐπ(ὶ) ἣν: *for which...*; expressing purpose (S1689.3d)
ἄκραν(τα): *unfulfilled*; adv. acc. (inner acc.: 'set in unfulled motion')
ὡρμήσαμεν: aor. ὁρμάω

ὁ θὴρ δ' ὅδ' ἡμῖν πρᾶος οὐδ' ὑπέσπασεν
φυγῇ πόδ', ἀλλ' ἔδωκεν οὐκ ἄκων χέρας
οὐδ' ὠχρός, οὐδ' ἤλλαξεν οἰνωπὸν γένυν,
γελῶν δὲ καὶ δεῖν κἀπάγειν ἐφίετο
ἔμενέ τε, τοὐμὸν εὐτρεπὲς ποιούμενος.   440
κἀγὼ δι' αἰδοῦς εἶπον· Ὦ ξέν', οὐχ ἑκὼν
ἄγω σε, Πενθέως δ' ὅς μ' ἔπεμψ' ἐπιστολαῖς.
   ἃς δ' αὖ σὺ βάκχας εἷρξας, ἃς συνήρπασας
κἄδησας ἐν δεσμοῖσι πανδήμου στέγης,
φροῦδαί γ' ἐκεῖναι λελυμέναι πρὸς ὀργάδας   445
σκιρτῶσι Βρόμιον ἀνακαλούμεναι θεόν·
αὐτόματα δ' αὐταῖς δεσμὰ διελύθη ποδῶν
κλῇδές τ' ἀνῆκαν θύρετρ' ἄνευ θνητῆς χερός.
πολλῶν δ' ὅδ' ἀνὴρ θαυμάτων ἥκει πλέως
ἐς τάσδε Θήβας. σοὶ δὲ τἄλλα χρὴ μέλειν.   450

αἰδώς, -οῦς, ἡ: sense of shame, respect, 2
ἄκων (ἀέκων), -ουσα, -ον: unwilling
ἀλλάσσω: change, exchange, alter, 3
ἀνα-καλέω: invoke, call to; call up, recall, 2
ἄνευ: without, 5
ἀν-ίημι: loosen; cease, send forth, 3
ἀπ-άγω: bring or lead away, 2
αὖ: again; moreover, besides; in turn, 4
αὐτόματος, -η, -ον: spontaneous, of its own will
γελάω: laugh (at); smile, 5
γένυς, -υος, ἡ: cheek; jaw, 4
δέω: bind, tie, 4
δια-λύω: loose up, break apart
ἑκών, ἑκοῦσα, ἑκόν: willing, intentionally
ἐπι-στολή, ἡ: command; letter, message
ἔργω: shut up, shut in; shut out, bar
εὐ-τρεπής, -ές: easy; prepared, ready, 2
ἐφ-ίημι: let, permit; send, launch
θύρετρα, τά, ἡ: door

κλῇς, κλῇδος, ἡ: key; lock, bolt
λύω: loosen; fulfill, accomplish; pay, 4
μέλω: μέλει, there is a care for (dat., gen.), 5
μένω: to stay, remain, wait for, 5
οἰν-ώψ, -ῶπος, ὁ, ἡ: wine-dark, wine-looking, 2
ὀργάς, -αδος, ἡ: well-watered or fertile land, 3
πάν-δημος, -ον: public, common, 2
πέμπω: to send, conduct, convey, dispatch, 2
πλέως, πλέα, πλέων: full/filled of (gen.), 2
ποιέω: to do, make, create, compose, 3
πρᾶος, -ον: gentle, mild
σκιρτάω: spring, leap, bound
στέγη, ἡ: roof; shelter, building, home, 4
συν-αρπάζω: snatch and carry away up, 2
ὑπο-σπάω: draw away (from under)
φροῦδος, -η, -ον: clean gone, vanished, 4
φυγή, ἡ: flight, escape, exile, 3
ὠχρός, -ά, -όν: pale (with fear); pale-yellow

436 οὐδέ: *not even*; adv.
437 φυγῇ: *in...*; dat. of manner
  πόδ(α): acc. obj. πούς
  ἔδωκεν...χέρας: i.e. gave up; aor. δίδωμι; χείρ
  οὐκ ἄκων: litotes; translate as an adv.
438 οὐδ'...οὐδ': *nor...nor...*; aor. ἀλλάσσω
439 δεῖν κα(ὶ) (ἀ)πάγειν: inf. δέω, 'bind' or 'tie'
  ἐφίετο, ἔμενέ: 3s impf. mid. ἐφ-ίημι. act. μένω
440 τὸ (ἐ)μὸν: *my own (task)*
  ποιούμενος: with a double acc. (obj and pred.)
442 Πενθέως δὲ (ἐστίν): *but (it is) Pentheus...*

ἃς δ' αὖ σὺ βάκχας εἷρξας: *the Bacchae whom...*; the nom. antecedent is attracted into the acc. of the relative pronoun; 2s aor. ἔργω
ἃς συνήρπασας...ἔδησας: *(and) whom...*; δέω
445 ἐκεῖναι (εἰσίν): *those are...*; restating subject
  λελυμέναι: pf. pass. λύω
446 θεόν: *as a god*; pred. after ἀνακαλούμεναι
  αὐταῖς: *for...*; dat. of interest; i.e. the Bacchae
447 διελύθη: aor. pass. + gen. separation (*from..*)
448 ἀνῆκαν: 3p aor. ἀν-ίημι
  τ(ὰ) ἄλλα: *the rest; the other things*

Πε. μέθεσθε χειρῶν τοῦδ'· ἐν ἄρκυσιν γὰρ ὢν
οὐκ ἔστιν οὕτως ὠκὺς ὥστε μ' ἐκφυγεῖν.
ἀτὰρ τὸ μὲν σῶμ' οὐκ ἄμορφος εἶ, ξένε,
ὡς ἐς γυναῖκας, ἐφ' ὅπερ ἐς Θήβας πάρει·
πλόκαμός τε γάρ σου τανάος, οὐ πάλης ὕπο,   455
γένυν παρ' αὐτὴν κεχυμένος, πόθου πλέως·
λευκὴν δὲ χροιὰν ἐκ παρασκευῆς ἔχεις,
οὐχ ἡλίου βολαῖσιν, ἀλλ' ὑπὸ σκιᾶς,
τὴν Ἀφροδίτην καλλονῇ θηρώμενος.
πρῶτον μὲν οὖν μοι λέξον ὅστις εἶ γένος.   460
Δι. οὐ κόμπος οὐδείς· ῥᾴδιον δ' εἰπεῖν τόδε.
τὸν ἀνθεμώδη Τμῶλον οἶσθά που κλύων.
Πε. οἶδ', ὃς τὸ Σάρδεων ἄστυ περιβάλλει κύκλῳ.
Δι. ἐντεῦθέν εἰμι, Λυδία δέ μοι πατρίς.
Πε. πόθεν δὲ τελετὰς τάσδ' ἄγεις ἐς Ἑλλάδα;   465

ἄ-μορφος, -ον: unshapely, unsightly; misshapen
ἀνθεμ-ώδης, -ες: flowery, blooming
ἄρκυς, -υος, ἡ: net, hunter's net, 3
ἀτάρ: but, yet, 3
Ἀφροδίτη, ἡ: Aphrodite, 4
βολή, ἡ: throw/shot; shaft, (sun)ray, snowflake; 2
γένυς, -υος, ἡ: cheek; jaw, 4
ἐκ-φεύγω: to flee away or out
ἐν-τεῦθεν: from there, thereupon, 2
ἥλιος (ἀέλιος), ὁ: the sun, 3
καλλονή, ἡ: beauty
κόμπος, ὁ: boast, bragging
κύκλος, ὁ: circle, orb; eyeball, eye, 3
λευκός, -ή, -όν: white, bright, brilliant
Λυδία, -ας, ἡ: Lydia, 2
μεθ-ίημι: let go, release, relax, send; give up, 5
ξένος, -η, -ον: foreign, strange
οὕτως: so, thus, in this way, 2

πάλη, ἡ: wrestling
παρασκευή, ἡ: preparation
πατρίς, πατρίδος, ἡ: fatherland, 2
περι-βάλλω: throw or put round, surround, 3
πλέως, πλέα, πλέων: full/filled of (gen.), 2
πό-θεν: whence? from where?, 4
πόθος, ὁ: longing, yearning, desire, 3
που: anywhere, somewhere; I suppose, 2
ῥᾴδιος, -α, -ον: easy, ready, 2
Σάρδεις, -εων οἱ: Sardis (city, pl. in form)
σκιά, ἡ: shadow, shade
τανάος, -ή, -όν: outstretched, long, 2
τελετή, ἡ: rite, initiation, 5
Τμῶλος, ὁ: Mt. Tmolus, 4
χέω: pour, scatter
χροιά, ἡ: color, complexion; skin
ὠκύς, ὠκεῖα, ὠκύ: swift, fleet, 2

451 μέθεσθε: pl. aor. mid. imperative; μεθ-ίημι
   χειρῶν: *from...*; gen. separation
   τοῦδε·: i.e. Dionysus
   ὤν: nom. sg. pres. pple εἰμί
452 οὐκ ἔστιν: *(he) is not...*
   ὥστε μ' ἐκφυγεῖν.: *as to...*; result with aor. inf.
453 τὸ σῶμ(α): *in...*; acc. of respect
   εἶ: 2s εἰμί
454 ὡς ἐς γυναῖκας: *as though for (attracting) women*; ὡς + prep. expresses intention (S2996)
   ἐ(πὶ) ὅπερ...πάρει: *for which...*; expressing purpose (S1689.3d); 2s pres. πάρ-ειμι

455 πάλης ὕπο: *because of..., by...*; anastrophe
456 γένυν παρ' αὐτήν: *alongside...*; intensive
   κεχυμένος: pf. pass. χέω modifies πλόκαμός
457 ἐκ παρασκευῆς: *as a result of...*
   βολαῖσιν: *by...*; dat. means or cause
   ὑπὸ σκιᾶς: *because of...*; expressing cause
459 καλλονῇ: *with...*; dat. of means
460 λέξον: aor. imper. λέγω
   γένος: *in...*; acc. of respect
   ῥᾴδιον (ἐστίν): *it is...*; impersonal verb
462 οἶσθά, οἶδ(α): 2s and 1s οἶδα respectively
463 ὅς: *(the Tmolus river) which...*

Δι. Διόνυσος ἡμᾶς εἰσέβησ', ὁ τοῦ Διός.
Πε. Ζεὺς δ' ἔστ' ἐκεῖ τις, ὃς νέους τίκτει θεούς;
Δι. οὔκ, ἀλλ' ὁ Σεμέλην ἐνθάδε ζεύξας γάμοις.
Πε. πότερα δὲ νύκτωρ σ' ἢ κατ' ὄμμ' ἠνάγκασεν;
Δι. ὁρῶν ὁρῶντα, καὶ δίδωσιν ὄργια.   470
Πε. τὰ δ' ὄργι' ἐστὶ τίν' ἰδέαν ἔχοντά σοι;
Δι. ἄρρητ' ἀβακχεύτοισιν εἰδέναι βροτῶν.
Πε. ἔχει δ' ὄνησιν τοῖσι θύουσιν τίνα;
Δι. οὐ θέμις ἀκοῦσαί σ', ἔστι δ' ἄξι' εἰδέναι.
Πε. εὖ τοῦτ' ἐκιβδήλευσας, ἵν' ἀκοῦσαι θέλω.   475
Δι. ἀσέβειαν ἀσκοῦντ' ὄργι' ἐχθαίρει θεοῦ.
Πε. τὸν θεὸν ὁρᾶν γὰρ φῂς σαφῶς, ποῖός τις ἦν;
Δι. ὁποῖος ἤθελ'· οὐκ ἐγὼ 'τασσον τόδε.
Πε. τοῦτ' αὖ παρωχέτευσας εὖ κοὐδὲν λέγων.
Δι. δόξει τις ἀμαθεῖ σοφὰ λέγων οὐκ εὖ φρονεῖν.   480

ἀ-βάκχευτος, -ον: uninitiated to Bacchus
ἀ-μαθής, -ές: ignorant, unlearned, stupid
ἀναγκάζω: force, compel, 4
ἄ-ρρητος, -ον: not to be spoken; unspoken
ἀ-σέβεια, ἡ: impiety
ἀσκέω: practice, exercise, 2
αὖ: again; moreover, besides; in turn, 4
γάμος, ὁ: pl. wedding, marriage, 3
εἰσ-βαίνω: step into, embark, board (a ship)
ἐνθάδε: here, hither, there, thither
ἐχθαίρω: to hate, detest, despise
ζεύγνυμι: join, harness, bind

θέμις, θέμιστος, ἡ: right, custom, law, 2
θύω: sacrifice, offer by burning, 3
ἰδέα, ἡ: form, appearance
κιβδηλεύω: dress up (fraudulently), counterfeit
νύκτωρ: by night, 3
ὄμμα, -ατος, τό: eye(s), face, 5
ὄνησις, ἡ: benefit, profit
ὁποῖος, -α, -ον: what sort or kind
παροχετεύω: turn from its course, divert
ποῖος, -α, -ον: what sort? what kind?
πότερος, -α, -ον: which of two? whether?, 3
τάσσω: order; arrange, appoint, 2

466 εἰσέβησ(ε): *put...on board (a ship)*; 3s aor. εἰσ-βαίνω; 1st aorist is causal
    ὁ τοῦ Διός: *(son) of...*; in apposition
467 Ζεὺς δ' ἔστ': *Is there a...?*
468 ὁ Σεμέλην...ζεύξας: *(the one)...*; aor. pple
    γάμοις: *in...*; dat. of respect, translate in sg.
469 πότερα...ἢ ἠνάγκασεν: *Did he...or...*; direct alternative question; i.e. to embark to Thebes
    κατ' ὄμμ(α): *face-to-face*; or 'in your (eye)sight,' in contrast to in a dream (νύκτωρ)
470 ὁρῶν (ἠνάγκασεν με) ὁρῶντα: *He... (compelled me)...*; assume verb from above
471 τίνα ἰδέαν: *what appearance?*; interrogative
    σοι: dat. of possession or interest
472 (ἐστί) ἄρρητ(α): *(they are)...*; nom. pred.: assume τὰ ὄργια ἐστί
    ἀβακχεύτοισιν...βροτῶν: *to...*; dat. ind. obj. or dat. of interest with partitive gen.

εἰδέναι: *to know*; epexegetical (explanatory) inf. qualifying ἄρρητ(α)
473 ὄνησιν...τίνα: *what profit?*; acc. interrogative
474 οὐ θέμις (ἐστίν): *it is...*; impersonal
    ἀκοῦσαί σ(ε): *that...*; ind. disc., aor. inf.
    ἔστι δ' ἄξι(α): *but they are...*
    εἰδέναι: explanatory inf.; see line 472 above
475 ἐκιβδήλευσας: 2s aor κιβδηλεύω; Gwyther suggests this is the metaphor of polishing base metals to pass them off as gold (p. 123-4)
    ἵνα...θέλω: *so that I may...*; purpose, pres. subj.
476 ἀσκοῦντα: *(the one)...*; i.e. a person; acc. sg. pres. pple ἀσκέω with acc. obj. ἀσέβειαν
477 ὁρᾶν: α-contract inf. ὁρά-ειν
478 (ἔ)τασσον: *I did not try to order*; conative
479 κ(αὶ) λέγων: *even though...*; concessive pple
480 δόξει...ἀμαθεῖ: *will seem to the ignorant*; dat.
    σοφὰ λέγων: *(although)...*; concessive pple

Πε. ἦλθες δὲ πρῶτα δεῦρ' ἄγων τὸν δαίμονα;
Δι. πᾶς ἀναχορεύει βαρβάρων τάδ' ὄργια.
Πε. φρονοῦσι γὰρ κάκιον Ἑλλήνων πολύ.
Δι. τάδ' εὖ γε μᾶλλον· οἱ νόμοι δὲ διάφοροι.
Πε. τὰ δ' ἱερὰ νύκτωρ ἢ μεθ' ἡμέραν τελεῖς; 485
Δι. νύκτωρ τὰ πολλά· σεμνότητ' ἔχει σκότος.
Πε. τοῦτ' ἐς γυναῖκας δόλιόν ἐστι καὶ σαθρόν.
Δι. κἀν ἡμέρᾳ τό γ' αἰσχρὸν ἐξεύροι τις ἄν.
Πε. δίκην σε δοῦναι δεῖ σοφισμάτων κακῶν.
Δι. σὲ δ' ἀμαθίας γε κἀσεβοῦντ' ἐς τὸν θεόν. 490
Πε. ὡς θρασὺς ὁ βάκχος κοὐκ ἀγύμναστος λόγων.
Δι. εἴφ' ὅ τι παθεῖν δεῖ· τί με τὸ δεινὸν ἐργάσῃ;
Πε. πρῶτον μὲν ἁβρὸν βόστρυχον τεμῶ σέθεν.
Δι. ἱερὸς ὁ πλόκαμος· τῷ θεῷ δ' αὐτὸν τρέφω.
Πε. ἔπειτα θύρσον τόνδε παράδος ἐκ χεροῖν. 495

ἁβρός, -ά, -όν: delicate, graceful
ἀ-γύμναστος, -ον: unexercised, untrained
αἰσχρός, -ά, -όν: shameful, disgraceful, 4
ἀ-μαθία, ἡ: ignorance, folly
ἀνα-χορεύω: celebrate (acc) in a dance, 2
ἀ-σεβέω: be impious
βάκχος, ὁ: Bacchus, Dionysus, 3
βοστρύχος, ὁ: curl, lock of hair, 3
διά-φορος, -ον: differing, unlike
δόλιος, -α, -ον: deceitful, treacherous, 3
Ἕλλην, Ἕλληνος, ὁ: Greek, 4
ἐξ-ευρίσκω: find, discover, devise
ἔπειτα: then, thereupon, at that time, 3

ἐργάζομαι: do, accomplish
ἡμέρα, ἡ: day, 5
θρασύς, -εῖα, -ύ: bold, daring, confident
μᾶλλον: more, rather, 5
νόμος, ὁ: law, custom, 3
νύκτωρ: by night, 3
παρα-δίδωμι: give, hand over
σαθρός, -ά, -όν: unsound
σεμνότης, -ητος, ὁ: solemnity, dignity
σκότος, ὁ: darkness, gloom
σόφισμα, -ατος, τό: device, contrivance, trick, 2
τελέω: accomplish, perform, pay; be classified, 4
τέμνω: cut, severe, 2
τρέφω: nuture, foster, rear, 2

481 ἦλθες: aor. ἔρχομαι
  πρῶτα: *first*; adv acc.. i.e. first of all places
  τάδ' ὄργια: acc. obj.
483 κάκιον: *worse*; comparative adv.
  Ἑλλήνων: *than...*; gen. of comparison
  πολύ: *much*; adv. acc. (acc. of extent in degree)
484 τάδε: *in respect of...*; acc. of respect
485 εὖ γε (φρονοῦσι): assume verb; intensive γε
  οἱ νόμοι δὲ (εἰσίν): *but...*; add. verb
486 τὰ ἱερά: *the sacred rites*
  με(τὰ) ἡμέραν: *by day*
  τὰ πολλά: *often*; 'many times,' adv. acc.
487 ἐς γυναῖκας: *for...*; expressing purpose
488 κα(ὶ) ἐν ἡμέρᾳ: *even...*; adverbial καί
  τὸ αἰσχρόν: *what is shameful*
  ἐξεύροι ἄν: *would/could/might...*; potential aor. opt., ἐξ-ευρίσκω

489 δίκην σε δοῦναι: *that...*; ind. disc., aor. inf.; the idiom δίκην δίδωμι is 'pay the penalty'
  σοφισμάτων κακῶν: *for...*; gen. of charge
490 σὲ δ': *and you...*; ellipsis: assume δίκην δοῦναι δεῖ from above; σέ is acc. subject
  ἀμαθίας γε: *for...*; gen. of charge
  κα(ὶ) ἀσεβοῦντ(α): *and by...*; causal pple
  ἐς τὸν θεόν: *in regard to*
491 ὡς θρασύς (ἐστί): *how...!*; in exclamation,
492 εἴ(πε): aor. imperative λέγω
  ὅ τι παθεῖν δεῖ: *what...*; ind. question, ὅστις with aor. inf. πάσχω
  ἐργάσε(σ)αι: 2s fut. ἐργάζομαι with two accusatives: 'do (acc) to (acc)'
493 τεμῶ: fut. τέμνω
495 παράδος: 2s aor. imperative παρα-δίδωμι
  χεροῖν: dual gen. χείρ

Δι. αὐτός μ' ἀφαιροῦ· τόνδε Διονύσου φορῶ.
Πε. εἱρκταῖσί τ' ἔνδον σῶμα σὸν φυλάξομεν.
Δι. λύσει μ' ὁ δαίμων αὐτός, ὅταν ἐγὼ θέλω.
Πε. ὅταν γε καλέσῃς αὐτὸν ἐν βάκχαις σταθείς.
Δι. καὶ νῦν ἃ πάσχω πλησίον παρὼν ὁρᾷ. 500
Πε. καὶ ποῦ 'στιν; οὐ γὰρ φανερὸς ὄμμασίν γ' ἐμοῖς.
Δι. παρ' ἐμοί· σὺ δ' ἀσεβὴς αὐτὸς ὢν οὐκ εἰσορᾷς.
Πε. λάζυσθε· καταφρονεῖ με καὶ Θήβας ὅδε.
Δι. αὐδῶ με μὴ δεῖν σωφρονῶν οὐ σώφροσιν.
Πε. ἐγὼ δὲ δεῖν γε, κυριώτερος σέθεν. 505
Δι. οὐκ οἶσθ' ὅ τι ζῇς, οὐδ' ὃ δρᾷς, οὐδ' ὅστις εἶ.
Πε. Πενθεύς, Ἀγαύης παῖς, πατρὸς δ' Ἐχίονος.
Δι. ἐνδυστυχῆσαι τοὔνομ' ἐπιτήδειος εἶ.
Πε. χώρει· καθείρξατ' αὐτὸν ἱππικαῖς πέλας
     φάτναισιν, ὡς ἂν σκότιον εἰσορᾷ κνέφας. 510

ἀ-σεβής, -ές: impious, unholy
αὐδάω: tell, say, speak, utter, 3
ἀφ-αιρέω: take away (acc) from (acc), remove
δέω: bind, tie, 4
εἱρκτή: enclosure, prison, 2
ἔνδον: within, inside, 2
ἐν-δυσ-τυχέω: be unlucky, be luckless
ἐπι-τήδειος, -α, -ον: suitable, convenient
ζάω: to live, 3
ἱππικός, -ή, -όν: of a horse
κατα-φρονέω: look down upon, despise, 2
κατ-είργω: shut in, drive into, 2
κνέφας, τό: darkness, dusk

κύριος, -α, -ον: having authority, authoritative
λάζομαι: seize, grasp
λύω: loosen; fulfill, accomplish; pay, 4
ὄμμα, -ατος, τό: eye(s), face, 5
ὄνομα, ὀνόματος, τό: name, expression, 5
πέλας: near, close (gen., dat.); neighbor, 2
πλησίος, -η, -ον: near, close to (gen), 3
σκότιος, -α, -ον: dark, 2
φανερός, -ή, -όν: clear, visible; manifest, 5
φάτνη, ἡ: manger, crib, feeding-trough, 2
φορέω: bear, carry, possess
φυλάσσω: guard, watch over, 2
χωρέω: proceed, travel, advance, go, 3

496 αὐτός: *(you) yourself*; 2s intensive
  ἀφαιρε(σ)ο: 2s pres. mid. imperative governs a double acc.; supply θύρσον as the other acc.
  Διονύσου: *as Dionysus'*; predicative
497 εἱρκταῖσί: *in...*; dat. place where or means
498 λύσει: fut. λύω
  ὅταν ἐγὼ θέλω: *whenever...*; general temporal clause with 1s pres. subjunctive
499 ὅταν γε καλέσῃς αὐτόν: *yes, whenever...*; general temporal clause, 2s aor. subj.
  ἐν βάκχαις σταθείς: *(while) standing among....*; 'being set up,' nom. sg. aor. pass. pple ἵστημι; This is saracasm, as Pentheus will not allow it.
500 καὶ νῦν: *even now*; adv. καί
  ἃ πάσχω: *what...*; (ἐκεῖνα) ἃ, '(those things) which;' relative, supply the missing antecedent
  παρών: nom. sg. pple πάρειμι
501 ποῦ (ἐ)στιν

ὄμμασίν γ' ἐμοῖς.: *to...*; dat. of reference
502 παρ(ὰ) ἐμοί: *beside me, near me*
  ὤν: *by...*; causal nom. sg. pple εἰμί
503 λάζυσθε·: pl. imperative; to the attendants
504 αὐδῶ (ὑμῖν): *I tell (you all)...*; the verb is a verb of commanding; supply the dat. ind. obj.
  με μὴ δεῖν: *not to...*; inf. δέω, 'bind;' μή is used instead of οὐ in wishes and commands
  σωφρονῶν: nom. sg. pple, σωφρονέω
  οὐ σώφροσιν: dat. pl. σώφρων with (ὑμῖν)
505 ἐγὼ δὲ (αὐδῶ ὑμῖν σε) δεῖν γε: ellipsis
  σέθεν: *than...*; equiv. to σοῦ gen. of comparison
506 ὅ τι ζῇς: *why...*; ind. question after 2s. οἶδα
508 ἐνδυστυχῆσαι: explan. inf. after ἐπιτήδειος
  τὸ (ὄ)νομ(α): *in name*; acc. respect i.e. πένθος
509 χώρει, καθείρξατ(ε): imperatives, χώρε-ε
  ὡς ἂν εἰσορᾷ: *so that...may*; purpose, pres. subj.

ἐκεῖ χόρευε· τάσδε δ' ἃς ἄγων πάρει
κακῶν συνεργοὺς ἢ διεμπολήσομεν
ἢ χεῖρα δούπου τοῦδε καὶ βύρσης κτύπου
παύσας, ἐφ' ἱστοῖς δμωίδας κεκτήσομαι.
Δι. στείχοιμ' ἄν· ὅ τι γὰρ μὴ χρεών, οὔτοι χρεὼν   515
παθεῖν. ἀτάρ τοι τῶνδ' ἄποιν' ὑβρισμάτων
μέτεισι Διόνυσός σ', ὃν οὐκ εἶναι λέγεις·
ἡμᾶς γὰρ ἀδικῶν κεῖνον εἰς δεσμοὺς ἄγεις.
Χο. *

Ἀχελῴου θύγατερ,   στρ.
πότνι' εὐπάρθενε Δίρκα,   520
σὺ γὰρ ἐν σαῖς ποτε παγαῖς
τὸ Διὸς βρέφος ἔλαβες,
ὅτε μηρῷ πυρὸς ἐξ ἀ-
θανάτου Ζεὺς ὁ τεκὼν ἥρ-
πασέ νιν, τάδ' ἀναβοάσας·   525

ἀ-δικέω: to be unjust, do wrong to, injure, 4
ἀ-θάνατος, -ον: undying, immortal, 2
ἀνα-βοάω: shout aloud, call out (acc), 4
ἄποινα, τά: compensation; reward, penalty
ἁρπάζω: snatch, carry off, kidnap, 4
ἀτάρ: but, yet, 3
Ἀχελῷος, -ου, ὁ: Achelous (water, river), 2
βρέφος, -εος, τό: infant (in the womb), fetus, 3
βύρσα, ἡ: hide, skin
δι-εμ-πολάω: sell off, sell to different buyers
Δίρκη, -ης, ἡ: Dirce (natural spring & river), 3
δμωίς, -ιδος, ἡ: female slave
δοῦπος, ὁ: thud, heavy sound
εὐ-πάρθενος, -ον: fair maiden, of full maidens

ἱστός, ὁ: loom; web; beam, mast, 3
κεῖνος (ἐκεῖνος), -η, -ον: that, those, 3
κτάομαι: acquire, take possession of, 4
κτύπος, ὁ: beat, bang, 2
μετ-έρχομαι (fut. μετ-ειμι): go after, pursue, 3
μηρός, ὁ: thigh, 5
ὅτε: when, at some time, 4
οὔ-τοι: not indeed
πηγή, ἡ: running water; pl. stream
πότνια (πότνα), ἡ: mistress, queen, 3
συν-εργός, ὁ, ἡ: accomplice, fellow-worker
τοι: you know, let me tell you, surely, 2
ὕβρισμα, -ατος τό: insolent/outrageous act

511 τάσδε δ' ἃς πάρει: *these (women) whom you...*; pres. pple ἄγω and 2s πάρ-ειμι
512 κακῶν συνεργούς: *as...*; predicative
ἤ... ἤ...: *either...or...*
διεμπολήσομεν: 1p fut.
513 παύσας: *making...stop*; causal aor. pple
δούπου τοῦδε καὶ βύρσης κτύπου: *from...*; gen. of separation; i.e. the beating of the drums
514 ἐ(πὶ) ἱστοῖς: *upon...*
δμωίδας: *as...*; predicative
κεκτήσομαι: *I will possess*; fut. pf. κτάομαι
515 στείχοιμ(ι) ἄν: *I would...*; potential opt.
ὅ τι μὴ χρεών (ἐστι παθεῖν): *whatever (it is) not necessary to...*; impersonal verb, supply aor. inf. πάσχω from below

χρεών (ἐστι): *(it is) necessary*
516 παθεῖν: aor. inf. πάσχω
517 τῶνδε ὑβρισμάτων: *for...*; gen. of charge
ἄποινα: *in compensation*; acc. of respect with μέτεισι; cf. δίκην μέτειμι in line 346
μέτεισι: 3s fut. μετ-έρχομαι
οὐκ εἶναι: *does not exist*; ind. disc.
518 ἡμᾶς ἀδικῶν: nom. pres. pple ἀδικέω
520 εὐπάρθενε Δίρκα: *fair maid Dirce*; vocative
521 τὸ Διὸς βρέφος: i.e. Dionysus
524 (ἐν) μηρῷ: *in...*; dat. place where
ὁ τεκών: *the begetter*; i.e. parent; a common substantive from the aor. pple of τίκτω
525 τάδε: *the following*; 'these things'

Ἴθι, Διθύραμβ', ἐμὰν ἄρ-
σενα τάνδε βᾶθι νηδύν·
ἀναφαίνω σε τόδ', ὦ Βάκ-
χιε, Θήβαις ὀνομάζειν.
σὺ δέ μ', ὦ μάκαιρα Δίρκα,   530
στεφανηφόρους ἀπωθῇ
θιάσους ἔχουσαν ἐν σοί.
τί μ' ἀναίνῃ; τί με φεύγεις;
ἔτι ναὶ τὰν βοτρυώδη
Διονύσου χάριν οἴνας,   535
ἔτι σοι τοῦ Βρομίου μελήσει.
οἵαν οἵαν ὀργὰν   ἀντ.
ἀναφαίνει χθόνιον
γένος ἐκφύς τε δράκοντός
ποτε Πενθεύς, ὃν Ἐχίων   540

ἀν-αίνομαι: refuse, spurn, decline, 2
ἀνα-φαίνω: show, declare, bring to light, 2
ἀπ-ωθέω: push away, drive away
ἄρσην, ἄρσενος: male, 3
βαίνω: step, walk, go, 3
βοτρυώδης, -ες: like a bunch of grapes, 2
γένος, -εος, τό: race; family, stock, 6
διθύραμβος, ὁ: dithyramb
Δίρκη, -ης, ἡ: Dirce (natural spring & river), 3
ἐκ-φύω: bring forth; be born from, 3

μάκαρ, μάκαιρα, -αρος: blessed, happy, 6
μέλω: μέλει, there is a care for (dat., gen.), 5
ναί (νή): by... (when swearing an oaths)
νηδύς, -ύος, ἡ: body cavity, stomach, belly, 3
οἴνη, ἡ: vine
ὀνομάζω: name, call by name
ὀργή, ἡ: anger; passion; temperment, 5
στεφανή-φορος, -ον: crown-wearing
χάρις, -ριτος, ἡ: delight, grace; favor, gratitude, 4
χθόνιος, -ον: earth-born, of the earth, 2

526 Ἴθι: sg. imperative ἔρχομαι; Zeus is quoted
   Διθύραμβ(ε): *Dithyramb*; a word often associated with Bacchic song; Euripides alludes to one derivation of the name: δὶς θύρας βαίνειν, 'to go twice through doors (of birth),' i.e. Semele and then Zeus
527 ἐμὰν ἄρσενα τάνδε νηδύν: *into...*; acc. place to which; i.e. Zeus' thigh
   βᾶθι: 2s aor. imperative βαίνω
528 σε τόδ' ὀνομάζειν: *that this one...*; ind. disc., the acc. subj. τόδε refers to Dithyramb above and its mythical derivation (see note for l. 526)
529 Θήβαις: *to...*; dat. ind. obj. of ἀναφαίνω
530 σὺ δέ: *but you...*; Zeus is no longer quoted
531 ἀπωθε(σ)αι: pres. mid. imperative ἀπ-ωθέω
532 ἔχουσαν: acc. pple modifying με above
534 τί μ(ε) ἀναίνε(σ)αι: *why...*; 2s mid. ἀν-αίνομαι; τί is 'in respect to what' or 'why'

τί με φεύγεις: *why...?*
ναὶ τὰν...χάριν: *by the...delight...*; sworn as an oath; βοτρυώδε-α is an acc. adj.
535 Διονύσου οἴνας: both gen., οἴνης in Attic
   μελήσει: *for (dat) there will be a care for (gen)* impersonal fut.; μέλει governs a dat. of interest, gen. of a verb of remembering and forgetting
537 οἵαν οἵαν ὀργὰν: *What, What rage?*; οἷος
538 χθόνιον γένος: i.e. the Spartoi that emerged first subject of ἀναφαίνει
539 ἐκφύς τε...Πενθεύς: *and Pentheus...*; second subject of ἀναφαίνει; aor. pple ἐκφύω, 'be born'
   δράκοντός: *from...*; gen. of source; i.e. the serpent's teeth spread by Cadmus
540 ὃν...ἐφύτευσε: *whom...*; relative clause

ἐφύτευσε χθόνιος,
ἀγριωπὸν τέρας, οὐ φῶ-
τα βρότειον, φόνιον δ' ὥσ-
τε γίγαντ' ἀντίπαλον θεοῖς·
ὃς ἔμ' ἐν βρόχοισι τὰν τοῦ 545
Βρομίου τάχα ξυνάψει,
τὸν ἐμὸν δ' ἐντὸς ἔχει δώ-
ματος ἤδη θιασώταν
σκοτίαις κρυπτὸν ἐν εἰρκταῖς.
ἐσορᾷς τάδ', ὦ Διὸς παῖ 550
Διόνυσε, σοὺς προφήτας
ἐν ἀμίλλαισιν ἀνάγκας;
μόλε, χρυσῶπα τινάσσων,
ἄνα, θύρσον κατ' Ὄλυμπον,
φονίου δ' ἀνδρὸς ὕβριν κατάσχες. 555

ἀγριωπός, -όν: wild-looking
ἄμιλλα, -ης, ἡ : contest, conflict, trial
ἀνάγκη, ἡ: necessity, distress, anguish, 2
ἀντί-παλος, -ον: rival, match; wrestling rival, 2
βρότειος, -ον: mortal, 2
βρόχος, ὁ: knot, slip-knot, noose, 5
γίγας, -ατος, ὁ: giant
εἰρκτή: enclosure, prison, 2
ἐντός: within, inside (gen)
θιασώτης, ὁ: fellow-reveller
κατ-έχω: hold back, restrain; possess, 4
κρυπτός, -όν: hidden, concealed, secret, 2

ξυν-άπτω: fasten or join together, 4
Ὄλυμπος, ὁ: Mt. Olympus, 4
προ-φήτης, ὁ: interpreter, spokesman, 2
σκότιος, -α, -ον: dark, 2
τάχα: soon, presently; quickly, 5
τέρας, τό: monster; portent, wonder, marvel
τινάσσω: shake, brandish, 2
ὕβρις, ἡ: outrage, insolence, insult, pride, 5
φόνιος, -ον: murderous, blood-stained, bloody
φυτεύω: beget, produce, sire; plant
χθόνιος, -ον: earth-born, of the earth, 2
χρυσ-ώψ, -ῶπος: gold-colored, gold-faced

541 ἀγριωπὸν τέρας, οὐ φῶτα βρότειον: in apposition to acc. relative ὅν
543 φόνιον δ' ὥστε γίγαντ(α): *but just as...*; a clause of comparison
ἀντίπαλον θεοῖς: again, in apposition to ὅν
545 ὃς ἔμε...ξυνάψει: *who...*; i.e. Pentheus, fut.
546 τὰν τοῦ Βρομίου: *the (servant) of...*; in apposition to ἔμε
547 τὸν ἐμὸν δ'...θιασώταν: *and...*; i.e. Dionysus; in the same relative clause
548 ἐντός...δώματος: prepositional phrase
550 ἐσορᾷς: εἰσοράεις, 2s pres.

τάδ(ε): *the following*
ὦ Διὸς παῖ Διόνυσε: vocative, dir. address
551 σοὺς προφήτας: i.e. the Bacchae, in apposition to τάδ(ε)
552 ἀνάγκας: gen. sg., ἀνάγκης in Attic
553 μόλε: aor. imperative, βλώσκω (aor. ἔμολον)
χρυσῶπα...θύρσον: acc. sg.
554 ἄνα: vocative, dir. address, ἄναξ
κατ' Ὄλυμπον: *down..., in...*
555 κατάσχες: aor. imperative

πόθι Νύσας ἄρα τᾶς θη-
ροτρόφου θυρσοφορεῖς
θιάσους, ὦ Διόνυσ᾽, ἢ
κορυφαῖς Κωρυκίαις;
τάχα δ᾽ ἐν ταῖς πολυδένδρεσ- 560
σιν Ὀλύμπου θαλάμαις, ἔν-
θα ποτ᾽ Ὀρφεὺς κιθαρίζων
σύναγεν δένδρεα μούσαις,
σύναγεν θῆρας ἀγρώτας.
μάκαρ ὦ Πιερία, 565
σέβεταί σ᾽ Εὔιος, ἥξει
τε χορεύσων ἅμα βακχεύ-
μασι, τόν τ᾽ ὠκυρόαν
διαβὰς Ἀξιὸν εἰλισ-
σομένας Μαινάδας ἄξει, 570

ἀγρώτης, -ου, ὁ: wild
Ἀξιός, ὁ: Axios (river in Macedonia)
ἄρα: then, therefore, it seems, it turns out, 7
Βάκχευμα, -ατος, τό: Bacchic revelries, 6
δένδρεον (δένδρον), τό: tree
δια-βαίνω: step across, cross
ἑλίσσω: whirl, turn around, roll or wind round, 2
ἔνθα: where; there, 7
θαλάμη, ἡ: chamber, cavity; lair, den, 2
θηρο-τρόφος, -ον: feeding/fed on wild beasts, 2
θυρσο-φορέω: lead with a thyrsus
κιθαρίζω: play the lyre/cithara
κορυφή, ἡ: top, peak, summit; head, 4
Κωρύκιος, -α, -ον: Corycian

μάκαρ, μάκαιρα, -αρος: blessed, happy, 6
μοῦσα, ἡ: music, song
Νῦσα, -ης, ἡ: Nysa (mtn. holy to Bacchus)
Ὄλυμπος, ὁ: Mt. Olympus, 4
Ὀρφεύς, -έως, ὁ: Orpheus
Πιερία, ἡ: Pieria, 2
πόθι: where?
πολύ-δένδρεος, -ον: many-treed, deep-wooded
σέβω: revere, honor, worship, 5
συν-άγω: bring together, gather together, 2
τάχα: soon, presently; quickly, 5
χορεύω: dance, take part in the chorus, 2
ὠκυ-ρόης, -ες: swift-flowing

556 πόθι Νύσας: *where on Nysus...?*; partitive gen., Νύσης in Attic
θηροτρόφου: *feeding wild beasts*; modifies gen. Νύσας
559 ἢ (ἐν) κορυφαῖς Κωρυκίαις: *or on...*; dat. place where
560 τάχα δ᾽ (θυρσοφορεῖς): assume the verb from above
561 ἔνθα: *where...*; relative clause
563 σύναγεν: *used to..., would...*; unaugmented customary impf.

μούσαις: *with...*; dat. of means
564 (καὶ) σύναγεν: *(and) used to..., would...*; unaugmented customary impf. ; Orpheus is still the subject
566 ἥξει: fut. ἥκω
567 χορεύσων: *to...*; fut. pple expressing purpose (often translated as inf. in English)
569 διαβὰς: nom. sg. aor. pple διαβαίνω
εἰλισσομένας: pres. mid. pple
570 ἄξει: fut. ἄγω

      Λυδίαν πατέρα τε, τὸν
      τᾶς εὐδαιμονίας βροτοῖς
      ὀλβοδόταν, τὸν ἔκλυον
      εὔιππον χώραν ὕδασιν
      καλλίστοισι λιπαίνειν.   575
Δι.   ἰώ,
      κλύετ' ἐμᾶς κλύετ' αὐδᾶς,
      ἰὼ βάκχαι, ἰὼ βάκχαι.
Χο. τίς ὅδε, τίς <ὅδε> πόθεν ὁ κέλαδος
      ἀνά μ' ἐκάλεσεν Εὐίου;
Δι.   ἰὼ ἰώ, πάλιν αὐδῶ,   580
      ὁ Σεμέλας, ὁ Διὸς παῖς.
Χο. ἰὼ ἰὼ δέσποτα δέσποτα,
      μόλε νυν ἡμέτερον ἐς
      θίασον, ὦ Βρόμιε Βρόμιε.
Δι.   <σεῖε> πέδον χθονὸς Ἔννοσι πότνια.   585

αὐδάω: tell, say, speak, utter, 3
αὐδή, ἡ: voice, speech
Ἔννοσις, -εως, ἡ: Earthquake, Shaking, Quake
εὐ-δαιμονία, ἡ: well-being, happiness
εὔ-ιππος, -ον: delighting in horses
ἡμέτερος, -α, -ον: our, ours
ἰώ: io (exclamation of triumph), 7
καλέω: to call, summon, invite, 7
κέλαδος, ὁ: voice, cry; loud sound

λιπαίνω: makes fat, enrich; oil, anoint
Λυδίας, -ου, ὁ: Lydias river
ὀλβοδότης, ὁ: giver (of wealth/goodness)
πάλιν: again, once more; back, backwards, 6
πό-θεν: whence? from where?, 4
πότνια (πότνα), ἡ: mistress, queen, 3
σείω: to brandish, shake, move to and fro, 3
ὕδωρ, ὕδατος, τό: water, 4
χώρα, ἡ: land, region, area, place

571 (διαβὰς) Λυδίαν πατέρα τε: *and (crossing) Lydias river and his father...*; i.e. the Lydias and Haliaemon rivers in Macedonia; the Lydias flows into the Axios near its mouth, and the mouth of the Haliaemon is just south of the mouth of Axios. All three form a large delta area. Both are acc. of διαβὰς above; πατέρα refers to Haliaemon as the largest of the three rivers
  τὸν...ὀλβοδόταν: acc. in apposition
572 τᾶς εὐδαιμονίας: *of...*; objective gen. with ὀλβοδόταν.
  βροτοῖς: dat. ind. obj. or interest
573 τὸν ἔκλυον...λιπαίνειν: *whom, they used to hear,...*; τὸν is here used as the relative ὅν (a common practice in Homeric Greek and less so in tragedy) and here functions as acc. subject in ind. disc. governed by ἔκλυον; the antecedent is πατέρα, i.e. the Haliaemon river; ἔκλυον is used here as equivalent to 'people used to say'
  ὕδασιν καλλίστοισι: dat. of means, ὕδωρ
576 ἰώ: *Io!*; in exclamation
577 κλύετ(ε): pl. imperative, to the chorus
  ἐμᾶς...αὐδᾶς: acc. pl. αὐδή: translate as sg.
578 τίς (ἐστι) ὅδε: *Who...?*
  τίς (ἐστι) <ὅδε>: *Who...?*; diamond brackets indicate text the editor wishes to add
  ὁ κέλαδος...Εὐίου: *the voice of Bacchus*
579 ἀνά...ἐκάλεσεν: tmesis, ἀνακαλέω, 'call up'
581 ὁ Σεμέλας: *son of Semele*, gen. sg. Σεμέλης
  δέσποτα: voc. dir. address
583 μόλε: aor. imperative, βλώσκω (aor. ἔμολον)
585 <σεῖε>: sg. imperative; diamond brackets denote text that the editor has added
  πέδον χθονὸς: *the plain of the land*; acc.
  Ἔννοσι πότνια.: voc. dir. address

Χο. ἆ ἆ,
τάχα τὰ Πενθέως μέλαθρα διατι-
νάξεται πεσήμασιν.
—ὁ Διόνυσος ἀνὰ μέλαθρα·
σέβετέ νιν. 590
—σέβομεν ὤ.
—εἴδετε λάινα κίοσιν ἔμβολα
διάδρομα τάδε; Βρόμιος ⟨ὅδ'⟩ ἀλα-
λάζεται στέγας ἔσω.
Δι. ἅπτε κεραύνιον αἴθοπα λαμπάδα·
σύμφλεγε σύμφλεγε δώματα Πενθέος. 595
Χο. ἆ ἆ,
πῦρ οὐ λεύσσεις, οὐδ' αὐγάζῃ,
Σεμέλας ἱερὸν ἀμφὶ τάφον, ἅν
ποτε κεραυνόβολος ἔλιπε φλόγα
Δίου βροντᾶς;
δίκετε πεδόσε τρομερὰ σώματα 600

ἆ: ah (exclamation of pity, envy, or contempt), 5
αἴθοψ, οπος: fiery-looking
ἀλαλάζω: cry out, shout aloud, 2
ἅπτω: fasten; kindle; *mid.* touch, grasp (gen), 3
αὐγάζω: see distinctly; discern
βροντή, ἡ: thunder, 2
διά-δρομος, -ον: ready to fall, running about
δια-τινάσσω: shake apart or asunder, 2
δικέω: throw or cast down (only in aor.), 2
δῖος, -α, -ον: divine; of Zeus, 3
ἔμβολον, τό: architrave, lintel (over a column)
κεραύνιος, -α, -ον: thunderbolt-struck, 5
κεραυνό-βολος, -ον: hurling the thunder

κίων, κίονος, ἡ: column, pillar
λάινος, -η, -ον: of stone, stony
λαμπάς, -άδος, ἡ: torch, 2
λεύσσω: gaze upon, look on, 4
πεδό-σε (πέδονδε): to the ground, 2
πέσημα, -ατος, τό: fall
σέβω: revere, honor, worship, 5
στέγη, ἡ: roof; shelter, building, home, 4
συμ-φλέγω: burn up, 2
τάφος, ὁ: tomb, grave; burial, funeral, 3
τάχα: soon, presently; quickly, 5
τρομερός, -α, -ον:: trembling
φλόξ, φλογός, ἡ: flame, fire, 3

587 τὰ μέλαθρα: *house, halls*; from 'roofs' via synecdoche
διατινάξεται: fut. passive in sense but fut. mid. in form, δια-τινάσσω
588 πεσήμασιν: *to ruins*; dat. of compound verb
589 ὁ Διόνυσος (ἐστίν)
ἀνὰ μέλαθρα: *throughout...*
590 ὤ: *oh!*; exclamation
591 εἴδετε: aor. imperative ὁράω
(ἐν) κίοσιν: *on...*; dat. of place where
592 διάδρομα: predicative adj.
⟨ὅδ'⟩: *here*; diamond brackets indicate text that the editor wishes to add

ἀλαλάζεται: pres. mid.
593 στέγας ἔσω: *inside...*; anastrophe
594 ἅπτε: *kindle...*; imperative
596 οὐ λεύσσεις: *Do you not...?*; in a question
οὐδ' αὐγάζε(σ)αι: *nor do you...*; 2s pres. mid.
Σεμέλας: gen. sg.
597 ἅν...ἔλιπε: *which...*; relative; aor. λείπω
κεραυνόβολος: *(the one) hurling the thunderbolt*; substantive, i.e. Zeus
598 φλόγα Δίου βροντᾶς: *the flame...*; acc. obj. of αὐγάζῃ with two genitives
600 δίκετε: *throw down...*; aor. imperative

δίκετε, Μαινάδες· ὁ γὰρ ἄναξ
ἄνω κάτω τιθεὶς ἔπεισι
μέλαθρα τάδε Διὸς γόνος.

Δι. βάρβαροι γυναῖκες, οὕτως ἐκπεπληγμέναι φόβῳ
πρὸς πέδῳ πεπτώκατ'; ᾔσθησθ', ὡς ἔοικε, Βακχίου   605
διατινάξαντος †δῶμα Πενθέως· ἀλλ' ἐξανίστατε†
σῶμα καὶ θαρσεῖτε σαρκὸς ἐξαμείψασαι τρόμον.

Χο. ὦ φάος μέγιστον ἡμῖν εὐίου βακχεύματος,
ὡς ἐσεῖδον ἀσμένη σε, μονάδ' ἔχουσ' ἐρημίαν.

Δι. εἰς ἀθυμίαν ἀφίκεσθ', ἡνίκ' εἰσεπεμπόμην,   610
Πενθέως ὡς ἐς σκοτεινὰς ὁρκάνας πεσούμενος;

Χο. πῶς γὰρ οὔ; τίς μοι φύλαξ ἦν, εἰ σὺ συμφορᾶς τύχοις;
ἀλλὰ πῶς ἠλευθερώθης ἀνδρὸς ἀνοσίου τυχών;

Δι. αὐτὸς ἐξέσῳσ' ἐμαυτὸν ῥᾳδίως ἄνευ πόνου.

Χο. οὐδέ σου συνῆψε χεῖρε δεσμίοισιν ἐν βρόχοις;   615

ἀ-θυμία, ἡ: despair, lack of spirit
αἰσθάνομαι: perceive, feel, realize (gen), 2
ἄνευ: without, 5
ἀν-όσιος, -η, -ον: unholy, profane
ἄσμενος, -η, -ον: glad
ἀφ-ικνέομαι: come, arrive, 2
βρόχος, ὁ: knot, slip-knot, noose, 5
γόνος, ὁ: offspring, a child; family, 5
δέσμιος, -ον: bound, captive; binding, 5
δια-τινάσσω: shake apart or asunder, 2
δικέω: throw or cast down (only in aor.), 2
εἰσ-πέμπω: send in, bring in
ἐκ-πλήσσω: strike out, drive or expel
ἐκ-σῴζω: save, keep safe, preserve
ἐλευθερόω: keep (acc) free, absolve
ἐμαυτοῦ, -ῆς, -οῦ: myself, 2
ἐξ-αμείβω: exchange, put away...from
ἐξ-αν-ίστημι: raise up (acc.)
ἔοικα: to be or seem likely, be reasonable

ἐπ-έρχομαι: rush upon, attack; come upon
ἐρημία, ἡ: solitude, loneliness; wilderness, 4
ἡνίκα: when, since, at which time, 4
θαρσέω: take courage, take heart
κάτω: below, under (gen), 4
μέγιστος, -η, -ον: greatest, biggest, best, 3
μέλας, μέλαινα, μέλαν: dark, black, 2
μονάς, -αδος: solitary, alone
ὁρκάνη, ἡ: enclosure, fence
οὕτως: so, thus, in this way, 2
πόνος, ὁ: work, toil; woe, trouble, 5
ῥᾳδίως: easily, 2
σάρξ, σαρκός, ἡ: flesh, 4
σκοτεινός, -ή, -όν: dark, obscure
συμ(ξυμ)-φορά, ἡ: misfortune; happening, 2
συν-άπτω: join together, 3
τρόμος, ὁ: trembling, quaking
φόβος, ὁ: fear, dread, panic, 3
φύλαξ, -κος, ὁ: guard, 2

602 ἄνω κάτω τιθεὶς: *setting it up and down*; i.e. setting it in confusion; nom. pres. pple τίθημι
ἔπ-εισι: *will rush upon*; 3s fut. ἔπ-ερχομαι
604 ἐκπεπληγμέναι: pf. pass. pple ἐκ-πλήσσω
605 πρὸς πέδῳ: *onto the ground*
πεπτώκατε;: *have you...?*; 2p pf. πίπτω
ᾔσθησθε: *you have...*; 2p pf. mid. αἰσθάνομαι,
ὡς ἔοικε: *as it...*; parenthetical and impersonal
Βακχίου διατινάξαντος: partitive gen. object
606 †...†: obelus (†) marks text as likely corrupt
ἐξανίστατε σῶμα: 2p pres. imperative

607 ἐξαμείψασαι: *putting away (acc) from (gen.)*;
609 ὡς...ἀσμένη: *how gladly...!*; aor. εἰσ-οράω
εἰσεπεμπόμην: 1s impf. pass.; i.e. into prison
611 ὡς...: *in the belief that I was going to fall...*;
ὡς + pple of alleged cause (S2086); fut. πίπτω
612 ἦν, εἰ...τύχοις: *Who was...if you should meet with...*; fut. less vivid with a suppressed apodosis: *Who was (it who would be) my guard*
613 ἠλευθερώθης: 2s aor. pass. ἐλευθερόω
τυχών: *having met*; aor. pple + partitive gen.
615 οὐδέ...συνῆψε: *Did he not also.?*; adv. οὐδέ

Δι. ταῦτα καὶ καθύβρισ' αὐτόν, ὅτι με δεσμεύειν δοκῶν
οὔτ' ἔθιγεν οὔθ' ἥψαθ' ἡμῶν, ἐλπίσιν δ' ἐβόσκετο.
πρὸς φάτναις δὲ ταῦρον εὑρών, οὗ καθεῖρξ' ἡμᾶς ἄγων,
τῷδε περὶ βρόχους ἔβαλλε γόνασι καὶ χηλαῖς ποδῶν,
θυμὸν ἐκπνέων, ἱδρῶτα σώματος στάζων ἄπο,   620
χείλεσιν διδοὺς ὀδόντας· πλησίον δ' ἐγὼ παρὼν
ἥσυχος θάσσων ἔλευσσον. ἐν δὲ τῷδε τῷ χρόνῳ
ἀνετίναξ' ἐλθὼν ὁ Βάκχος δῶμα καὶ μητρὸς τάφῳ
πῦρ ἀνῆψ'· ὃ δ' ὡς ἐσεῖδε, δώματ' αἴθεσθαι δοκῶν,
ᾖσσ' ἐκεῖσε κἀτ' ἐκεῖσε, δμωσὶν Ἀχελῷον φέρειν   625
ἐννέπων, ἅπας δ' ἐν ἔργῳ δοῦλος ἦν, μάτην πονῶν.
διαμεθεὶς δὲ τόνδε μόχθον, ὡς ἐμοῦ πεφευγότος,
ἵεται ξίφος κελαινὸν ἁρπάσας δόμων ἔσω.
κᾆθ' ὁ Βρόμιος, ὡς ἔμοιγε φαίνεται, δόξαν λέγω,
φάσμ' ἐποίησεν κατ' αὐλήν· ὃ δ' ἐπὶ τοῦθ' ὡρμημένος   630

αἴθω: light up, kindle
ἀΐσσω: rush, dart, shoot, 4
ἀν-άπτω: fasten upon, fasten to; kindle, 2
ἀνα-τινάσσω: shake up & down, brandish
ἅπτω: fasten; kindle; *mid.* touch, grasp (gen), 3
ἁρπάζω: snatch, carry off, kidnap, 4
αὐλή, ἡ: court-yard
Ἀχελῷος, -ου, ὁ: the water of Achelous (river), 2
βάκχος, ὁ: Bacchus, Dionysus, 3
βάλλω: throw, cast, hit, put, 4
βόσκω: nourish, feed, graze
βρόχος, ὁ: knot, slip-knot, noose, 5
γόνυ, γονάτος, τό: knee
δεσμεύω: bind, put in chains
δια-μεθ-ίημι: let go, give up, 2
δμώς, -ωός, ὁ: slave
δόξα, ἡ: opinion, thought, reputation, honor, 3
δοῦλος, ὁ: a slave, 3   ἔγω-γε: I, for my part, 4
εἶτα: then, next, 3   ἐκεῖ-σε: to there, 4
ἐκ-πνέω: breathe out   ἐλπίς, -ίδος, ἡ: hope, 2
ἐνν-επω: tell, say; bid, 2
ἔργον, τό: work, labor, deed, act, 3
ἥσυχος, -ον: quiet, still, calm, at peace, 4
θάσσω: sit, sit down, 3

θιγγάνω (aor. θιγ): touch, take hold of (gen.), 4
θυμός, ὁ: spirit, anger; heart, soul, life
ἱδρώς, -ῶτος ὁ: sweat
ἵημι: let go, send, throw; *mid.* hasten, 3
καθ-υβρίζω: insult, treat outrageously
κατ-είργω: shut in, drive into, 2
κελαινός, -ή, -όν: dark, black
λεύσσω: gaze upon, look on, 4
μόχθος, ὁ: toil, exertion, hardship; *pl.* troubles, 5
ξίφος, -εος τό: a sword, 2
ὀδούς, ὀδόντος, ὁ: tooth
ὁρμάω: set out, begin; set in motion, 2
οὗ: where, 4
περί: around, about, concerning, 4
πλησίος, -η, -ον: near, close to (gen), 3
ποιέω: to do, make, create, compose, 3
πόνος, ὁ: work, toil; woe, trouble, 5
στάζω: drip, trickle; drop, 4
ταῦρος, ὁ: bull, 5
τάφος, ὁ: tomb, grave; burial, funeral, 3
φάσμα, -ατος, τό: phantom, apparition
φάτνη, ἡ: manger, crib, feeding-trough, 2
χεῖλος, -εος, τό: lip
χηλή, ἡ: hoof/hooves; talen, claw

616 ταῦτα καὶ: *in these also I...*; acc. of respect
617 ἔθιγεν, ἥψα(το): aor. mid. ἅπτω + partitive
619 τῷδε: *this one's*; i.e. bull's; dat. possession
  περὶ..ἔβαλλε: *put around*; tmesis περιβάλλω
621 (ἐν) χείλεσιν διδοὺς: nom. pres. pple δίδωμι
623 ἀνῆψε·: *lit up, kindled*; aor. ἀν-άπτω
624 ὃ δ' ὡς...: *but as he saw*; i.e. Pentheus

625 ᾖσσ(ε): impf. ἀΐσσω
  ἐκεῖσε κα(ὶ) (εἶ)τα ἐκεῖσε: *here and then there*
627 διαμεθεὶς: nom. sg. aor. pple δια-μεθ-ίημι
  ὡς: *in the belief that...*; gen. abs. pf. φεύγω
628 ἵεται: *rushes/hastens*; 3s pres. mid. ἵημι
629 κα(ὶ) (εἶτ)α: *and then*   δόξαν: *my opinion*
630 ἐπὶ τοῦθ' ὡρμημένος: *setting out at this*; pf.

ᾖσσε κἀκέντει φαεννὸν ⟨αἰθέρ᾽⟩, ὡς σφάζων ἐμέ.
πρὸς δὲ τοῖσδ᾽ αὐτῷ τάδ᾽ ἄλλα Βάκχιος λυμαίνεται·
δώματ᾽ ἔρρηξεν χαμᾶζε· συντεθράνωται δ᾽ ἅπαν
πικροτάτους ἰδόντι δεσμοὺς τοὺς ἐμούς· κόπου δ᾽ ὕπο
διαμεθεὶς ξίφος παρεῖται· πρὸς θεὸν γὰρ ὢν ἀνὴρ   635
ἐς μάχην ἐλθεῖν ἐτόλμησε. ἥσυχος δ᾽ ἐκβὰς ἐγὼ
δωμάτων ἥκω πρὸς ὑμᾶς, Πενθέως οὐ φροντίσας.
 ὡς δέ μοι δοκεῖ—ψοφεῖ γοῦν ἀρβύλη δόμων ἔσω—
ἐς προνώπι᾽ αὐτίχ᾽ ἥξει. τί ποτ᾽ ἄρ᾽ ἐκ τούτων ἐρεῖ;
ῥᾳδίως γὰρ αὐτὸν οἴσω, κἂν πνέων ἔλθῃ μέγα.   640
πρὸς σοφοῦ γὰρ ἀνδρὸς ἀσκεῖν σώφρον᾽ εὐοργησίαν.
Πε. πέπονθα δεινά· διαπέφευγέ μ᾽ ὁ ξένος,
ὃς ἄρτι δεσμοῖς ἦν κατηναγκασμένος.
ἔα ἔα·
ὅδ᾽ ἐστὶν ἀνήρ· τί τάδε; πῶς προνώπιος   645

ἀίσσω: rush, dart, shoot, 4
ἀρβύλη, ἡ: boot, half-boot, 2
ἄρτι: just, newly, recently, 4
ἀσκέω: practice, exercise, 2
αὐτίκα: straightaway, soon, immediately, 3
γοῦν: at any rate, at least then, any way, 2
δια-μεθ-ίημι: let go, give up, 2
δια-φεύγω: flee through, escape, 2
ἔα: ah! (exclamation of surprise or displeasure), 3
ἐκ-βαίνω: step out from; come to pass, turn out, 2
εὐ-οργησία: gentleness of temper
ἥσυχος, -ον: quiet, still, calm, at peace, 4
κατ-αναγκάζω: force, constrain
κεντέω: stab; prick, sting, goad
κόπος, ὁ: fatigue, weariness
λυμαίνομαι: inflict outrages/insults upon (dat), 2
μάχη, ἡ: battle, fight, combat, 3

ξίφος, -εος τό: a sword, 2
παρ-ίημι: give up, pass over; relax, let go, 2
πικρός, -ή, -όν: sharp; bitter, cruel; keen, 3
πνέω: breathe, blow
προνώπια, τά: front of a house, 1
προνώπιος, -ον: front of a house, 1
πῶς: how? in what way?, 7
ῥᾳδίως: easily, 2
ῥήγνυμι: break, break down or apart; tear, 3
συν-θρανόομαι: be broken up in pieces
σφάζω: slay, slaughter
τολμάω: to dare, undertake, endure, 2
φαεινός, -ή, -όν: shining, radiant
φροντίζω: consider, give thought to (gen)
χαμᾶζε: to the ground, on the ground
ψοφέω: make a sound, sound

631 ᾖσσε κα(ὶ) ἐκέντει: impf. ἀίσσω, κεντέω
  ⟨αἰθέρ(α)⟩: air; Pentheus attacks the φάσμα
  ὡς σφάζων ἐμέ.: in the belief that (he)...; ὡς + pple expresses alleged cause (S2086)
632 πρὸς τοῖσδ᾽: in addition to these things
  τάδ᾽ ἄλλα: in these other ways; adv. acc. (inner acc.: 'commits these other outrages')
633 ἔρρηξεν: aor. ῥήγνυμι
  συντεθράνωται ἅπαν: everything...; pf. pass.
634 ἰδόντι: for (him)...; dat. interest, pple ὁράω
  κόπου δ᾽ ὕπο: because of...; anastrophe
635 διαμεθείς: nom. sg. aor. pple δια-μεθ-ίημι
  παρεῖται: gives up; pres. mid. παρ-ίημι

πρὸς θεὸν: against...
ὢν ἀνήρ: although...; concessive pple εἰμί
636 ἐκβὰς: nom. sg. aor. pple ἐκ-βαίνω
637 φροντίσας: nom. aor. pple + partitive gen.
639 ἥξει: fut. ἥκω
  τί ποτ᾽...ἐρεῖ: what in the world...?; fut. λέγω
  ἐκ τούτων: as a result from...
640 οἴσω: 1s fut. φέρω, 'endure' or 'bear'
  κ(αὶ) ἐάν...ἔλθῃ: even if...; aor. subj. ἔρχομαι;
  fut. more vivid condition (εἰ ἄν subj., fut.)
  πρὸς...ἀνδρὸς (ἐστι): it is the way of a wise man
642 πέπονθα: 1s pf. πάσχω
643 ἦν: impf. εἰμί, pf.; pass. pple as predicate

```
            φαίνῃ πρὸς οἴκοις τοῖς ἐμοῖς, ἔξω βεβώς;
Δι.   στῆσον πόδ', ὀργῇ δ' ὑπόθες ἥσυχον πόδα.
Πε.   πόθεν σὺ δεσμὰ διαφυγὼν ἔξω περᾷς;
Δι.   οὐκ εἶπον—ἢ οὐκ ἤκουσας—ὅτι λύσει μέ τις;
Πε.   τίς; τοὺς λόγους γὰρ ἐσφέρεις καινοὺς ἀεί.           650
Δι.   ὃς τὴν πολύβοτρυν ἄμπελον φύει βροτοῖς.
Πε.   *
Δι.   ὠνείδισας δὴ τοῦτο Διονύσῳ καλόν.
Πε.   κλῄειν κελεύω πάντα πύργον ἐν κύκλῳ.
Δι.   τί δ'; οὐχ ὑπερβαίνουσι καὶ τείχη θεοί;
Πε.   σοφὸς σοφὸς σύ, πλὴν ἃ δεῖ σ' εἶναι σοφόν.           655
Δι.   ἃ δεῖ μάλιστα, ταῦτ' ἔγωγ' ἔφυν σοφός.
      κείνου δ' ἀκούσας πρῶτα τοὺς λόγους μάθε,
      ὃς ἐξ ὄρους πάρεστιν ἀγγελῶν τί σοι·
      ἡμεῖς δέ σοι μενοῦμεν, οὐ φευξούμεθα.
Αγ.   Πενθεῦ κρατύνων τῆσδε Θηβαίας χθονός,              660
```

ἀγγέλλω: report, announce
ἄμπελος, ὁ: vine, 4
βαίνω: step, walk, go, 3
δή: indeed, surely, really, certainly, just, 5
δια-φεύγω: flee through, escape, 2
ἔγω-γε: I, for my part, 4
εἰσ-φέρω: bring or carry in, 5
ἔξω: out of (gen.); adv. outside, 5
ἥσυχος, -ον: quiet, still, calm, at peace, 4
καινός, -ή, -όν: new, fresh; strange, 2
κελεύω: order, bid, 2
κλείω: shut, close, lock
κρατύνω: rule, be master of (gen); strengthen
κύκλος, ὁ: circle, orb; eyeball, eye, 3

λύω: loosen; fulfill, accomplish; pay, 4
μάλιστα: most of all; certainly, especially, 3
μανθάνω: to learn, understand, 5
μένω: to stay, remain, wait for, 5
ὀνειδίζω: reproach, chide
ὀργή, ἡ: anger; passion; temperment, 5
περάω: come, pass, penetrate, 3
πλήν: except, but (gen.), 2
πό-θεν: whence? from where?, 4
πολύ-βοτρυς, ὁ, ἡ: abounding in grapes
πύργος, ὁ: tower, turreted wall
τεῖχος, -εος, τό: wall, 4
ὑπερ-βαίνω: overstep, transgress
ὑπο-τίθημι: suggest, offer, put under, 2

646 φαίνε(σ)αι: 2s pres. mid. 'appear'
    πρὸς οἴκοις τοῖς ἐμοῖς: near..., at...
    βεβώς: nom. sg. pf. pple, βαίνω
647 στῆσον πόδ(α): causal aor. imper. ἵστημι,
    'make stand' or 'stop;' acc. sg. πούς
    ὀργῇ δ' ὑπόθες ἥσυχον πόδα: put a calm foot
    under your anger; aor. imper.; dat. compound
648 πόθεν: from what (cause)...?; i.e. how?
    περᾷς: περα-εις, 2s pres.
649 εἶπον: Did I...; 1s aor. λέγω
    ὅτι λύσει...: that...; ind. disc., fut. λύω
650 καινοὺς ἀεί: predicative position: '(which
    are) always strange'
651 ὅς...φύει: (the one) who grows...; in response
    to τίς; βροτοῖς is dat. of interest

652 ὠνείδισας.: Did you reproach (dat.) for
    (acc); τοῦτο καλόν is a substantive—add
    'thing,' Pentheus insulted Dionysus above
    δὴ: then; inferential
652 (ὑμᾶς) κλῄειν: that (you)...; to the attendants
653 τί δ': Why?; common 'In respect to what?'
654 καὶ τείχε-α: neut. pl., καί, 'also' is an adv.
655 σοφὸς σοφὸς σύ (εἶ): the repetition suggests
    frustration and sarcasm; supply linking verb
    ἃ: in what...; '(in things) in which,' acc. respect
656 ἃ... ταῦτα: in what...in these; acc. of respect
    ἔφυν: I am (by nature); 'I grew up' 1s aor. φύω
657 μάθε: aor. imperative μανθάνω
658 ἀγγελῶν τί: to report something; fut. pple
659 μενοῦμεν, φευξούμεθα: both fut.

ἥκω Κιθαιρῶν' ἐκλιπών, ἵν' οὔποτε
λευκῆς χιόνος ἀνεῖσαν εὐαγεῖς βολαί.
Πε. ἥκεις δὲ ποίαν προστιθεὶς σπουδὴν λόγου;
Αγ. βάκχας ποτνιάδας εἰσιδών, αἳ τῆσδε γῆς
οἴστροισι λευκὸν κῶλον ἐξηκόντισαν, 665
ἥκω φράσαι σοὶ καὶ πόλει χρῄζων, ἄναξ,
ὡς δεινὰ δρῶσι θαυμάτων τε κρείσσονα.
θέλω δ' ἀκοῦσαι, πότερά σοι παρρησίᾳ
φράσω τὰ κεῖθεν ἢ λόγον στειλώμεθα·
τὸ γὰρ τάχος σου τῶν φρενῶν δέδοικ', ἄναξ, 670
καὶ τοὐξύθυμον καὶ τὸ βασιλικὸν λίαν.
Πε. λέγ', ὡς ἀθῷος ἐξ ἐμοῦ πάντως ἔσῃ.
τοῖς γὰρ δικαίοις οὐχὶ θυμοῦσθαι χρεών.
ὅσῳ δ' ἂν εἴπῃς δεινότερα βακχῶν πέρι,
τοσῷδε μᾶλλον τὸν ὑποθέντα τὰς τέχνας 675

ἀ-θῷος, -ον: scot-free, unpunished
ἀν-ίημι: loosen; cease, send forth, 3
βασιλικός, -ή, -όν: royal, kingly
βολή, ἡ: throw/shot; shaft, (sun)ray, snowflake; 2
δείδω: fear, dread, shrink from, feel awe
δίκαιος, -α, -ον: just, right, lawful, fair
ἐξ-ακοντίζω: dart, hurl
εὐ-αγής, -ές: bright, clear; pure, 1
θυμόω: make angry; *mid.* be angry, 3
κεῖθεν: from that place, thence, then, 2
κῶλον, τό: limb, leg, 2
λευκός, -ή, -όν: white, bright, brilliant
λίαν: very, exceedingly, 2 μᾶλλον: more/rather, 5
οἶστρος, ὁ: frenzy; sting, gadfly
ὀξύ-θυμος, -ον: quick to anger
οὔ-ποτε: not ever, never

πάντως: in all ways, absolutely
παρρησία, ἡ: frankness, freedom of speech
περί: around, about, concerning, 4
ποῖος, -α, -ον: what sort of? what kind of?, 4
πότερος, -α, -ον: which of two? whether?, 3
ποτνιάς, -αδος (adj.): revered; mistress; raving?
προσ-τίθημι: put forward, offer; add, attribute, 4
σπουδή, ἡ: haste, eagerness, zeal, effort, 2
στέλλω: send for, prep; *mid.* put on; restrain, 4
τάχος, τό: speed, swiftness, 2
τέχνη, ἡ: art, skill, craft, 2
τοσόσδε, -άδε, -όνδε: so much, many, long
ὑπο-τίθημι: suggest, offer, put under, 2
φράζω: point out, tell, indicate, 3
χιών, χιόνος, ἡ: snow
χρῄζω: want, lack, have need of (gen), 2

661 ἐκλιπών: nom. sg. aor. pple ἐκ-λείπω
662 ἵνα...ἀνεῖσαν: *where...cease*; gnomic aorist
663 ποίαν σπουδὴν λόγου: *what serious report?*
προστιθείς: 2s pres. pple governs acc. obj.
664 ποτνιάδας: a synonym for the Bacchae
εἰσιδών: aor. pple εἰσ-οράω
αἳ...ἐξηκόντισαν: *who...*; i.e. leapt and bounded
τῆσδε γῆς: *from...*; separation with main verb
665 λευκὸν κῶλον: poetic sg.: translate as plural
666 φράσαι: aor. inf. with pres. pple χρῄζων
ὡς...δρῶσι: *that...*; ind. disc., 3p pres. δράω
θαυμάτων κρείσσονα: *things beyond wonder*;
neut. acc. substantive and gen. of comparison
668 πότερά...φράσω...ἢ...στειλώμεθα: *whether*

I am to ...or I am to...; ind. deliberative quest.
with 1s aor. and 1p aor. subj. στέλλω
669 στειλώμεθα: *I am to restrain*; 1p=1s, a
nautical metaphor for taking in the sail of a ship
δέδοικ(α): 1s pf. δείδω: translate as present
670 τ(ὸ) ὀξύθυμον: *quickness to anger*
τὸ βασιλικόν: *(your) domineering*
672 ὡς...ἔσε(σ)αι: *since you will be...*; causal
673 τοῖς δικαίοις: *at...*; dat. of interest
χρεών (ἐστι): *(it is) necessary*
674 ὅσῳ...τοσῷδε: *the more terrible... this much
more...*; 'by so much...this much,' dat. degree of
difference with comparatives
675 τὸν ὑποθέντα: *the one proposing*; aor. act.

γυναιξὶ τόνδε τῇ δίκῃ προσθήσομεν.
Αγ. ἀγελαῖα μὲν βοσκήματ' ἄρτι πρὸς λέπας
μόσχων ὑπεξήκριζον, ἡνίχ' ἥλιος
ἀκτῖνας ἐξίησι θερμαίνων χθόνα.
ὁρῶ δὲ θιάσους τρεῖς γυναικείων χορῶν, 680
ὧν ἦρχ' ἑνὸς μὲν Αὐτονόη, τοῦ δευτέρου
μήτηρ Ἀγαύη σή, τρίτου δ' Ἰνὼ χοροῦ.
ηὗδον δὲ πᾶσαι σώμασιν παρειμέναι,
αἳ μὲν πρὸς ἐλάτης νῶτ' ἐρείσασαι φόβην,
αἳ δ' ἐν δρυὸς φύλλοισι πρὸς πέδῳ κάρα 685
εἰκῇ βαλοῦσαι σωφρόνως, οὐχ ὡς σὺ φῂς
ὠνωμένας κρατῆρι καὶ λωτοῦ ψόφῳ
θηρᾶν καθ' ὕλην Κύπριν ἠρημωμένας.
ἡ σὴ δὲ μήτηρ ὠλόλυξεν ἐν μέσαις
σταθεῖσα βάκχαις, ἐξ ὕπνου κινεῖν δέμας, 690

ἀγελαῖος, -α, -ον: of a herd, in a herd
ἀκτίς, ἀκτῖνος, ἡ: ray, beam
ἄρτι: just, newly, recently, 4
ἄρχω: begin; to rule, be leader of, 2
Αὐτονοή, ἡ: Autonoe, 4
βάλλω: throw, cast, hit, put, 4
βόσκημα, -ατος, τό: grazing animals, cattle
γυναικεῖος, -η, -ον: of a woman, of women
δέμας, τό: body; bodily frame, build, 4
δεύτερος, -η, -ον: second, 2
δρῦς, δρυός, ἡ: oak, 3
εἰκῇ (εἰκῆ): without a plan, at random
εἷς, μία, ἕν: one, single, alone, 3
ἐξ-ίημι: send out, let out, 2
ἐρείδω: lean, prop; press
ἐρημόω: abandon, desert, leave alone
εὕδω: sleep
ἥλιος (ἀέλιος), ὁ: sun, 3
ἡνίκα: when, since, at which time, 4

θερμαίνω: warm, heat
Ἰνώ, Ἰνέος, ἡ: Ino, 5
κινέω: to set in motion, move; rouse, 4
κρατήρ, -ῆρος, ὁ: mixing bowl, 3
Κύπρις, ἡ: Cypris, Aphrodite, 3
λέπας, τό: bare rock, crag, 3
λωτός, -οῦ ὁ: pipe, flute; else, clover, lotus, 2
μέσος, -η, -ον: middle, in the middle of, 4
μόσχος, ὁ,ἡ: calf; heifer (f), young bull (m), 4
νῶτον, τό: back (of the body), 2
οἰνόω: intoxicate, get drunk
ὀλολύζω: cry aloud
παρ-ίημι: give up, pass over; relax, let go, 2
προσ-τίθημι: give, offer; add, attribute, 4
τρεῖς, τρία: three   τρίτος, -η, -ον: a third
ὕλη, ἡ: wood, forest, 4
ὑπ-εξ-ακρίζω: climb to the summit
ὕπνος, -ου, ὁ: sleep, 4
φόβη, ἡ: foliage, leafage; lock of hair, 4
φύλλον, τό: a leaf, 2   ψόφος, ὁ: sound

676 γυναιξὶ: dat. pl. governed by ὑποθέντα
  προσθήσομεν: 1p fut.
  τῇ δίκῃ: *to punishment*; dat. ind. obj.
677 ἀγελαῖα βοσκήματα μόσχων: one subject
  ὑπεξήκριζον: *began to...*; inchoative impf.
678 ἡνί(κα)...ἐξίησι: *when...*; 3s pres. ἐξ-ίημι
681 ὧν ἦρχε ἑνὸς: *one of whom...*; relative is partitive gen.; ἑνὸς, gen. εἷς is obj. of ἄρχω
  τοῦ δευτέρου (ἦρχε): gen. obj., add verb
682 τρίτου χοροῦ (ἦρχε): gen. obj., add verb
683 ηὗδον: 3p impf. εὕδω

σώμασιν: *in...*; dat. of respect
παρειμέναι: *relaxed*; pf. mid. pple, παρ-ίημι
684 αἳ μὲν...αἳ δὲ: *some...others*; partitive appos.
  πρὸς ἐλάτης...φόβην,: *against...foliage*
685 κάρα βαλοῦσαι: *putting...*; aor. pple βάλλω
686 οὐχ ὡς σὺ φῂς: *not as you say*; parenthetical
687 ὠνωμένας...θηρᾶν: *that (they)...*; ind. disc. with pf. pass. pple οἰνόω and inf. θηράω
688 καθ' ὕλην: *in...*
  ἠρημωμένας: pf. pass. pple ἐρημόω
690 σταθεῖσα: *standing*; aor. pass. pple ἵστημι

μυκήμαθ' ὡς ἤκουσε κεροφόρων βοῶν.
αἱ δ' ἀποβαλοῦσαι θαλερὸν ὀμμάτων ὕπνον
ἀνῇξαν ὀρθαί, θαῦμ' ἰδεῖν εὐκοσμίας,
νέαι παλαιαὶ παρθένοι τ' ἔτ' ἄζυγες.
καὶ πρῶτα μὲν καθεῖσαν εἰς ὤμους κόμας   695
νεβρίδας τ' ἀνεστείλανθ' ὅσαισιν ἁμμάτων
σύνδεσμ' ἐλέλυτο, καὶ καταστίκτους δορὰς
ὄφεσι κατεζώσαντο λιχμῶσιν γένυν.
αἱ δ' ἀγκάλαισι δορκάδ' ἢ σκύμνους λύκων
ἀγρίους ἔχουσαι λευκὸν ἐδίδοσαν γάλα,   700
ὅσαις νεοτόκοις μαστὸς ἦν σπαργῶν ἔτι
βρέφη λιπούσαις· ἐπὶ δ' ἔθεντο κισσίνους
στεφάνους δρυός τε μίλακός τ' ἀνθεσφόρου.
θύρσον δέ τις λαβοῦσ' ἔπαισεν ἐς πέτραν,
ὅθεν δροσώδης ὕδατος ἐκπηδᾷ νοτίς·   705

ἀγκάλη, ἡ: arm, bent arm, 2
ἄγριος, -α, -ον: wild, fierce; cruel, 3
ἄζυξ, ἄζυγος: unpaired, unmarried
ἅμμα, ἅμματος, τό: strap, cord (anything tied)
ἀν-αίσσω: dart up, spring up
ἀνα-στέλλω: gird or tuck up, send up, put up
ἀνθεσφόρος, -ον: bearing flowers, flowering
ἀπο-βάλλω: cast off, throw away
βοή, ἡ: shout, cry, 3
βρέφος, -εος, τό: infant (in the womb), fetus, 3
γάλα, γάλακτος, τό: milk, 3
γένυς, -υος, ἡ: cheek; jaw, 4
δορά, ἡ: a skin, hide, 2
δορκάς, δορκάδος, ἡ: deer, roe-deer, gazelle
δροσώδης, -ες: dewy, moist
δρῦς, δρυός, ἡ: oak, 3
ἐκ-πηδάω: leap out, 2
εὐ-κοσμία, ἡ: orderly behaviour, decency
θαλερός, -ά, -όν: blooming, fresh
καθ-ίημι: let fall, send down, let drop, 2
κατα-ζώννυμι: gird fast, put on a belt
κατά-στικτος, -ον: spotted, speckled
κερο-φόρος, -ον: horned

κίσσινος, -η, -ον: of ivy, 5
κόμη, ἡ: hair, hair of the head, 5
λευκός, -ή, -όν: white, bright, brilliant
λιχμάω: lick, lap; vibrate (the tongue)
λύκος, ὁ: wolf   λύω: loosen, 4
μαστός, ὁ: a breast
μῖλαξ, -ακος ἡ: bryony (flowering plant), 2
μύκημα, -ατος, τό: mooing, bellow, lowing
νεβρίς, ιδος, ἡ: fawnskin, 5
νεό-τοκος, -ον: newly giving birth
νοτίς, -ίδος, ἡ: moisture
ὅ-θεν: from which, whom, or where, 2
ὄμμα, -ατος, τό: eye(s), face, 5
ὄφις, ὄφεος, ὁ: serpent, snake, 3
παίω: strike, smite, dash
παλαιός, -ή, -όν: old in years, old, aged
παρθένος, ἡ: maiden, unmarried girl
σκύμνος, ὁ: cub
σπαργάω: be full (to bursting), swell, be ripe
στέφανος, ὁ: crown, 3
σύν-δεσμος, ὁ (neut. pl.): fastenings, ties, knots
ὕδωρ, ὕδατος, τό: water, 4
ὕπνος, -ου, ὁ: sleep, 4   ὦμος, ὁ: shoulder, 4

691 ὡς ἤκουσε: *as she...*; aor. ἀκούω
   αἱ δ'... αἱ δ':...: *some...others....*; i.e. the Bacchae
693 ἀνῇξαν: 3p aor. ἀν-αίσσω
   ἰδεῖν: *to behold*; explanatory inf. after θαῦμα
695 καθεῖσαν: 3p aor. act. καθ-ίημι
696 ἀνεστείλαντ(ο): 3p aor. mid. ἀνα-στέλλω
697 ὅσαισιν...ἐλέλυτο: *for whomever...had been loosened*; dat. of interest ὅσος; 3s plpf. pass.
698 ὄφεσι: *with snakes*; i.e. as belts; dat. means
   ἀγκάλαισι: *with their arms*; dat. of means
701 ὅσαις...ἦν: *to whoever had...*; 'to as many as there was...' dat. possession
702 βρέφε-α λιπούσαις: dat. pl. aor. pple λείπω
   ἐπὶ...ἔθεντο: *they put on themselves*; aor. mid.

ἄλλη δὲ νάρθηκ' ἐς πέδον καθῆκε γῆς,
καὶ τῇδε κρήνην ἐξανῆκ' οἴνου θεός·
ὅσαις δὲ λευκοῦ πώματος πόθος παρῆν,
ἄκροισι δακτύλοισι διαμῶσαι χθόνα
γάλακτος ἑσμοὺς εἶχον· ἐκ δὲ κισσίνων   710
θύρσων γλυκεῖαι μέλιτος ἔσταζον ῥοαί.
ὥστ', εἰ παρῆσθα, τὸν θεὸν τὸν νῦν ψέγεις
εὐχαῖσιν ἂν μετῆλθες εἰσιδὼν τάδε.
  ξυνήλθομεν δὲ βουκόλοι καὶ ποιμένες,
κοινῶν λόγων δώσοντες ἀλλήλοις ἔριν   715
ὡς δεινὰ δρῶσι θαυμάτων τ' ἐπάξια·
καί τις πλάνης κατ' ἄστυ καὶ τρίβων λόγων
ἔλεξεν εἰς ἅπαντας· Ὦ σεμνὰς πλάκας
ναίοντες ὀρέων, θέλετε θηρασώμεθα
Πενθέως Ἀγαύην μητέρ' ἐκ βακχευμάτων   720

ἄκρος, -α, -ον: highest, top of; edge, depths of, 4
ἀλλήλος, -α, -ον: one another, 2
βουκόλος, ὁ: herdsman, cowherd
γάλα, γάλακτος, τό: milk, 3
γλυκύς, -εῖα, -ύ: sweet, pleasant, delightful
δάκτυλος, ὁ: finger
δι-αμάω: cut through
ἐξ-αν-ίημι: send forth, let loose, 2
ἐπ-άξιος, -α, -ον: worthy of, deserving of
ἔρις, -ιδος, ἡ: quarrel, contest, contention, strife
ἑσμός, ὁ: stream, swarm
εὐχή: prayer, 2
καθ-ίημι: let fall, send down, let drop, 2
κίσσινος, -η, -ον: of ivy, 5
κοινός, -ή, -όν: common, shared, 3
κρήνη, ἡ: well, spring, fountain, 2

λευκός, -ή, -όν: white, bright, brilliant
μέλι, μέλιτος τό: honey
μετ-έρχομαι (fut. μετ-ειμι): go after, pursue, 3
ναίω: live in, dwell in, inhabit, 3
νάρθηξ, -ηκος, ὁ: fennel stalk (i.e. the thyrsus), 5
ξυν-έρχομαι: go together   οἶνος, ὁ: wine, 4
πλάνης, ὁ: wanderer, vagabond
πλάξ, -ακος, ἡ: plain, flat land, 3
πόθος, ὁ: longing, yearning, desire, 3
ποιμήν, -ένος, ὁ: herdsman, shepherd
πῶμα, ατος, τό: drink, 2
ῥοή, ἡ: stream, flow, river, 5
σεμνός, -η, -ον: revered, holy, 3
στάζω: drip, trickle; drop, 4
τρίβων, -ωνος: practiced/skilled in (gen.)
ψέγω: censure, blame, find fault

706 ἄλλη δὲ: *and another (bacchante)*
  καθῆκε: aor. καθ-ίημι
707 τῇδε: *for her*; dat. of interest or adv.: 'here'
  ἐξανῆκε: aor. ἐξ-αν-ίημι
708 ὅσαις δὲ... παρῆν: *to as many as...*; or 'to
  whomever,' dat. of interest and impf. πάρ-ειμι
709 ἄκροισι δακτύλοισι: i.e. the tips; dat. means;
  διαμῶσαι χθόνα: nom. aor. act. pple, δι-αμάω
710 εἶχον: impf. ἔχω
712 ὥστ(ε): *so that*
  εἰ παρῆσθα, ἂν μετῆλθες: *if you were..., you
  would have...*; contrary to fact condition (εἰ
  impf., aor.); impf. πάρειμι; aor. μεθ-έρχομαι
  τὸν νῦν ψέγεις: *whom you now blame*; τὸν is

used as the relative ὅν (2nd instance in the play)
713 εἰσιδών: aor. pple εἰσοράω
714 ξυνήλθομεν: aor. ξυν-έρχομαι
  βουκόλοι καὶ ποιμένες: *we...*; nom. apposition
715 κοινῶν λόγων: *of shared words*
  δώσοντες ἔριν: *to give debate..*; fut. pple
  δίδωμι expressing purpose: translate as an inf.
717 ὡς δεινὰ...τ' ἐπάξια: *(namely) how terrible
  and...*; in apposition to κοινῶν λόγων
718 Ὦ...ναίοντες: *O (you) inhabiting...*; vocative
719 θέλετε θηρασώμεθα: *Are you willing? Are
  we to...*; deliberative 1p subjunctive; θέλω and
  βούλομαι often precede a deliberative (S1806)

χάριν τ' ἄνακτι θώμεθα; εὖ δ' ἡμῖν λέγειν
ἔδοξε, θάμνων δ' ἐλλοχίζομεν φόβαις
κρύψαντες αὑτούς· αἳ δὲ τὴν τεταγμένην
ὥραν ἐκίνουν θύρσον ἐς βακχεύματα,
Ἴακχον ἀθρόῳ στόματι τὸν Διὸς γόνον   725
Βρόμιον καλοῦσαι· πᾶν δὲ συνεβάκχευ' ὄρος
καὶ θῆρες, οὐδὲν δ' ἦν ἀκίνητον δρόμῳ.
   κυρεῖ δ' Ἀγαύη πλησίον θρῴσκουσά μου·
κἀγὼ 'ξεπήδησ' ὡς συναρπάσαι θέλων,
λόχμην κενώσας ἔνθ' ἐκρυπτόμην δέμας.   730
ἣ δ' ἀνεβόησεν· Ὦ δρομάδες ἐμαὶ κύνες,
θηρώμεθ' ἀνδρῶν τῶνδ' ὕπ'· ἀλλ' ἕπεσθέ μοι,
ἕπεσθε θύρσοις διὰ χερῶν ὡπλισμέναι.
ἡμεῖς μὲν οὖν φεύγοντες ἐξηλύξαμεν
βακχῶν σπαραγμόν, αἳ δὲ νεμομέναις χλόην   735

ἀθρόος, -α, -ον: crowded together, assembled
ἀ-κίνητος, -ον: unmoved; stubborn
ἀνα-βοάω: shout aloud, call out (acc), 4
γόνος, ὁ: offspring, a child; family, 5
δέμας, τό: body, bodily frame, build, 4
δρομάς, -αδος: running, rushing
δρόμος, ὁ: running; course; race, foot-race, 4
ἐκ-πηδάω: leap out, 2
ἐλλοχίζω: lie in ambush
ἐξ-αλύσκω: flee from, escape
θάμνος, ὁ: bush, shrub
θρῴσκω: leap, spring, 2
Ἴακχος, ὁ: Iacchus (another name for Dionysus)
κενόω: make empty, empty of (gen)
κινέω: set in motion, move; rouse, 4
κρύπτω: hide, conceal, cover, 4

κυρέω: hit upon, meet; happen to (pple)
κύων, κυνός, ὁ, ἡ: dog, 4
λόχμη, ἡ: bushes, thicket, 2
νέμω: hold sway, manage; graze, pasture, 2
ὁπλίζομαι: arm, equip, get ready
πλησίος, -η, -ον: near, close to (gen), 3
σπαραγμός, ὁ: the tearing apart, 2
στόμα, -ατος, τό: mouth; voice, 3
συμ-βακχεύω: celebrate (Bacchic rites) together
συν-αρπάζω: snatch and carry away up, 2
τάσσω: order; arrange, appoint, 2
φόβη, ἡ: foliage, leafage; lock of hair, 4
χάρις, -ριτος, ἡ: delight, grace; favor, gratitude, 4
χλόη, ἡ: first green shoots, blades of grass, 2
ὥρη, ἡ: time; season, period of a year

721 χάριν...θώμεθα: *are we to do a favor...*;
   'offer a favor,' deliberative aor. subj. τίθημι
722 ἔδοξε: *he seemed*; i.e. the vagabond
   (ἐν) φόβαις: *in...*; dat. place where
723 αὑτούς: *ourselves*; (ἑ)αὑτούς, 3rd person
   reflexive is used with 1st/2nd person in poetry
   αἳ δὲ: *and they...*; i.e. the Bacchae
   τὴν τεταγμένην ὥραν: *for...*; acc. of duration
   with pf. pass. pple of τάσσω: 'appoint'
724 ἐκίνουν: ἐκίνε-ον, impf. κινέω
   ἐς βακχεύματα: *for...*; expressing purpose
725 Ἴακχον, τὸν Διὸς γόνον, Βρόμιον: acc. obj.
   ἀθρόῳ στόματι: *with a collective voice*
   καλοῦσαι: pres. pple

συνεβάκχευ(ε): impf., πᾶν ὄρος is subject
727 δρόμῳ: *by their...*; dat. of cause or means
728 κυρεῖ: *happens to*; + pple
729 κα(ὶ) ἐγὼ (ἐ)ξεπήδησα(α): 1s aor. ἐκ-πηδάω
   ὡς...θέλων: *since...*; 'in the belief of...' ὡς +
   pple expressing an alleged cause or intention
   συναρπάσαι: aor. inf.
730 κενώσας: aor. pple; i.e. leaving behind
732 θηρώμεθ(α): 1p pres. passive θηρα-όμεθα
   ἀνδρῶν τῶνδ' ὕπ(ο): *by...*; anastrophe
   ἕπεσθέ: pl. mid. imperative, ἕπομαι + dat.
733 ὡπλισμέναι: pf. pass. pple + means θύρσοις
735 βακχῶν: subjective gen. ('Bacchae tear up')
   νεμομέναις χλόην: *grazing the grass*; mid. pple

μόσχοις ἐπῆλθον χειρὸς ἀσιδήρου μέτα.
καὶ τὴν μὲν ἂν προσεῖδες εὔθηλον πόριν
μυκωμένην ἔχουσαν ἐν χεροῖν δίχα,
ἄλλαι δὲ δαμάλας διεφόρουν σπαράγμασιν.
εἶδες δ' ἂν ἢ πλεύρ' ἢ δίχηλον ἔμβασιν   740
ῥιπτόμεν' ἄνω τε καὶ κάτω· κρεμαστὰ δὲ
ἔσταζ' ὑπ' ἐλάταις ἀναπεφυρμέν' αἵματι.
ταῦροι δ' ὑβρισταὶ κἀς κέρας θυμούμενοι
τὸ πρόσθεν ἐσφάλλοντο πρὸς γαῖαν δέμας,
μυριάσι χειρῶν ἀγόμενοι νεανίδων.   745
θᾶσσον δὲ διεφοροῦντο σαρκὸς ἐνδυτὰ
ἢ σὲ ξυνάψαι βλέφαρα βασιλείοις κόραις.
χωροῦσι δ' ὥστ' ὄρνιθες ἀρθεῖσαι δρόμῳ
πεδίων ὑποτάσεις, αἳ παρ' Ἀσωποῦ ῥοαῖς
εὔκαρπον ἐκβάλλουσι Θηβαίων στάχυν·   750

ἀνα-φύρω: mix up, confound
αἴρω: lift, raise up, get up, 3
ἀ-σίδηρος, -ον: not of iron; without iron/sword, 2
Ἀσωπός, ὁ: Asopus (river), 2
βασίλειος, -ον: royal, kingly, 2
βλέφαρον, τό: eyelid, eye
γαῖα, ἡ: earth, land, 3
δαμάλη, ἡ: a young heifer
δέμας, τό: body, bodily frame, build, 4
δια-φορέω: carry away, tear apart, disperse, 3
δίχα: in two, apart, asunder, 2
δίχηλος, -ον: cloven, split-nailed
δρόμος, ὁ: running; course; race, foot-race, 4
ἐκ-βάλλω: throw out of, cast away, expel, 5
ἔμ-βασις, ἡ: hoof, foot; 'on which one goes'
ἐνδυτόν, τό: garment; clothing; put on, 3
ἐπ-έρχομαι: come upon; approach, attack, 3
εὔ-καρπος, -ον: fruitful
εὔθηλος, -ον: with distended udder
θάσσων, θᾶσσον: quicker, faster
θυμόω: make angry; *mid.* be angry, 3
κάτω: below, under (gen), 4

κέρας, -ατος, τό: horn, 2
κρεμαστός, -ή, -όν: suspended, hung, 2
μόσχος, ὁ,ἡ: calf; heifer (f), young bull (m), 4
μυκάομαι: moo, bellow, low
νεᾶνις, -ιδος, ἡ: young woman, girl, maiden, 3
ξυν-άπτω: fasten or join together, 4
ὄρνις, ὄρνιθος, ὁ, ἡ: bird, 3
πεδίον, τό: plain; flat land, 2   πλευρά, ἡ: rib, 3
πόρις, ιος, ἡ (πόρτις): calf
πρόσθεν: before, (gen); *adv.* before, forward, 5
προσ-οράω: look at, behold, observe
ῥίπτω: throw, cast, hurl, 5
ῥοή, ἡ: stream, flow, river, 5
σάρξ, σαρκός, ἡ: flesh, 4
σπάραγμα, -ατος, τό: torn off piece, shreds
στάζω: drip, trickle; drop, 4
στάχυς, -υος, ὁ: crop, ear of grain, 2
σφάλλω: make to fall, overthrow, trip up
ταῦρος, ὁ: bull, 5
ὑβριστής, -ου, ὁ, ἡ: insolent, outrageous, 2
ὑπό-τασις, -εως, ἡ: stretching below
χωρέω: proceed, travel, advance, go, 3

736 μόσχοις: *upon/against..*; dat. compound verb
  ἐπῆλθον: i.e. attacked; 3p aor. ἐπ-έρχομαι
  χειρὸς ἀσιδήρου μέτα: *with...*; anastrophe
737 ἂν προσεῖδες: *you would have...*; contrary to
  fact (past unreal potential) ἄν+ aor. προσοράω
  τὴν μὲν...ἔχουσαν ἐν χεροῖν δίχα: *one
  (woman)... holding in two in two hands*; ind.
  disc. with pple after προσεῖδες; dual dative
740 εἶδες δ' ἂν: *you would...*; see note, line 737

741 κρεμαστὰ...ἀναπεφυρμένα: *(torn parts)...*;
743 εἰς κέρας θ...: *venting anger into their horns*
744 τὸ πρόσθεν: *previously*
  δέμας: *in...*; acc. of respect with verb
747 κόραις: *of your kingly pupils*; dat. possession
748 χωροῦσι δ' ὥστ(ε): *they proceed just as...*
  ἀρθεῖσαι: nom. pl. aor. pass. pple αἴρω
749 ὑποτάσεις: *over stretches of...*; acc. of extent
750 παρ(ὰ)...ῥοαῖς: *along the streams of Asopus*

Ὑσιάς τ' Ἐρυθράς θ', αἳ Κιθαιρῶνος λέπας
νέρθεν κατῳκήκασιν, ὥστε πολέμιοι,
ἐπεσπεσοῦσαι πάντ' ἄνω τε καὶ κάτω
διέφερον· ἥρπαζον μὲν ἐκ δόμων τέκνα·
ὁπόσα δ' ἐπ' ὤμοις ἔθεσαν, οὐ δεσμῶν ὕπο   755
προσείχετ' οὐδ' ἔπιπτεν ἐς μέλαν πέδον,
οὐ χαλκός, οὐ σίδηρος· ἐπὶ δὲ βοστρύχοις
πῦρ ἔφερον, οὐδ' ἔκαιεν. οἳ δ' ὀργῆς ὕπο
ἐς ὅπλ' ἐχώρουν φερόμενοι βακχῶν ὕπο·
οὗπερ τὸ δεινὸν ἦν θέαμ' ἰδεῖν, ἄναξ.   760
τοῖς μὲν γὰρ οὐχ ἥμασσε λογχωτὸν βέλος,
κεῖναι δὲ θύρσους ἐξανιεῖσαι χερῶν
ἐτραυμάτιζον κἀπενώτιζον φυγῇ
γυναῖκες ἄνδρας, οὐκ ἄνευ θεῶν τινος.
πάλιν δ' ἐχώρουν ὅθεν ἐκίνησαν πόδα,   765

αἱμάσσω: draw blood, make bloody
ἄνευ: without, 5
ἀπο-νωτίζω: turn one's back and flee
ἁρπάζω: snatch, carry off, kidnap, 4
βέλος, -εος, τό: arrow, javelin; projectile, 2
βόστρυχος, ὁ: curl, lock of hair, 3
δια-φέρω: carry over/across, carry off, 2
ἐξ-αν-ίημι: send forth, let loose, 2
ἐπ-εισ-πίπτω: fall in upon
Ἐρυθραί, αἱ: Erythrae (town)
θέαμα, -ατος, τό: sight, spectacle
καίω: kindle
κάτω: below, under (gen), 4
κατ-οικέω: dwell, inhabit, settle
κεῖμαι: to lie, lie down, 3
κινέω: to set in motion, move; rouse, 4
λέπας, τό: bare rock, crag, 3

λογχωτός, -ή, -όν: with a point, spear-pointed
μέλας, μέλαινα, μέλαν: dark, black, 2
νέρθε: below, under
ὅ-θεν: from which, whom, or where, 2
ὅπλον, τό: arms; implement, tool, 7
ὁπόσος, -η, -ον: as many as, as much as
ὀργή, ἡ: anger; passion; temperment, 5
πολέμιος, -α, -ον: hostile, of the enemy
προσ-έχω: hold to, offer; *pass.* be held fast
σίδηρος, ὁ: iron; sword, knife
τραυματίζω: wound
Ὑσιαί, αἱ: Hysiae (town)
φυγή, ἡ: flight, escape, exile, 3
χαλκός, ὁ: copper
χωρέω: proceed, travel, advance, go, 3
ὦμος, ὁ: shoulder (with the upper arm)

751 Ὑσιάς τ' Ἐρυθράς θ': *and... Hysiae and Erythrae*; new clause; objs. of ἐπεσπεσοῦσαι
αἳ...κατῳκήκασιν: *which...*; these are towns at the foot of Mt. Cithaeron; 3p pf.
752 ὥστε πολέμιοι: *just as...*
ἐπεσπεσοῦσαι: aor. act. ἐπ-εισ-πίπτω + acc.
753 ἄνω τε καὶ κάτω: i.e. to and fro in confusion
755 ὁπόσα δ' ἐπ' ὤμοις ἔθεσαν: *as many things as...*; (τοσαῦτα) ὁπόσα; 3p aor. τίθημι
δεσμῶν ὕπο: *by...*; i.e. straps for carrying
756 προσεῖχετ(ο): impf. pass.
757 οὐ χαλκός...σίδηρος·: in apposition to subj.
ἐπὶ δὲ βοστρύχοις: *and upon...*

758 οὐδ' (πῦρ) ἔκαιεν.: add subject
οἳ δ': *but they*; i.e. inhabitants of the two towns
ὀργῆς ὕπο: *because of...*; anastrophe
759 ἐς ὅπλ(α): *to arms*; i.e. armed themselves
φερόμενοι: *being carried off*; i.e. ransacked
βακχῶν ὕπο: *by...*; expressing agency
760 οὗπερ...θέαμ' ἰδεῖν: *the sight of which was terrible to behold*; explanatory inf., aor. ὁράω
761 τοῖς μὲν: *their*; inhabitants'; dat. possession
762 κεῖναι δὲ: *but those (Bacchae)*
ἐξανιεῖσαι: nom. pres. pple + gen. of separation
763 κα(ὶ) ἀπενώτιζον: impf. ἀπο-νωτίζω
764 γυναῖκες ἄνδρας: nom. and acc. juxtaposed

κρήνας ἐπ' αὐτὰς ἃς ἀνῆκ' αὐταῖς θεός.
νίψαντο δ' αἷμα, σταγόνα δ' ἐκ παρηίδων
γλώσσῃ δράκοντες ἐξεφαίδρυνον χροός.
    τὸν δαίμον' οὖν τόνδ' ὅστις ἔστ', ὦ δέσποτα,
δέχου πόλει τῇδ'· ὡς τά τ' ἄλλ' ἐστὶν μέγας, 770
κἀκεῖνό φασιν αὐτόν, ὡς ἐγὼ κλύω,
τὴν παυσίλυπον ἄμπελον δοῦναι βροτοῖς.
οἴνου δὲ μηκέτ' ὄντος οὐκ ἔστιν Κύπρις
οὐδ' ἄλλο τερπνὸν οὐδὲν ἀνθρώποις ἔτι.
Χο. ταρβῶ μὲν εἰπεῖν τοὺς λόγους ἐλευθέρους 775
πρὸς τὸν τύραννον, ἀλλ' ὅμως εἰρήσεται·
Διόνυσος ἥσσων οὐδενὸς θεῶν ἔφυ.
Πε. ἤδη τόδ' ἐγγὺς ὥστε πῦρ ὑφάπτεται
ὕβρισμα βακχῶν, ψόγος ἐς Ἕλληνας μέγας.
ἀλλ' οὐκ ὀκνεῖν δεῖ· στεῖχ' ἐπ' Ἠλέκτρας ἰὼν 780

ἄμπελος, ὁ: vine, 4
ἀν-ίημι: loosen; cease, send forth, 3
γλώσση, ἡ: tongue, language, 3
ἐγγύς: near, close to (gen.); adv. nearby, 3
ἐκ-φαιδρύνω: clear away, cleanse
ἐλεύθερος, -α, -ον: free, 2
Ἕλλην, Ἕλληνος, ὁ: Greek, 4
Ἠλέκτρα, -ας, ἡ: Electra
ἥσσων, ἧσσον: weaker, inferior; less, 2
κρήνη, ἡ: well, spring, fountain, 2
Κύπρις, ἡ: Aphrodite (from island of Cyprus), 3
μη-έτι: no more, no longer, no further
νίζω (νίπτω): wash

οἶνος, ὁ: wine, 4
ὀκνέω: shrink away, hesitate
παρηίς, -ίδος, ἡ: cheek, jaw, 2
παυσίλυπος, -ον: ending grief, ending pain
σταγών, -όνος, ἡ: a drop
ταρβέω: fear, dread
τερπνός, -ή, -όν: delight, pleasant, 2
τύραννος, ὁ: sovereign, tyrant
ὕβρισμα, -ατος τό: insolence, outrageous act
ὑφ-άπτω: set on fire, kindle from underneath
χρώς, -ωτός, ὁ (χροός: gen.): skin, body, 4
ψόγος, ὁ: blame, censure; fault, flaw

766 κρήνας ἐπ' αὐτὰς: to...; αὐτὰς is intensive
    ἃς ἀνῆκ(ε): which...; relative, 3s aor. ἀν-ίημι
    αὐταῖς: for them; i.e. Bacchae; dat. of interest
767 (ἐ)νίψαντο: aor. mid. νίζω
768 γλώσσῃ: with...; dat.of means
    χροός: from...; gen separation repeating ἐκ
    παρηίδων above
769 ὅστις ἔστι: whoever he is; parenthetical
770 δέχε(σ)ο: pres. mid. imperative δέχομαι
    (ἐν) πόλει τῇδ'·: in...; place where or interest
    ὡς...ἐστὶν μέγας: since (the god)...; 'as...'
    τά τ(ε) ἄλλα: in...; acc. of respect
771 κα(ὶ) (ἐ)κεῖνό φασιν αὐτόν: and they say
    that (about) him; φημί, 'say (acc) about (acc)'
    ὡς ἐγὼ κλύω,: as...; parenthetical
772 τὴν...δοῦναι: namely that (he)...; ind. disc. in
    apposition to ἐκεῖνό; aor. inf δίδωμι

773 οἴνου δὲ μηκέτ' ὄντος: (if)...; gen. abs.
    conditional in sense (hence, μή), pple εἰμί
    ἔστιν: exist
774 ἀνθρώποις: for...; dat. of interest
775 εἰπεῖν: aor. inf. λέγω
776 εἰρήσεται: but it...; fut. pass. λέγω in sense
    but fut. mid. in form (stem: εἰρε-; in Attic ἐρ-)
777 οὐδενὸς: than...; gen. of comparison
    ἔφυ: is (by nature); 'grew up,' aor. φύω
778 τόδε...ὕβρισμα: subject of pass. ὑφάπτεται
    ὥστε πῦρ: just as...; clause of comparison
779 ψόγος (ἐστίν)
    ἐς Ἕλληνας: upon..., on...
780 στεῖχ(ε): imperative
    ἐπ' Ἠλέκτρας...πύλας: to the Electran gates;
    southern gate in the direct of Mt. Cithaeron
    ἰών: nom. pple ἔρχομαι

πύλας· κέλευε πάντας ἀσπιδηφόρους
ἵππων τ' ἀπαντᾶν ταχυπόδων ἐπεμβάτας
πέλτας θ' ὅσοι πάλλουσι καὶ τόξων χερὶ
ψάλλουσι νευράς, ὡς ἐπιστρατεύσομεν
βάκχαισιν· οὐ γὰρ ἀλλ' ὑπερβάλλει τάδε, 785
εἰ πρὸς γυναικῶν πεισόμεσθ' ἃ πάσχομεν.

Δι. πείθῃ μὲν οὐδέν, τῶν ἐμῶν λόγων κλύων,
Πενθεῦ· κακῶς δὲ πρὸς σέθεν πάσχων ὅμως
οὔ φημι χρῆναί σ' ὅπλ' ἐπαίρεσθαι θεῷ,
ἀλλ' ἡσυχάζειν· Βρόμιος οὐκ ἀνέξεται 790
κινοῦντα βάκχας ⟨σ'⟩ εὐίων ὀρῶν ἄπο.

Πε. οὐ μὴ φρενώσεις μ', ἀλλὰ δέσμιος φυγὼν
σώσῃ τόδ'; ἢ σοὶ πάλιν ἀναστρέψω δίκην;

Δι. θύοιμ' ἂν αὐτῷ μᾶλλον ἢ θυμούμενος
πρὸς κέντρα λακτίζοιμι θνητὸς ὢν θεῷ. 795

ἀνα-στρέφω: turn (acc) upon (dat), upset
ἀν-έχω: hold up, endure, 2
ἀπαντάω: meet (with), face; muster
ἀσπιδη-φόρος, -ον: shield-bearing
δέσμιος, -ον: bound, captive; binding, 5
ἐπ-αίρω: raise, lift up
ἐπ-εμβάτης, ὁ: mounter, horseman
ἐπι-στρατεύω: march (against),
ἡσυχάζω: be still, be quiet, be at rest
θυμόω: make angry; mid. be angry, 3
θύω: sacrifice, offer by burning, 3
ἵππος, ὁ: horse   κελεύω: bid, order, 2
κέντρον, τό: spurs; goad, whip
κινέω: to set in motion, move; rouse, 4

λακτίζω: kick, tread on, trample
μᾶλλον: more, rather, 5
νευρή, ἡ: string, bow-string
πάλιν: again, once more; back, backwards, 6
πάλλω: shake, quiver; brandish, 2
πείθω: persuade; mid. obey, 6
πέλτη, ἡ: light shield
πύλη, ἡ: gate, gates, 3   σέ-θεν: from you, 6
σῴζω: save, keep safe, preserve, 4
ταχύπους, -ποδος, ὁ, ἡ: swift-footed, 2
τόξον, τό: bow, 2
ὑπερ-βάλλω: exceed, surpass
φρενόω: instruct, teach, make wise
ψάλλω: pluck, pull

781 πάντας ἀσπιδηφόρους...τε...ἐπεμβάτας: *that all shieldbearers and...*; ind. disc.; two acc. subjects and α-contract inf. ἀπαντάω

783 τ(ε) ὅσοι...: *and as many as...*; 3ʳᵈ acc. subj.
χερὶ: *with...*; dat. of means, χείρ
ὡς ἐπιστρατεύσομεν: *so that...may...*; purpose clause with 1p aor. subj.

784 βάκχαισιν: *against...*; dat. of compound verb

785 οὐ γὰρ ἀλλά: *for really*; an elliptical phrase, Denniston's *Particles* translates 'really' (p. 31).

785 ὑπερβάλλει τάδε: *this is too much*

786 πρὸς γυναικῶν: *at the hands of women*; expressing agency just as ὑπό (S1695.1a)
πεισόμεσθ(α): fut. mid. πάσχω
ἃ πάσχομεν: *what..*; (ἐκεῖνα) ἃ, '(those things) which;' the missing antecedent is acc. object

787 πείθε(σ)αι: 2s pres. mid. πείθω

οὐδέν: *not at all*; adv. acc. (inner acc.)
τῶν ἐμῶν λόγων: partitive gen. obj.
κλύων: *(although)...*; pple concessive in sense

788 πρὸς σέθεν: *at your hands*; =σοῦ, see l. 786

789 οὔ φημι: *I deny that...*; or 'I say that...not'
χρῆναί σε...: *that it is...*; ind. disc., inf. χρή
θεῷ: *against...*; dat. of compound verb

790 ἀνέξεται: fut. mid. ἀν-έχω

791 κινοῦντα ⟨σ(ε)⟩: *you...*; obj. of ἀνέξεται
εὐίων ὀρῶν ἄπο: *from...*; anastrophe, ὄρος

792 οὐ μὴ φρενώσεις: *you will NOT...*; οὐ μὴ + fut. expresses a strong prohibition (S1919)

793 σώσε(σ)αι τόδε: *you will keep this in mind*; 2s fut. mid.; i.e. that you have escaped

794 θύοιμ(ι) ἄν: *I would...*; 1s potential opt.

795 πρὸς κέντρα: *against the spurs/whip*
λακτίζοιμι (ἄν): *I would...*; 1s potential opt.

Πε. θύσω, φόνον γε θῆλυν, ὥσπερ ἄξιαι,
     πολὺν ταράξας ἐν Κιθαιρῶνος πτυχαῖς.
Δι. φεύξεσθε πάντες· καὶ τόδ' αἰσχρόν, ἀσπίδας
     θύρσοισι βακχῶν ἐκτρέπειν χαλκηλάτους
Πε. ἀπόρῳ γε τῷδε συμπεπλέγμεθα ξένῳ, 800
     ὃς οὔτε πάσχων οὔτε δρῶν σιγήσεται.
Δι. ὦ τᾶν, ἔτ' ἔστιν εὖ καταστῆσαι τάδε.
Πε. τί δρῶντα; δουλεύοντα δουλείαις ἐμαῖς;
Δι. ἐγὼ γυναῖκας δεῦρ' ὅπλων ἄξω δίχα.
Πε. οἴμοι· τόδ' ἤδη δόλιον ἔς με μηχανᾷ. 805
Δι. ποῖόν τι, σῶσαί σ' εἰ θέλω τέχναις ἐμαῖς;
Πε. ξυνέθεσθε κοινῇ τάδ', ἵνα βακχεύητ' ἀεί.
Δι. καὶ μὴν ξυνεθέμην—τοῦτό γ' ἔστι—τῷ θεῷ.
Πε. ἐκφέρετέ μοι δεῦρ' ὅπλα, σὺ δὲ παῦσαι λέγων.
Δι. ἆ. 810

ἆ: ah (exclamation of pity, envy, or contempt), 5
αἰσχρός, -ά, -όν: shameful, disgraceful, 4
ἄ-πορος, -ον: unmanageable, hard to deal with
ἀσπίς, -ίδος, ἡ: shield
βακχεύω: be/make frenzied, celebrate rites, 3
δίχα: in two, apart, asunder, 2
δόλιος, -α, -ον: deceitful, treacherous, 3
δούλεια, ἡ: slavish, *pl.* slaves
δουλεύω: be a slave to (dat.)
ἐκ-τρέπω: turn aside, turn away
ἐκ-φέρω: carry out or away; bring forth
θύω: sacrifice, offer by burning, 3
κοινός, -ή, -όν: common, shared, 3
μήν: truly, surely, certainly, 3
μηχανάομαι: devise, contrive, construct

ξένος, -η, -ον: foreign, strange
ξυν-τίθημι (συν-): agree to (dat), put together, 4
οἴμοι: ah me!, woe's me! for...(gen), 2
παύω: to stop, make cease, 6
ποῖος, -α, -ον: what sort of? what kind of?, 4
πτυχή, ἡ: glen, cleft, fold (of the earth), 2
σιγάω: to be silent, be still, hush, 2
συμ-πλέκω: entwine with, lock together with
σῴζω: save, keep safe, preserve, 4
τᾶν: sir, my good friend (only vocative)
ταράσσω: stir up, agitate, trouble, disturb, 2
τέχνη, ἡ: art, skill, craft, 2
φόνος, ὁ: slaughter, bloodshed, murder, 3
χαλκ-ήλατος, -ον:: of beaten brass
ὥσπερ: as, just as, as if

796 φόνον γε θῆλυν...πολὺν ταράξας: *yes...*;
   aor. pple ταράσσω + obj. giving assent and
   clarificaton to θύσω; γε is emphatic
 ὥσπερ ἄξιαι: *as (they are) deserving (to die)*
798 φεύξεσθε: fut. mid.
 καὶ τόδε (ἔσται) αἰσχρόν: *this also (will
   be)...*; i.e. the following, καί is an adv.
 ἀσπίδας...(ἐκτρέπειν): *(namely) to...*; in
   apposition to τόδε; i.e. lose and run
799 θύρσοισι: *from...*; dat. of compound verb
 ἀπόρῳ γε: *unmanageable*; a predicative adj.
   emphatic by position but modifying ξένῳ
 συμπεπλέγμεθα: 1p pf. pass.; i.e. in wrestling
 τῷδε...ξένῳ,: *with...*; dat. of compound verb
801 οὔτε...οὔτε...: *neither by...nor by...*; causal

802 ἔστιν: *it is possible*; ἔστιν = ἔξεστιν
 καταστῆσαι: *to set up*; i.e. arrange; aor. pple
803 τί δρῶντα;: *doing what?;* the pple modifies
   σε, i.e. Pentheus, the missing acc. subject of
   καταστῆσαι in the sentence above
 δουλεύοντα: in reply; pple also modifies σε
804 ὅπλων δίχα: *without...*; anastrophe
805 μηχανα(σ)αι: 2s pres. mid.
 σῶσαί σ(ε): aor. inf. σῴζω following θέλω
807 ξυνέθεσθε: *you put...together*; 2p aor. mid.
 ἵνα βακχεύητ(αι): *so that it may be
   celebrated*; purpose + impersonal pres. subj.
808 ξυνεθέμην: 1s aor. mid. + dat. of compound
 τοῦτό γ' ἔστι: *yes, this is so*; parenthetical
809 παῦσαι: aor. imperative, παύω

βούλῃ σφ' ἐν ὄρεσι συγκαθημένας ἰδεῖν;
Πε. μάλιστα, μυρίον γε δοὺς χρυσοῦ σταθμόν.
Δι. τί δ' εἰς ἔρωτα τοῦδε πέπτωκας μέγαν;
Πε. λυπρῶς νιν εἰσίδοιμ' ἂν ἐξωνωμένας.
Δι. ὅμως δ' ἴδοις ἂν ἡδέως ἅ σοι πικρά; 815
Πε. σάφ' ἴσθι, σιγῇ γ' ὑπ' ἐλάταις καθήμενος.
Δι. ἀλλ' ἐξιχνεύσουσίν σε, κἂν ἔλθῃς λάθρᾳ.
Πε. ἀλλ' ἐμφανῶς· καλῶς γὰρ ἐξεῖπας τάδε.
Δι. ἄγωμεν οὖν σε κἀπιχειρήσεις ὁδῷ;
Πε. ἄγ' ὡς τάχιστα, τοῦ χρόνου δέ σοι φθονῶ. 820
Δι. στεῖλαί νυν ἀμφὶ χρωτὶ βυσσίνους πέπλους.
Πε. τί δὴ τόδ'; ἐς γυναῖκας ἐξ ἀνδρὸς τελῶ;
Δι. μή σε κτάνωσιν, ἢν ἀνὴρ ὀφθῇς ἐκεῖ.
Πε. εὖ γ' εἶπας αὖ τόδ'· ὥς τις εἶ πάλαι σοφός.
Δι. Διόνυσος ἡμᾶς ἐξεμούσωσεν τάδε. 825

αὖ: again; moreover, besides; in turn, 4
βούλομαι: wish, be willing, 4
βύσσινος, -ον:: linen, made of linen
δή: indeed, surely, really, certainly, just, 5
ἐκ-λέγω (aor. εἶπον): say, speak out, declare, 2
ἐκ-μουσόω: teach (acc) fully to (acc)
ἐμ-φανής, -ές: visible, manifest, open, 2
ἐξ-ιχνεύω: track down, hunt, 2
ἐξ-οινόομαι: be drunk
ἐπι-χειρέω: attempt, put one's hand to
ἔρως, -ωτος, ὁ: desire, love, 2
ἡδέως: sweetly, pleasantly, gladly, 2
κάθ-ημαι: sit, be seated, 4
λάθρᾳ: in secret, by stealth
λυπρός, -ά, -όν: painful, distressing

μάλιστα: most of all; certainly, especially, 3
ὁδός, ἡ: road, way, path, journey, 4
πάλαι: long ago, long, all along, 2
πέπλος, ὁ: robe, 4
πικρός, -ή, -όν: sharp; bitter, cruel; keen, 3
σιγή, ἡ: silence
σταθμόν, τό: weight
στέλλω: send for, prep; mid. put on; restrain, 4
συγ-κάθ-ημαι: sit down together
σφεῖς,-έων,-ιν,-ας (sg. σφέ): them (him/her/it), 4
τάχιστα: very quickly, very swiftly
τελέω: accomplish, perform, pay; be classified, 4
φθονέω: envy, resent, begrudge (dat) for (gen), 2
χρυσός, ὁ: gold
χρώς, -ωτός, ὁ (χροός: gen.): skin, body, 4

811 βούλε(σ)αι: Do...?; 2s mid. + aor. inf. ὁράω
σφ(ε): them; alternative acc. form for σφᾶς
812 δούς: nom. sg. aor. pple δίδωμι
τί δ': why...?
τοῦδε: for this; objective gen. with ἔρωτα
πέπτωκας: 2s pf. πίπτω
813 νιν...(ἐ)ξωνωμένας.: them...; pf. pass. pple
814 εἰσίδοιμι ἄν: I would...; potential aor. opt.
εἰσ-οράω
815 ἴδοις ἄν: would...; potential aor. opt. ὁράω
ἅ σοι πικρά (εἰσίν): what (are)...; (ἐκεῖνα) ἅ,
'(those things) which;' relative and dat. interest
816 σάφ(α): clearly; adv. from σαφής, -ές
ἴσθι: sg. imperative οἶδα ; i.e. he would be glad
σιγῇ: in...; dat. of manner

817 ἐξιχνεύσουσίν σε, κ(αὶ) (ἐ)ὰν ἔλθῃς: they
will..., even if...; fut. more vivid (ἐάν subj.,
fut.): 3p fut. and 2s aor. subj. ἔρχομαι
818 ἀλλά: well (then); opposing the previous line
ἐξεῖπας: 2s aor. ἐκ-λέγω
819 ἄγωμεν: Am I to...? deliberative subj., →1s
κα(ὶ) (ἐ)πιχειρήσεις: 2s fut. + dat. compound
820 φθονῶ.: I resent you for the (wasted) time;
821 στεῖλαί: put on; aor. mid.. imper. στέλλω
822 τελῶ.: I will be classified; metaphor: 'to pay'
taxes leads to being distributed into classes; fut.
823 μή...κτάνωσιν, ἢν ὀφθῇς.: lest they...if you
are seen..; fearing clause with aor. subj. κτείνω
ἢν=ἐάν, aor. pass. subj. ὁράω, fut. more vivid
824 ὥς..εἶ...σοφός.: How wisely you have been...

Πε. πῶς οὖν γένοιτ᾽ ἂν ἃ σύ με νουθετεῖς καλῶς;
Δι. ἐγὼ στελῶ σε δωμάτων ἔσω μολών.
Πε. τίνα στολήν; ἦ θῆλυν; ἀλλ᾽ αἰδώς μ᾽ ἔχει.
Δι. οὐκέτι θεατὴς μαινάδων πρόθυμος εἶ.
Πε. στολὴν δὲ τίνα φῇς ἀμφὶ χρῶτ᾽ ἐμὸν βαλεῖν;   830
Δι. κόμην μὲν ἐπὶ σῷ κρατὶ ταναὸν ἐκτενῶ.
Πε. τὸ δεύτερον δὲ σχῆμα τοῦ κόσμου τί μοι;
Δι. πέπλοι ποδήρεις· ἐπὶ κάρᾳ δ᾽ ἔσται μίτρα.
Πε. ἦ καί τι πρὸς τοῖσδ᾽ ἄλλο προσθήσεις ἐμοί;
Δι. θύρσον γε χειρὶ καὶ νεβροῦ στικτὸν δέρας.   835
Πε. οὐκ ἂν δυναίμην θῆλυν ἐνδῦναι στολήν.
Δι. ἀλλ᾽ αἷμα θήσεις συμβαλὼν βάκχαις μάχην.
Πε. ὀρθῶς· μολεῖν χρὴ πρῶτον εἰς κατασκοπήν.
Δι. σοφώτερον γοῦν ἢ κακοῖς θηρᾶν κακά.
Πε. καὶ πῶς δι᾽ ἄστεως εἶμι Καδμείους λαθών;   840

αἰδώς, -οῦς, ὁ: sense of shame, respect, 2
βάλλω: throw, cast, hit, put, 4
γοῦν: at any rate, at least then, any way, 2
δέρας, τό: skin, hide
δεύτερος, -η, -ον: second, 2
δύναμαι: be able, can, be capable, 4
ἐκ-τείνω: stretch out, hold out, 2
ἐνδύω: put on, go into, 3
θεατής, -ου, ὁ: spectator
Καδμεῖος, -η, -ον: Cadmean, of Thebes, 5
κατα-σκοπή, ἡ: spying, viewing closely
κόμη, ἡ: hair, hair of the head, 5
κόσμος, ὁ: dress, adornment; order, world, 2
λανθάνω: escape notice of, act unnoticed, 2
μάχη, ἡ: battle, fight, combat, 3

μίτρα, ἡ: headband, headdress, 3
νεβρός, ὁ: fawn, young deer, 3
νου-θετέω: advise, put in mind, warn
οὐκ-έτι: no longer, no more, 5
πέπλος, ὁ: robe, 4
ποδ-ήρης, -ες: reaching to the feet
πρό-θυμος, -ον: eager, spirited; earnest, 2
προσ-τίθημι: give, offer; add, attribute, 4
στέλλω: send for, ready; *mid.* put on; repress, 4
στικτός, -ή, -όν: pricked, tattooed, 2
συμ-βάλλω: to join (in battle), contribute
σχῆμα, -ατος, τό: appearance; manner, fashion
ταναός, -ή, -όν: outstretched, long, 2
χρώς, -ωτός, ὁ (χροός: gen.): skin, body, 4

826 γένοιτ(ο) ἄν: *would...*; aor. potential opt.
 ἃ σύ με νουθετεῖς: *what...*; νουθετέω governs a double acc. 'advise (x) concerning (y)'
827 στελῶ: fut. στέλλω, 'put on,' 'make ready'
 δωμάτων ἔσω: *inside...*; anastrophe
 μολών: aor. pple βλώσκω (aor. ἔμολον)
828 τίνα στολήν: *what garment? What attire?*
 ἦ θῆλυν (στολήν): *(is it)...?*;
 ἔχει: *holds back*
829 πρόθυμος (εἶναι) εἶ: *are you eager (to be)...*
830 φῇς: 2s pres. φημί
 βαλεῖν: *to put on*; fut. inf. βάλλω
831 ἐπὶ σῷ κρατί: *upon...*
 ἐκτενῶ: fut. ἐκ-τείνω
832 (ἐστίν) τὸ δεύτερον δὲ σχῆμα τοῦ κόσμου:

(is) the second fashion of dress; add verb
 μοι;: dat. of possession or interest
833 ἔσται: 3s fut. εἰμί
834 καί τι...ἄλλο: *something else also*; adv. καί
 πρὸς τοῖσδ᾽: *in addition to...*
 προσθήσεις: 2s fut. προσ-τίθημι
 ἐμοί: *for...*; dat. of interest
835 (ἐν) χειρί: dat. place where
836 ἂν δυναίμην: *I could...*; potential pres. opt.
 ἐνδῦναι: aor. inf.
837 αἷμα θήσεις: *you will cause/make bloodshed*
 μολεῖν: aor. inf. βλώσκω (aor. ἔμολον)
839 σοφώτερον (ἐστίν) ἤ: *(it is) wiser than...*
 κακοῖς θηρᾶν κακά.: *to hunt trouble with trouble*
840 εἶμι...λαθών: fut. ἔρχομαι, aor. λανθάνω

Δι. ὁδοὺς ἐρήμους ἴμεν· ἐγὼ δ' ἡγήσομαι.
Πε. πᾶν κρεῖσσον ὥστε μὴ 'γγελᾶν βάκχας ἐμοί.
ἐλθόντ' ἐς οἴκους . . . ἂν δοκῇ βουλεύσομαι.
Δι. ἔξεστι· πάντῃ τό γ' ἐμὸν εὐτρεπὲς πάρα.
Πε. στείχοιμ' ἄν· ἢ γὰρ ὅπλ' ἔχων πορεύσομαι   845
ἢ τοῖσι σοῖσι πείσομαι βουλεύμασιν.
Δι. γυναῖκες, ἀνὴρ ἐς βόλον καθίσταται,   848
ἥξει δὲ βάκχας, οὗ θανὼν δώσει δίκην.   847
    Διόνυσε, νῦν σὸν ἔργον· οὐ γὰρ εἶ πρόσω·   849
τεισώμεθ' αὐτόν. πρῶτα δ' ἔκστησον φρενῶν,   850
ἐνεὶς ἐλαφρὰν λύσσαν· ὡς φρονῶν μὲν εὖ
οὐ μὴ θελήσῃ θῆλυν ἐνδῦναι στολήν,
ἔξω δ' ἐλαύνων τοῦ φρονεῖν ἐνδύσεται.
χρῄζω δέ νιν γέλωτα Θηβαίοις ὀφλεῖν
γυναικόμορφον ἀγόμενον δι' ἄστεως   855

βόλος, ὁ: a throw/cast (of a net)
βούλευμα, -ατος, τό: counsel, plan, resolve
βουλεύω: deliberate, plan, take counsel
γέλως, γέλω(τος), ὁ: laughter, mockery
γυναικό-μορφος, -ον: in a woman's appearance
ἐγ-γελάω: laugh at, mock (dat)
ἐλαύνω: drive, march, 2
ἐλαφρός, -α, -ον: light (in weight); easy
ἐνδύω: put on, go into, 3
ἐν-ίημι: send in
ἔξ-εστι: it is allowed, is possible
ἐξ-ίστημι: drive out; displace; stand out, 3
ἔξω: out of (gen.); adv. outside, 5

ἔργον, τό: work, labor, deed, act, 3
ἔρημος, -η, -ον: deserted, lonely, desolate
εὐ-τρεπής, -ές: easy; prepared, ready, 2
θνῄσκω: to die, 3
λύσσα, -ης ἡ: fury, rage, 2
ὁδός, ἡ: road, way, path, journey, 4
οὗ: where, 4
ὀφλισκάνω: incur, owe, be in debt
πορεύω: carry, convey; mid. travel, 2
πρόσω (πόρσω): far off, 2
τίνω: pay the price; mid. make him pay, punish
χρῄζω: want, lack, have need of (gen), 2

841 ὁδοὺς ἐρήμους: over...; acc. of extent
   ἴμεν...ἡγήσομαι: both fut.; 1p fut. ἔρχομαι
842 πᾶν (ἐστίν) κρεῖσσον: add linking verb
   ὥστε μὴ (ἐ)γγελᾶν βάκχας ἐμοί.: so that...not
   neg. result clause + α-contract inf. ἐγ-γελάω
843 ἐλθόντ(ε): (we two)..; dual aor. pple ἔρχομαι
   ἂν δοκῇ: whatever seems best; ἂν is crasis for
   ἅ ἄν; general relative clause with ἄν + subj.
   βουλεύσομαι: 1s fut.
844 πάντῃ: in every way; dat. of manner
   τό ἐμὸν: my part; subject; εὐτρεπὲς is a pred.
   πάρα: is ready; = πάρεστιν
845 στείχοιμ(ι) ἄν·: I might...; potential opt.
   ἢ...ἢ...: either...or...
846 πείσομαι: fut. mid. πείθω, 'obey,' + dat.
848 καθίσταται: is placed; 'is set' 3s pres. pass.
   καθ-ίστημι; a metaphor for catching fish

847 ἥξει: fut. ἥκω
   βάκχας: to...; acc. place to which
   οὗ...δώσει: where....; fut. δίδωμι; the idiom
   δίκην δίδωμι means 'pay the penalty'
   θανών: aor. pple θνῄσκω
849 νῦν σὸν ἔργον (ἐστίν)
850 τεισώμεθ(α): let us...; hortatory subj., 1p aor.
   mid. subjunctive τίνω, 'make pay the price'
   ἔκστησον (αὐτόν): aor. imperative, ἐξ-ίστημι
   φρενῶν: from...; gen. of separation
851 ἐνεὶς: nom. sg. pres. pple, ἐν-ίημι
   ὡς φρονῶν μὲν εὖ: since (if) thinking rightly
852 οὐ μὴ θελήσῃ: he will NOT want; οὐ μὴ +
   aor. subj. expresses emphatic denial (S1804)
   ἐνδῦναι: aor. inf.
853 τοῦ φρονεῖν: from thinking rightly; separation
854 νιν...ὀφλεῖν: that he incur..; aor. ὀφλισκάνω

ἐκ τῶν ἀπειλῶν τῶν πρίν, αἷσι δεινὸς ἦν.
ἀλλ' εἶμι κόσμον ὅνπερ εἰς Ἅιδου λαβὼν
ἄπεισι μητρὸς ἐκ χεροῖν κατασφαγείς,
Πενθεῖ προσάψων· γνώσεται δὲ τὸν Διὸς
Διόνυσον, ὃς πέφυκεν ἐν τέλει θεός, 860
δεινότατος, ἀνθρώποισι δ' ἠπιώτατος.

Χο. ἆρ' ἐν παννυχίοις χοροῖς στρ.
θήσω ποτὲ λευκὸν
πόδ' ἀναβακχεύουσα, δέραν
εἰς αἰθέρα δροσερὸν ῥίπτουσ', 865
ὡς νεβρὸς χλοεραῖς ἐμπαί-
ζουσα λείμακος ἡδοναῖς,
ἡνίκ' ἂν φοβερὰν φύγῃ
θήραν ἔξω φυλακᾶς
εὐπλέκτων ὑπὲρ ἀρκύων, 870

Ἅιδης, -ου ὁ: Hades, 2
ἀνα-βακχεύω: break into a Bacchic frenzy
ἀπ-ειλή, ἡ: pl. threats; sg. boasts
ἄπ-ειμι: be away, be distant, 3
ἆρα: (introducing a yes/no question), 2
ἄρκυς, -υος, ἡ: net, hunter's net, 3
γιγνώσκω: come to know, learn, realize, 4
δέρη, ἡ: neck, throat
δροσερός, -α, -ον: dewy, watery
ἐμ-παίζω: sport in (dat)
ἔξω: out of (gen.); adv. outside, 5
εὔ-πλεκτος, -ον: well-woven, well-twined
ἡδονή, ἡ: pleasure
ἡνίκα: when, since, at which time, 4

ἤπιος, -α, -ον: mild, gentle
θήρα, ἡ: prey, game; hunting, chase, 3
κατά-σφάζω: slaughter, murder
κόσμος, ὁ: dress, adornment; order, world, 2
λεῖμαξ, -ακος, ὁ: meadow
λευκός, -ή, -όν: white, bright, brilliant
νεβρός, ὁ: fawn, young deer, 3
παν-νύχιος, -ον: night-long, all night
προσ-άπτω: fasten on, fit upon, attach
ῥίπτω: throw, cast, hurl, 5
τέλος, -εος, τό: end, finish; rites, offerings, 4
φοβερός, -α, -ον: fearful, dreadful
φυλακή, ἡ: guard, watch
χλοερός, ά, όν: verdant, green

856 ἐκ τῶν ἀπειλῶν: *as a result from...*
    τῶν πρίν: *previous*; in the attributive position
    αἷσι...ἦν: *by which...*; relative, dat. of means and impf. εἰμί
857 εἶμι: fut. ἔρχομαι
    κόσμον... Πενθεῖ προσάψων: *to...*; fut. pple προσ-άπτω expressing purpose (translate as an infinitive of purpose)
    Πενθεῖ: *on...*; dat. of compound verb
    ὅνπερ...λαβὼν ἄπεισι: *the very one which...*; relative and obj. of aor. pple λαμβανω; 3s fut. ἀπ-έρχομαι; assume Pentheus as subject
    εἰς Ἅιδου: *to (the house) of...*; common idiom
858 μητρὸς ἐκ χεροῖν: *(as a result) from...*; dual gen.
    κατασφαγείς: nom. sg. aor. pass. pple

859 γνώσεται: fut. mid. γιγνώσκω
    τὸν Διὸς: *as (the son) of...*; predicative
860 πέφυκεν: *is (by nature)*; 'is born,' 3s pf. φύω is treated as a linking verb
    ἐν τέλει: *in the outcome*
861 δεινότατος, ἠπιώτατος: superlatives
    ἀνθρώποισι: *to...*; dat. of interest
863 θήσω: 1s fut. τίθημι, 'place,' the foot is λευκὸν because it is uncovered
864 ῥίπτουσ(α): fem. pres. pple
866 ὡς νεβρὸς...: *just as...*; clause of comparison
868 ἡνίκ' ἂν...φύγῃ: *whenever it...*; general temporal clause with 3s aor. subj. φεύγω
    φοβερὰν θήραν: *fearful chase*
869 ἔξω φυλακᾶς: gen. φυλακῆς in Attic
870 εὐπλέκτων ὑπὲρ ἀρκύων: *over...*

θωΰσσων δὲ κυναγέτας
συντείνῃ δράμημα κυνῶν·
μόχθοις τ' ὠκυδρόμοις τ' ἀέλ-
λαις θρῴσκει πεδίον
παραποτάμιον, ἡδομένα
βροτῶν ἐρημίαις σκιαρο- 875
κόμοιό τ' ἔρνεσιν ὕλας.
τί τὸ σοφόν; ἢ τί τὸ κάλλιον
παρὰ θεῶν γέρας ἐν βροτοῖς
ἢ χεῖρ' ὑπὲρ κορυφᾶς
τῶν ἐχθρῶν κρείσσω κατέχειν; 880
ὅ τι καλὸν φίλον ἀεί.
ὁρμᾶται μόλις, ἀλλ' ὅμως ἀντ.
πιστόν ⟨τι⟩ τὸ θεῖον
σθένος· ἀπευθύνει δὲ βροτῶν
τούς τ' ἀγνωμοσύναν τιμῶν- 885

ἀ-γνωμοσύνη, ἡ: arrogance, lack of good sense
ἄελλα, ἡ: whirlwind, storm wind,
ἀπ-ευθύνω: correct, chastise; straighten
γέρας, -αος, τό: an honor, gift of honor, 4
δράμημα, -ατος, τό: running, course, 2
ἐρημία, ἡ: solitude, loneliness; wilderness, 4
ἔρνος, -εος, τό: offspring; sprout, shoot, 2
ἐχθρός, -ή, -όν: hated, hostile; enemy, 2
ἥδομαι: be pleased, take delight in (dat), 2
θεῖος, -α, -ον: divine, sent by the gods
θρῴσκω: leap, spring, 2
θωΰσσω: call out
κατ-έχω: hold back, restrain; possess, 4
κορυφή, ἡ: top, peak, summit; head, 4
κυν-ηγέτης, ὁ: hunter, 2

κύων, κυνός, ὁ, ἡ: dog, 4
μόλις: scarcely, hardly, 2
μόχθος, ὁ: toil, exertion, hardship; pl. troubles, 5
ὁρμάω: set in motion, arouse; begin, 2
παρα-ποτάμιος, -ον: beside a river
πεδίον, τό: plain; flat land, 2
πιστός, -ή, -όν: trustworthy, loyal, faithful, 2
σθένος, -εος, ὁ: strength, might, 3
σκιαρο-κομος, -ον: with shading leaves
συν-τείνω: urge on, hasten; draw tight
τιμάω: honor, revere, 5
ὕλη, ἡ: wood, forest, 4
φίλος, -η, -ον: dear, beloved; friend, kin, 5
ὠκύ-δρομος, -ον: swift-running

871 δὲ κυναγέτας συντείνῃ: *and...*; 3s pres. subj. governed by ἡνίκα ἄν (868) in the same general temporal clause; nom. κυναγέτης in Attic
873 μόχθοις τ' ὠκυδρόμοις τ' ἀέλλαις: *and...*; first τε joins the clauses; ἄελλα may be 'hard breathing' or the 'whirl' of motion; dat. manner
πεδίον παραποτάμιον: *over...*; acc. of extent
874 ἡδομένα: the hunter is a female; nom. pple ἡδομένη in Attic
875 βροτῶν: *from...*; separation with ἐρημίαις
ἐρημίαις...τ' ἔρνεσιν: *in...*; dat. pl. obj. of pple
σκιαροκόμοιό...ὕλας: gen. sg.; ὕλης is Attic; the gen. ending -οιο is common in Homer
877 (ἐστι) τὸ σοφόν: *(is) wisdom*

(ἐστι) τὸ κάλλιον...γέρας: *(is) a nobler honor*
878 παρὰ θεῶν: *from...*
879 ἢ χεῖρ(α)...κατέχειν: *than to...*; inf. phrase; not 'hold back' but 'hold over'
ὑπὲρ κορυφᾶς τῶν ἐχθρῶν: *over...*; i.e in a position of superiority over a beaten enemy
880 κρείσσο(ν)α: acc. sg. modifying χεῖρ(α)
881 ὅ τι (ἐστίν) καλὸν.: *whatever...*; nom. subj.
(ἐστίν) φίλον ἀεί: nom. pred.
882 ὁρμᾶται...τὸ θεῖον σθένος: σθένος is subject
ἀλλ' ὅμως (ἐστίν) πιστόν ⟨τι⟩
884 ἀπευθύνει: τὸ θεῖον σθένος is still subject
βροτῶν: *among...*; partitive gen.
885 τούς...τιμῶντας: *both those...*; pple τιμάω

τας καὶ μὴ τὰ θεῶν αὔξον-
τας σὺν μαινομένᾳ δόξᾳ.
κρυπτεύουσι δὲ ποικίλως
δαρὸν χρόνου πόδα καὶ
θηρῶσιν τὸν ἄσεπτον. οὐ   890
γὰρ κρεῖσσόν ποτε τῶν νόμων
γιγνώσκειν χρὴ καὶ μελετᾶν.
κοῦφα γὰρ δαπάνα νομί-
ζειν ἰσχὺν τόδ' ἔχειν,
ὅ τι ποτ' ἄρα τὸ δαιμόνιον,
τό τ' ἐν χρόνῳ μακρῷ νόμιμον   895
ἀεὶ φύσει τε πεφυκός.
τί τὸ σοφόν; ἢ τί τὸ κάλλιον
παρὰ θεῶν γέρας ἐν βροτοῖς
ἢ χεῖρ' ὑπὲρ κορυφᾶς
τῶν ἐχθρῶν κρείσσω κατέχειν;   900

ἄ-σεπτος, -ον: impious, unholy
αὐξάνω: exalt, extol; grow, increase, enrich, 3
γέρας, -αος, τό: privilege, honor, gift of honor, 4
γιγνώσκω: come to know, learn, realize, 4
δαιμόνιον, τό: a divine thing, a divine being, 2
δαπάνη, ἡ: cost, expense
δηρός, -ον: long; *adv.* for a long time
δόξα, ἡ: opinion, thought, reputation, honor, 3
ἐχθρός, -ή, -όν: hated, hostile; enemy, 2
ἰσχύς, -ύος, ὁ: strength, might, power
κατ-έχω: hold back, restrain; possess, 4

κορυφή, ἡ: top, peak, summit; head, 4
κοῦφος, -η, -ον: light, easy; nimble
κρυπτεύω: hide, conceal
μακρός, -ή, -όν: long, far, distant, large, 3
μελετάω: practice, exercise, study
νομίζω: believe, consider, deem, hold
νόμιμος, -η, -ον: customary, lawful, 2
νόμος, ὁ: law, custom, 3
ποικίλος, -η, -ον: varied, spotted;, *adv.* artfully, 3
σύν: along with, with, together (gen), 5
φύσις, -εως, ἡ: nature, character; birth, 4

886 καὶ (τοὺς) μὴ τὰ θεῶν αὔξοντας: *and (those)...*; pres. pple; μή is used instead of οὐ in a general (indefinite) clause or phrase
τὰ θεῶν: *the affairs of the gods*
887 σὺν μαινομένᾳ δόξᾳ: *with...*; dat. of cause
888 (οἱ θεοί) κρυπτεύουσι: add gods as subject
889 δαρὸν χρόνου πόδα: *for a long pace of time*; acc. of duration and partitive gen.
890 τὸν ἄσεπτον: *the impious*
891 κρεῖσσόν...τῶν νόμων: *(something) greater than the laws*; or 'beyond the laws,' a neuter comparative and gen. of comparison; object of the two infs.; μελετᾶν is an α-contract inf.
892 (ἐστίν) κοῦφα γὰρ δαπάνα: *(it is) an...*; nom. pred., νομίζειν is the logical subject; κούφη δαπάνη in Attic
893 ἰσχὺν τόδ' ἔχειν: *that this...*; 1st ind. disc.

governed by νομίζειν; τόδε is acc. subject
894 ὅ τι...(ἐστίν) τὸ δαιμόνιον: *(namely) whatever in the world (is)...*; in apposition to τόδε; neuter ὅστις with intensive ποτέ; translate τὸ δαιμόνιον is 'the divine' or 'god'
ἄρα: *as it turns out, after all*
τό τ'...νόμιμον (εἶναι)...πεφυκός: *and that what is lawful...(is)...*; 2nd ind. disc. governed by νομίζειν; τό νόμιμον is acc. subject to a missing inf. εἶναι; the first τε joins the two ind. disc. constructions under νομίζειν
896 ἀεὶ φύσει τε πεφυκός: *eternal and born by nature*; adv. and neut. pf. pple φύω are predicates of (εἶναι) joined by τε; φύσει, 'by nature' is a dat. of respect
897-901 These lines repeat verbatim the lines 877-81. See notes for 877-81.

ὅ τι καλὸν φίλον ἀεί.
εὐδαίμων μὲν ὃς ἐκ θαλάσσας
ἔφυγε χεῖμα, λιμένα δ' ἔκιχεν·
εὐδαίμων δ' ὃς ὕπερθε μόχθων
ἐγένεθ'· ἑτέρᾳ δ' ἕτερος ἕτερον 905
ὄλβῳ καὶ δυνάμει παρῆλθεν.
μυρίαι δ' ἔτι μυρίοις
εἰσὶν ἐλπίδες· αἱ μὲν
τελευτῶσιν ἐν ὄλβῳ
βροτοῖς, αἱ δ' ἀπέβησαν·
τὸ δὲ κατ' ἦμαρ ὅτῳ βίοτος 910
εὐδαίμων, μακαρίζω.

Δι. σὲ τὸν πρόθυμον ὄνθ' ἃ μὴ χρεὼν ὁρᾶν
σπεύδοντά τ' ἀσπούδαστα, Πενθέα λέγω,
ἔξιθι πάροιθε δωμάτων, ὄφθητί μοι,
σκευὴν γυναικὸς μαινάδος βάκχης ἔχων, 915

ἀπο-βαίνω: turn out, result; step or go out, 2
ἀ-σπούδαστος, -ον: not to be pursued/sought
βίοτος, ὁ: life, livelihood, goods, 2
δύναμις, ἡ: power, might, strength, 2
κιχάνω: find, hit upon, reach
ἐλπίς, -ίδος, ἡ: expectation, hope, 2
ἐξ-έρχομαι: go out, come out
ἕτερος, -α, -ον: one, other, next, 5
ἦμαρ, -ατος, τό: day, 2
θάλασσα, ἡ: sea
λιμήν, -ένος, ὁ: harbor, haven
μακαρίζω: consider happy, consider blessed

μόχθος, ὁ: toil, exertion, hardship; *pl.* troubles, 5
ὄλβος, ὁ: wealth, riches, prosperity, 2
παρ-έρχομαι: pass into; enter; pass (by)
πάροιθεν: before, formerly, in front (gen)
πρό-θυμος, -ον: eager, spirited; earnest (inf.), 2
σκευή, ἡ: apparel, dress, equipment, 3
σπεύδω: hasten, hurry; pursue
τελευτάω: end, complete, finish; die
ὕπερ-θεν: over, above (gen.); *adv.* from above
φίλος, -η, -ον: dear, beloved; friend, kin, 5
χεῖμα, -ατος, τό: storm, winter

901 ὅ τι καλὸν φίλον ἀεί.: same as line 881
902 εὐδαίμων (ἐστίν) ὅς...: *Happy (is one) who...*
   ἐκ θαλάσσας: i.e. on the sea
903 ἔφυγε...ἔκιχεν: gnomic aor. φεύγω, κιχάνω: translate as present tense in English
904 εὐδαίμων (ἐστίν) ὅς...: *Happy (is one) who...*
   ὕπερθε μόχθων ἐγένε(το): i.e. overcomes...; gnomic aor. γίγνομαι: translate as present
905 ἑτέρᾳ: *in different ways*; dat. of manner
   ἕτερος ἕτερον: *one...another*; or 'different people...different people,' subject and object
   παρῆλθεν: gnomic aor. παρέρχομαι, 'surpass'
906 ὄλβῳ καὶ δυνάμει: *in...*; dat. of respect
907 μυρίοις: *for/to countless people*; dat. of possession or interest
907 αἱ μὲν... αἱ δ': *some...others...*; i.e. ἐλπίδες partitive apposition

908 βροτοῖς: *for...*; dat. of interest
909 ἀπέβησαν: *go away*; i.e. fail; gnomic aorist
   ἀπο-βαίνω: translate in the present tense
910 τὸ κατ(ὰ) ἦμαρ: *day-to-day*; 'in respect to..' adv. acc. (respect); κατὰ is distributive in sense; translate as part of the relative clause
   ὅτῳ βίοτος (ἐστίν) εὐδαίμων: *(anyone) whose ...(is)..*; =ᾧτινι, dat. sg. of relative ὅστις and dat. of possession; supply a linking verb; the missing antecedent is object of μακαρίζω
912 τὸν πρόθυμον (ὁρᾶν) ὄντα...σπεύδοντά τε: *the one...*; in apposition, pple εἰμί, σπεύδω
   ἃ μὴ χρεὼν ὁρᾶν) *what he ought not...*
913 Πενθέα λέγω: *I mean Pentheus*; parenthetical
914 ἔξιθι: 2s pres. imperative, ἐξ-έρχομαι
   ὄφθητί: 2s aor. pass. imper. ὁράω + dat. agent
915 γυναικὸς...βάκχης: building to a climax

μητρός τε τῆς σῆς καὶ λόχου κατάσκοπος·
πρέπεις δὲ Κάδμου θυγατέρων μορφὴν μιᾷ.

Πε. καὶ μὴν ὁρᾶν μοι δύο μὲν ἡλίους δοκῶ,
δισσὰς δὲ Θήβας καὶ πόλισμ' ἑπτάστομον·
καὶ ταῦρος ἡμῖν πρόσθεν ἡγεῖσθαι δοκεῖς   920
καὶ σῷ κέρατα κρατὶ προσπεφυκέναι.
ἀλλ' ἦ ποτ' ἦσθα θήρ; τεταύρωσαι γὰρ οὖν.

Δι. ὁ θεὸς ὁμαρτεῖ, πρόσθεν ὢν οὐκ εὐμενής,
ἔνσπονδος ἡμῖν· νῦν δ' ὁρᾷς ἃ χρή σ' ὁρᾶν.

Πε. τί φαίνομαι δῆτ'; οὐχὶ τὴν Ἰνοῦς στάσιν   925
ἢ τὴν Ἀγαύης ἑστάναι, μητρός γ' ἐμῆς;

Δι. αὐτὰς ἐκείνας εἰσορᾶν δοκῶ σ' ὁρῶν.
ἀλλ' ἐξ ἕδρας σοι πλόκαμος ἐξέστηχ' ὅδε,
οὐχ ὡς ἐγώ νιν ὑπὸ μίτρᾳ καθήρμοσα.

Πε. ἔνδον προσείων αὐτὸν ἀνασείων τ' ἐγὼ   930

ἀνα-σείω: shake back, shake out, 2
δῆτα: certainly, to be sure, of course, 3
δισσός, -ή, -όν: twofold, double, two
δύο: two, 3
ἕδρα, ἡ: seat, place, 4
εἷς, μία, ἕν: one, single, alone, 3
ἔνδον: within, inside, 2
ἔν-σπονδος, -ον: in a truce/alliance with (dat)
ἐξ-ίστημι: drive out; displace; stand out, 3
ἑπτά-στομος, -ον: seven-mouthed
εὐ-μενής, -ές: well-disposed, kindly
ἥλιος (ἀέλιος), ὁ: the sun, 3
Ἰνώ, Ἰνέος (Ἰνοῦς), ἡ: Ino, 5
καθ-αρμόζω: join, fit together
κατά-σκοπος, ὁ: spy, scout, 3

κεῖνος (ἐκεῖνος), -η, -ον: that, those, 3
κέρας,-ατος, τό: horn, 2
λόχος, ὁ: company, band of troops
μήν: truly, surely, certainly, 3
μίτρα, ἡ: headband, headdress, 3
μορφή, ἡ: form, shape, 4
ὁμαρτέω: accompany, walk together
πόλισμα, -ατος, τό: town, town (of a city)
πρέπω: be like, resemble (dat); it is fitting, 3
προ-σείω: shake forward
προσ-φύω: grow to or upon (dat)
πρόσθεν: before, (gen); adv. before, forward, 5
στάσις, ἡ: stature, posture, standing
ταυρόομαι: become/appear as a bull, act as a bull
ταῦρος, ὁ: bull, 5

916 μητρός...: objective gen. with κατάσκοπος
  κατάσκοπος: as a...; predicative
917 θυγατέρων: partitive gen. with μιᾷ
  μορφήν: in...; acc. of respect
918 καὶ μήν: and indeed; καὶ μήν often introduces a newcomer or new scene in tragedy (S2921)
  ὁρᾶν: ὁρά-ειν inf. ὁράω
  μοι: to myself; dat. of reference with δοκῶ
919 πόλισμ(α) ἑπτάστομον: i.e. Thebes
920 ταῦρος: as a bull; i.e. Dionysus; predicative agreeing with the 2s nom. subject
  ἡμῖν...ἡγεῖσθαι: to be leading us; mid. inf. ἡγέομαι regularly governs a dat.
921 κέρατα (δοκεῖ)
  σῷ...κρατὶ: upon...; dat. of compound verb

προσπεφυκέναι: pf. act. inf. of intransitive προσ-φύω, 'grow upon' with missing δοκεῖ
922 ἦ: introduces a yes/no question
  ἦσθα: 2s impf. εἰμί
  τεταύρωσαι: 2s pf. mid.: pf.
  γὰρ οὖν: for certainly...; confirmatory, S2958
923 ὤν: (although)...; concessive pres. pple εἰμί
924 τί φαίνομαι δῆτα: In what way then do I appear?; 'in respect to what' acc. of respect
925 (φαίνομαι) στάσιν ἑστάναι: (do I appear) to have the stature...; pf. inf. ἵστημι + cognate acc
928 ἐξέστη(κε): is out of place; pf. ἐξ-ίστημι
929 ὡς...: as...;; clause of comparison
  νιν, αὐτόν: it; i.e. the lock of hair, πλόκαμος
930 ἔνδον: i.e. while preparing inside the house

καὶ βακχιάζων ἐξ ἕδρας μεθώρμισα.
Δι. ἀλλ' αὐτὸν ἡμεῖς, οἷς σε θεραπεύειν μέλει,
πάλιν καταστελοῦμεν· ἀλλ' ὄρθου κάρα.
Πε. ἰδού, σὺ κόσμει· σοὶ γὰρ ἀνακείμεσθα δή.
Δι. ζῶναί τέ σοι χαλῶσι κοὐχ ἑξῆς πέπλων   935
στολίδες ὑπὸ σφυροῖσι τείνουσιν σέθεν.
Πε. κἀμοὶ δοκοῦσι παρά γε δεξιὸν πόδα·
τἀνθένδε δ' ὀρθῶς παρὰ τένοντ' ἔχει πέπλος.
Δι. ἦ πού με τῶν σῶν πρῶτον ἡγήσῃ φίλων,
ὅταν παρὰ λόγον σώφρονας βάκχας ἴδῃς.   940
Πε. πότερα δὲ θύρσον δεξιᾷ λαβὼν χερὶ
ἢ τῇδε, βάκχῃ μᾶλλον εἰκασθήσομαι;
Δι. ἐν δεξιᾷ χρὴ χἄμα δεξιῷ ποδὶ
αἴρειν νιν· αἰνῶ δ' ὅτι μεθέστηκας φρενῶν.
Πε. ἆρ' ἂν δυναίμην τὰς Κιθαιρῶνος πτυχὰς   945

αἰνέω: to praise, commend, approve, 2
αἴρω: to lift, raise up, get up, 3
ἀνά-κειμαι: be laid up, be set up, 2
ἆρα: (introducing a yes/no question), 2
βακχιάζω: rave, be/make frenzied
δεξιός, -ή, -όν: right; *noun* right hand, 4
δή: indeed, surely, really, certainly, just, 5
δύναμαι: be able, can, be capable, 4
ἕδρα, ἡ: seat, place, 4
εἰκάζω: liken, guess; *pass.* resemble (dat), 3
ἐκ-τείνω: stretch out, hold out
ἐνθένδε: hence, from here; on this side, 2
ἑξῆς: one after another, in order, in a row
ζώνη, ἡ: girdle, belt
θεραπεύω: attend to, serve, take care of, 2
κατα-στέλλω: tuck up (as if a sail), put in order

κόσμος, ὁ: adornment; dress; order, world, 2
μᾶλλον: more, rather, 5
μεθ-ίστημι: change, move, 4
μεθ-ορμίζω: unmoor, remove (from anchorage)
μέλω: μέλει, there is a care for (dat., gen.), 5
ὀρθόω: straighten, raise up, set up
πέπλος, ὁ: robe, 4
πότερος, -α, -ον: which of two? whether?, 3
που: anywhere, somewhere; I suppose, 2
πτύξ, πτύχος, ἡ: fold (of the earth), glen, 2
στολίς, -ίδος, ἡ: fold (of a garment)
σφυρόν, τό: ankle
τείνω: stretch, extend, spread, direct
τένων, -οντος, ὁ: tendon
φίλος, -η, -ον: dear, beloved; friend, kin, 5
χαλάω: become loose, become slack

931 μεθώρμισα: 1s aor. μεθ-ορμίζω
932 αὐτὸν ἡμεῖς...πάλιν καταστελοῦμεν:
αὐτὸν, 'it,' refers to the hair; 1p fut.
οἷς σε θεραπεύειν μέλει: *for whom...*; dat. of interest with impersonal verb
933 ὄρθο(σ)ο: 2s pres. mid. imperative
934 ἰδού: ἰδε(σ)ο, aor. mid. imperative ὁράω
κόσμει: κόσμε-ε, sg. imperative
σοὶ γὰρ ἀνακείμεσθα δή: *we are in your hands* lit. 'we are laid out on you' δή emphasizes σοὶ
935 χαλῶσι: χαλά-ουσι, 3p pres.
934 ὑπὸ σφυροῖσι σέθεν.: i.e. down to the ankles
τείνουσιν: *extend*
935 κα(ὶ) ἐμοὶ δοκοῦσι (οὐκ ἑξῆς τείνειν): *they

seem to me in fact...*; ellipsis; καί is adverbial
παρά γε δεξιὸν πόδα: *at least along...*;
936 τὰ (ἐ)νθένδε δ': *but on this side*; i.e. left
ὀρθῶς ἔχει: *is right*; ἔχω + adv. = εἰμί + pred.
937 ἡγήσε(σ)αι: 2s fut. ἡγέομαι
940 ὅταν...: general temporal, aor. subj. ὁράω
παρὰ λόγον: *contrary to expectation*
σώφρονας: *as...*; predicative
δεξιᾷ χερὶ ἢ τῇδε: *with right or this left hand*
942 εἰκασθήσομαι: 1s fut. pass. εἰκάζω + dat.
943 ἅμα...αἴρειν νιν: *to lift it along with your right foot*; a very silly way to walk!
944 ὅτι μεθέστηκας: *that you changed your mind*;
945 ἂν δυναίμην: *Would I...*; 1st potential opt.

αὐταῖσι βάκχαις τοῖς ἐμοῖς ὤμοις φέρειν;
Δι. δύναι' ἄν, εἰ βούλοιο· τὰς δὲ πρὶν φρένας
οὐκ εἶχες ὑγιεῖς, νῦν δ' ἔχεις οἵας σε δεῖ.
Πε. μοχλοὺς φέρωμεν; ἢ χεροῖν ἀνασπάσω
κορυφαῖς ὑποβαλὼν ὦμον ἢ βραχίονα;   950
Δι. μὴ σύ γε τὰ Νυμφῶν διολέσῃς ἱδρύματα
καὶ Πανὸς ἕδρας ἔνθ' ἔχει συρίγματα.
Πε. καλῶς ἔλεξας· οὐ σθένει νικητέον
γυναῖκας· ἐλάταισιν δ' ἐμὸν κρύψω δέμας.
Δι. κρύψῃ σὺ κρύψιν ἥν σε κρυφθῆναι χρεών,   955
ἐλθόντα δόλιον μαινάδων κατάσκοπον.
Πε. καὶ μὴν δοκῶ σφᾶς ἐν λόχμαις ὄρνιθας ὣς
λέκτρων ἔχεσθαι φιλτάτοις ἐν ἕρκεσιν.
Δι. οὔκουν ἐπ' αὐτὸ τοῦτ' ἀποστέλλῃ φύλαξ·
λήψῃ δ' ἴσως σφᾶς, ἢν σὺ μὴ ληφθῇς πάρος.   960

ἀνα-σπάω: pull up, tear up
ἀπο-στέλλω: send off, send away
βούλομαι: wish, be willing, 4
βραχιων, -ονος, ὁ: arm
δέμας, τό: body, bodily frame, build, 4
δι-όλλυμι: destroy utterly; ruin utterly, 2
δόλιος, -α, -ον: deceitful, treacherous, 3
δύναμαι: be able, can, be capable, 4
ἕδρα, ἡ: seat, place, 4
ἕρκος, τό: enclosure; net/fence (for hunting birds)
ἵδρυμα, -ματος, τό: seat, shrine, temple
ἴσως: perhaps; equally
κατά-σκοπος, ὁ: spy, scout, 3
κορυφή, ἡ: top, peak, summit; head, 4
κρύπτω: hide, conceal, cover, 4
κρύψις, ἡ: hiding, concealment

λέκτρον, τό: pl. marriage-bed
λόχμη, ἡ: bushes, thicket, 2
μήν: truly, surely, certainly, 3
μοχλός: lever, crowbar, bar, 3
νικητέος, -ον: to be conquered/overcome
νύμφη, ἡ: nymph   ὄρνις, ὄρνιθος, ὁ, ἡ: bird, 3
οὐκ-οῦν: therefore, then, accordingly, 2
Πάν, Πανός, ὁ: Pan (the god)
πάρος: before, previously; before, (gen), 4
σθένος, -εος, ὁ: strength, might, 3
σύριγμα, ατος τό: sound of a pipe, whistle
σφεῖς,-έων,-ιν,-ας (sg. σφέ): them (him/her/it), 4
ὑγιής, -ές: healthy, sound, 2
ὑπο-βάλλω: throw underneath, put underneath
φίλτατος, -η, -ον: dearest, most beloved, 5
φύλαξ, -κος, ὁ: guard, 2   ὦμος, ὁ: shoulder, 4

946 αὐταῖσι βάκχαις: *with... dat. accompaniment*
947 δύναι(σο) ἄν, εἰ βούλοι(σ)ο,: *you would.., if you should...*; fut. less vivid (εἰ opt., opt.)
(φρένας) οἵας σε (ἔχειν) δεῖ.: *(the mind) which*
949 φέρωμεν: *Are we to...*; i.e. deliberative subj.
χεροῖν: *with...*; dual dat. of means, χείρ
ἀνασπάσω: *Am I to...*; deliberative subj.
950 κορυφαῖς: *under...*; dat. of compound verb
ὑποβαλών: aor. pple + two acc. objects
951 μή...διολέσῃς: *Don't...*; prohibitive aor. subj.
τὰ Νυμφῶν ἱδρύματα: i.e. cave of the Nymphs
952 ἔνθ(α): *where...*; relative clause
953 ἔλεξας: 2s aor. λέγω
954 νικητέον (ἐστί): *(we) must/have to...*; impers.

verbal adj. + ἐστί + acc. obj.: translate active
955 κρύψε(σ)αι κρύψιν: *you will conceal yourself in a concealment*; 2s fut. mid. and cognate acc.
ἥν..κρυφθῆναι: *in which..that you be concealed* aor. pass. inf.; relative ἥν is a 2nd cognate acc.
956 δόλιον...κατάσκοπον: *as...*; predicative
957 σφᾶς...ἔχεσθαι: *that they are held*; ind. disc.
ὄρνιθας ὣς: *just as...*; clause of comparison
λέκτρων...ἕρκεσιν: *in sweet enclosures of beds*
959 ἐπ' αὐτὸ τοῦτ(ο): *for this reason itself*
φύλαξ: *as...*; predicative with 2s pres. passive
960 λήψῃ, ἥν...ληφθῇς: *you will catch..., if...*; fut. more vivid (εἰ ἄν subj, fut.); 2s fut. mid. λαμβάνω and 2s aor. pass. subj. λαμβάνω

Πε. κόμιζε διὰ μέσης με Θηβαίας χθονός·
μόνος γὰρ αὐτῶν εἰμ' ἀνὴρ τολμῶν τόδε.
Δι. μόνος σὺ πόλεως τῆσδ' ὑπερκάμνεις, μόνος·
τοιγάρ σ' ἀγῶνες ἀναμένουσιν οὓς ἐχρῆν.
ἕπου δέ· πομπὸς [δ'] εἰμ' ἐγὼ σωτήριος,   965
κεῖθεν δ' ἀπάξει σ' ἄλλος.
Πε.   ἡ τεκοῦσά γε.
Δι. ἐπίσημον ὄντα πᾶσιν.
Πε.   ἐπὶ τόδ' ἔρχομαι.
Δι. φερόμενος ἥξεις . . .
Πε.   ἁβρότητ' ἐμὴν λέγεις.
Δι. ἐν χερσὶ μητρός.
Πε.   καὶ τρυφᾶν μ' ἀναγκάσεις.
Δι. τρυφάς γε τοιάσδε.   970
Πε.   ἀξίων μὲν ἅπτομαι.
Δι. δεινὸς σὺ δεινὸς κἀπὶ δείν' ἔρχῃ πάθη,
ὥστ' οὐρανῷ στηρίζον εὑρήσεις κλέος.
ἔκτειν', Ἀγαύη, χεῖρας αἵ θ' ὁμόσποροι
Κάδμου θυγατέρες· τὸν νεανίαν ἄγω
τόνδ' εἰς ἀγῶνα μέγαν, ὁ νικήσων δ' ἐγὼ   975

ἁβρότης, ἡ: luxury, splendor
ἀναγκάζω: force, compel, 4
ἀνα-μένω: wait for, await
ἀπ-άγω: lead away, bring away, 2
ἅπτω: fasten; kindle; *mid.* touch, grasp (gen), 3
ἐκ-τείνω: stretch out, hold out, 2
ἐπί-σημος, -ον: remarkable, conspicuous
κεῖθεν: from that place, thence, then, 2
κλέος, -εος, τό: glory, fame, rumor
κομίζω: bring, carry; provide for, attend, 3
μέσος, -η, -ον: middle, in the middle of, 4
νεανίης, ὁ: young man, 3   νικάω: conquer, win

ὁμο-σπόρος, -ον: sown together; kindred, 2
οὐρανός, ὁ: sky, 3
πάθος, -εος, τό: misfortune, suffering
πομπός, ὁ: guide, messenger, 3
στηρίζω: lift and set up, fix, set in (dat.) 3
σωτήριος, -ον: saving, delivering
τοι-γάρ: so then, therefore, accordingly, 3
τοιόσδε, -άδε, -όνδε: such, this (here) sort, 5
τολμάω: to dare, undertake, endure, 2
τρυφάω: live luxuriously, live softly
τρυφή, ἡ: luxury, softness
ὑπερ-κάμνω: suffer for, work for (gen)

961 τολμῶν: τολμά-ων, pres. pple + acc. obj.
  αὐτῶν: i.e. of the Thebans
964 ἀγῶνες: i.e. struggles, labors, trials
  οὓς ἐχρῆν (ἀναμένειν σε): *which it was...*;
  impf. impersonal χρή; οὕς is acc. subject
965 ἕπε(σ)ο (μοι): mid. imperative, ἕπομαι + dat.
  εἰμ(ι): 1s fut. ἔρχομαι
  πομπὸς σωτήριος: *as...*; predicative
966 ἄλλος: *another*; i.e. Agave
  ἡ τεκοῦσά γε.: *yes, the one...*; aor. pple
  τίκτω, which is often translated as a 'parent'
967 ἐπίσημον ὄντα: pple εἰμί modifying σε

πᾶσιν: *to...*; dat. pl. of reference, πᾶς
ἐπὶ τόδ': *for...*; expressing purpose
968 φερόμενος: pres. passive pple; i.e. by Agave
  ἥξεις: i.e. return back; fut. ἥκω
  λέγεις: *you mean*
969 ἐν χερσί: dat. pl. . χείρ
970 τρυφάς γε τοιάσδε: *what luxuries?*; acc. pl.
  ἀξίων: *what is deserving*; neut. partitive gen.
971 (ἐ)πὶ δεινὰ πάθε-α: *to...*; + 2s pres. ἔρχομαι
972 οὐρανῷ στηρίζον: *rising to heaven*; n. pple
973 ἔκ-τειν(ε): *hold out*; imperative ἐκ-τείνω
975 ὁ νικήσων: *the one going to win*; fut. pple

καὶ Βρόμιος ἔσται. τἄλλα δ' αὐτὸ σημανεῖ.
Χο. ἴτε θοαὶ Λύσσας κύνες ἴτ' εἰς ὄρος, στρ.
θίασον ἔνθ' ἔχουσι Κάδμου κόραι,
ἀνοιστρήσατέ νιν
ἐπὶ τὸν ἐν γυναικομίμῳ στολᾷ 980
λυσσώδη κατάσκοπον μαινάδων.
μάτηρ πρῶτά νιν λευρᾶς ἀπὸ πέτρας
ἢ σκόλοπος ὄψεται
δοκεύοντα, μαινάσιν δ' ἀπύσει·
Τίς ὅδ' ὀρειδρόμων 985
μαστὴρ Καδμείων ἐς ὄρος ἐς ὄρος ἔμολ'
ἔμολεν, ὦ βάκχαι; τίς ἄρα νιν ἔτεκεν;
οὐ γὰρ ἐξ αἵματος
γυναικῶν ἔφυ, λεαίνας δέ τινος
ὅδ' ἢ Γοργόνων Λιβυσσᾶν γένος. 990

ἀν-οιστρέω: goad/stir to madness
ἀπύω (ἠπύω): tell, invoke, speak
Γοργώ, Γόργονος, ἡ: Gorgon
γυναικό-μιμος, -ον: woman-imitating
δοκεύω: keep an eye on, watch over
θοός, -η, -ον: quick, nimble
Καδμεῖος, -η, -ον: Cadmean, of Thebes, 5
κατά-σκοπος, ὁ: spy, scout, 3
κύων, κυνός, ὁ, ἡ: dog, 4

λέαινα, ἡ: lioness
λευρός, -ά, -όν: smooth, level, even
Λίβυσσα, ἡ: a Libyan (female)
λύσσα, -ης ἡ: fury, rage, 2
λυσσώδης, -ες: fury-filled, enraged
μαστήρ, ὁ: seeker, searcher
ὀρει-δρόμος, -ον: running on the mountains
σημαίνω: indicate, show, point out
σκόλοψ, -οπος, ὁ: pointed tree, stake, or rock

976 ἔσται: 3s fut. εἰμί
  τ(ὰ) ἄλλα: acc. obj. neut. pl.: add 'things'
  αὐτό: *the thing itself*; i.e. what happens; subject
  σημανεῖ: fut. σημαίνω
977 ἴτε... ἴτ(ε): pl. imperatives ἔρχομαι
  θοαί...κύνες: i.e. the Bacchae; vocative dir. address
  Λύσσας: gen. sg., likely personfied
978 θίασον ἔνθ(α): *where...*; relative clause, with the antecedent ὄρος; θίασον is in the clause
979 ἀνοιστρήσατέ: aor. imperative
  νιν: *them*; i.e. the Bacchae/dogs
980 ἐπὶ τὸν...κατάσκοπον: *upon..., against...*
981 λυσσώδε-α: acc. sg.
  μαινάδων: objective gen. of κατάσκοπον
982 πρῶτά...ὄψεται: *will be the first to...*; 'first will...' fut. mid. ὁράω; πρώτη is predicative

984 ἢ (ἀπὸ) σκόλοπος: *or (from)...*; σκόλοψ usually means 'a pointed stake' (lat. *palus*) but here is assumed to be a 'tree'
984 μαινάσιν: *to...*; dat. ind. obj.
  ἀπύσει: fut. ἀπύω
985 Τίς (ἐστι) ὅδε: *Who (is)...*
  ὀρειδρόμων Καδμείων: objective gen. following μαστήρ.
986 ἔμολ(ε)...ἔμολεν: 3s aor. βλώσκω
987 νιν: *him*; i.e. Pentheus
  ἔτεκεν: aor. τίκτω
989 ἔφυ: *was born*; 'grew up,' aor. φύω
990 ὅδε (ἐστίν)...γένος: *this one (is) the offspring*
  Γοργόνων Λιβυσσᾶν: gen. pl.; the Gorgons are said to arise from Africa; gen. pl. Λιβυσσῶν in Attic

ἴτω δίκα φανερός, ἴτω ξιφηφόρος 992
φονεύουσα λαιμῶν διαμπὰξ
τὸν ἄθεον ἄνομον ἄδικον Ἐχίονος 995
γόνον γηγενῆ.
ὃς ἀδίκῳ γνώμᾳ παρανόμῳ τ' ὀργᾷ   ἀντ.
περὶ <σὰ> Βάκχι', ὄργια ματρός τε σᾶς
μανείσᾳ πραπίδι
παρακόπῳ τε λήματι στέλλεται, 1000
τἀνίκατον ὡς κρατήσων βίᾳ,
γνωμᾶν σωφρόνα θάνατος ἀπροφάσι-
στος ἐς τὰ θεῶν ἔφυ·
βροτείως τ' ἔχειν ἄλυπος βίος.
τὸ σοφὸν οὐ φθονῶ· 1005

ἄ-δικος, -ον: unrighteous, unjust, 5
ἄ-θεος, -ον: godless, impious, 2
ἄ-λυπος, -ον: without pain or grief, 2
ἀ-νίκητος, -ον: unconquered, unconquerable
ἄ-νομος, -ον: lawless, illegal, 3
ἀ-προ-φάσιστος, -ον: accepting no excuses
βία, βιας, ἡ: violence, force, power
βίος, ὁ: life, 3
βρότειος, -ον: mortal, 2
γη-γενής, -ές: earthborn, 4
γνώμη, ἡ: judgment; intention; mind, 2
γόνος, ὁ: offspring, a child; family, 5
διαμπάξ: right through (gen.), 2
θάνατος, ὁ: death, 2

κρατέω: overpower; gain control over; be strong
λαιμός, ὁ: throat, neck; pl. throat, neck, 2
λῆμα, -ατος, τό: will; temper, resolve, mind
ξιφη-φόρος, -ον: carrying a sword, 2
ὀργή, ἡ: anger; passion; temperment, 5
παρά-κοπος, -ον: stricken; distraught, frenzied, 2
παρά-νομος, -ον: lawless, violent
περί: around, about, concerning, 4
πραπίς, ἡ: mind, wits, midriff, diaphragm, 2
στέλλω: send for, prep; mid. put on; repress, 4
φανερός, -ή, -όν: clear, visible; manifest, 5
φθονέω: envy, resent, begrudge (dat) for (gen), 2
φονεύω: murder, kill, slay, 2

992 ἴτω δίκα φανερός: *let manifest justice...*; 3s imperative, ἔρχομαι; nom. sg., δίκη in Attic (δίκα φανερός) ἴτω: repeat with same subject
ξιφηφόρος φονεύουσα: predicative, modifying δίκα; two-ending adjective and pres. pple
λαιμῶν διαμπὰξ: *right through...*; anastrophe
995 τὸν...γόνον: acc. obj. of φονεύουσα
996 γηγενέ-α: acc. sg. modifying γόνον; Pentheus' father was born from dragon's teeth
997 ὅς...στέλλεται: *whoever comes...*; relative, 'sends himself,' pres. mid. reflexive in sense; or possibly just a passive: 'is sent'
ἀδίκῳ γνώμᾳ: *with...*; dat. of manner
παρανόμῳ ὀργᾷ: *with...*; dat. of manner
περὶ <σὰ> Βάκχι',: *concerning your Bacchic rites*; 2s adj. indicates the chorus is addressing Bacchus; diamond brackets indicate text added by editor
998 ὄργια ματρός τε σᾶς: *and the rites...*; i.e. of Semele; τε joins the possessives σὰ and gen. ματρός σᾶς
999 μανείσᾳ πραπίδι: *and with...*; a third dat. of manner; translate aor. pass. pple μαίνομαι as 'maddened' or 'frenzied'
1000 παρακόπῳ τε λήματι: *and with...*; a fourth dat. of manner. These four datives of manner are important not because they are each distinct but because they repeat the same theme over and over about Pentheus' frame of mind.
1001 τ(ὸ) ἀνίκατον: *the unconquerable*; acc. obj. of κρατήσων
ὡς κρατήσων βίᾳ: *to...*; 'so as to...' ὡς + fut. pple expresses purpose; this marks the end of the relative clause starting in 997
1002-4 γνωμᾶν σωφρόνα...ἄλυπος βίος: main clause: the text is based on conjecture and very difficult to interpret satisfactorily
1005 τὸ σοφόν: *wisdom*

χαίρω θηρεύουσα· τὰ δ' ἕτερα μεγάλα
φανερά τ'· ὦ, νάει⟨ν⟩ ἐπὶ τὰ καλὰ βίον,
ἦμαρ ἐς νύκτα τ' εὐ-
αγοῦντ' εὐσεβεῖν, τὰ δ' ἔξω νόμιμα
δίκας ἐκβαλόντα τιμᾶν θεούς. 1010
ἴτω δίκα φανερός, ἴτω ξιφηφόρος 1013
φονεύουσα λαιμῶν διαμπὰξ 1014
τὸν ἄθεον ἄνομον ἄδικον Ἐχίονος 1015
τόκον γηγενῆ. 1016
φάνηθι ταῦρος ἢ πολύκρανος ἰδεῖν 1018 ἐπῳδ.
δράκων ἢ πυριφλέγων ὁρᾶσθαι λέων. 1019
ἴθ', ὦ Βάκχε, θηραγρευτᾷ βακχᾶν 1020

ἄ-δικος, -ον: unrighteous, unjust, 5
ἄ-θεος, -ον: godless, impious, 2
ἄ-νομος, -ον: lawless, illegal, 3
βάκχος, ὁ: Bacchus, Dionysus, 3
βίος, ὁ: life, 3
γη-γενής, -ές: earthborn, 4
διαμπάξ: right through (gen.), 2
ἐκ-βάλλω: throw out of, cast away, expel, 5
ἔξω: out of (gen.); adv. outside, 5
ἕτερος, -α, -ον: one, other, next, 5
εὐαγέω: be pure, holy, 2
εὐσεβέω: live piously, be pious
ἦμαρ, -ατος, τό: day, 2
θηραγρεύτης, ὁ (θηραγρέτης): hunter

θηρεύω: hunt
λαιμός, ὁ: throat, neck; pl. throat, neck, 2
νάω: flow
νόμιμος, -η, -ον: customary, lawful, 2
νύξ, νυκτός, ἡ: night, 3
ξιφη-φόρος, -ον: bearing a sword, 2
πολύ-κρανος, -ον: many-headed
πυριφλέγων, οντος: flaming with fire
ταῦρος, ὁ: bull, 5
τιμάω: honor, revere, 5
τόκος, ὁ: birth, offspring
φανερός, -ή, -όν: clear, visible; manifest, 5
φονεύω: to murder, kill, slay, 2

1006 χαίρω: *I rejoice in...*; + causal pres. pple
θηρεύουσα: pple, assume τὸ σοφὸν as object
τὰ δ' ἕτερα (ἐστίν): *but other things (are)...*; either nom. pl. (add ἐστίν) or acc. pl. (add χαίρω θηρεύουσα again)

1007 ὦ: *oh...*; in exclamation

1007 νάει⟨ν⟩...βίον: *(namely) that...*; ind. disc. with inf. νάω in apposition to τὰ ἕτερα; βίον is acc. subject
ἐπὶ τὰ καλὰ: *toward...*

1008 : ἦμαρ ἐς νύκτα τ': *for...*; acc. of duration
(βίον) εὐαγοῦντ(α) εὐσεβεῖν,: *(life)...*; βίον remains the acc. subject in extended ind. disc.; the masc. acc. pple modifies βίον

1009 τὰ δ' ἔξω νόμιμα δίκας: *customs outside of justice*; obj. of ἐκβαλόντα
ἐκβαλόντα: aor. pple modifying βίον, the acc. subject of τιμᾶν

1010 (βίον) τιμᾶν θεούς: *and that (life)...*; ind. disc. with α-contract inf. τιμάω

1013-1016 Repeating lines 992-6

1013 ἴτω δίκα φανερός: *let manifest justice go*; 3s imperative, ἔρχομαι; nom. sg., δίκη in Attic
(δίκα φανερός) ἴτω: repeat with same subject
λαιμῶν διαμπὰξ: *right through...*; anastrophe
ξιφηφόρος φονεύουσα: predicative, modifying δίκα; two-ending adjective and pres. pple

1015 τὸν...γόνον: acc. obj. of φονεύουσα

1016 γηγενέ-α: acc. sg. modifying γόνον i.e. Pentheus' father is literally born from dragon's teeth spread by Cadmus

1018 φάνηθι: *appear as*; 'be shown,' 2s aor. pass. imperative governing a series of nom. pred.
ἰδεῖν...ὁρᾶσθαι: *to see...to be seen*; explanatory (epexegetical) infs. virtually identical in meaning: translate after the nom. predicatives: e.g. 'dragon to see...lion to be seen'

1019 Ἴθι: sg. imperative ἔρχομαι; Zeus is quoted

1020 θηραγρευτᾷ: *around...*; dat. of compound verb; i.e. Pentheus

γελῶντι προσώπῳ περίβαλε βρόχον
θανάσιμον ὑπ' ἀγέλαν πεσόν-
τι τὰν μαινάδων.
Αγ. β ὦ δῶμ' ὃ πρίν ποτ' εὐτύχεις ἀν' Ἑλλάδα,
Σιδωνίου γέροντος, ὃς τὸ γηγενὲς 1025
δράκοντος ἔσπειρ' Ὄφεος ἐν γαίᾳ θέρος,
ὥς σε στενάζω, δοῦλος ὢν μέν, ἀλλ' ὅμως
[χρηστοῖσι δούλοις συμφορὰ τὰ δεσποτῶν].
Χο. τί δ' ἔστιν; ἐκ βακχῶν τι μηνύεις νέον;
Αγ. β Πενθεὺς ὄλωλεν, παῖς Ἐχίονος πατρός. 1030
Χο. ὦναξ Βρόμιε, θεὸς φαίνῃ μέγας.
Αγ. β πῶς φῄς; τί τοῦτ' ἔλεξας; ἦ 'πὶ τοῖς ἐμοῖς
χαίρεις κακῶς πράσσουσι δεσπόταις, γύναι;
Χο. εὐάζω ξένα μέλεσι βαρβάροις·
οὐκέτι γὰρ δεσμῶν ὑπὸ φόβῳ πτήσσω. 1035

ἀγέλη, ἡ: herd
βρόχος, ὁ: noose, knot, slip-knot, 5
γαῖα, ἡ: earth, land, 3
γελάω: laugh (at); smile, 5
γη-γενής, -ές: earthborn, 4
δοῦλος, ὁ: a slave, 3
εὐάζω: cry εὐαί in honor of Bacchus, 2
εὐ-τυχέω: be fortunate, prosperous, 2
θανάσιμος, -ον: deadly, fatal
θέρος, -εος, τό: harvest; summer, 2
μέλος, -εος, τό: song; limb, member, 2
μηνύω: reveal, disclose
ξένη, ἡ: a foreign woman, a stranger

συμ-φορά (ξυμ-), ἡ: misfortune; happening, 5
ὄλλυμι: destroy, ruin; mid. perish, die, 3
οὐκ-έτι: no longer, no more, 5
ὄφις, ὄφεος, ὁ: serpent, snake, 3
περι-βάλλω: throw or put round, surround, 3
πράσσω: do, accomplish; fare (+ adv.)
πρόσωπον, τό: face, countenance, visage, 2
πτήσσω: crouch, cower; causal, scare
Σιδώνιος, -α, -ον: Sidonian, of Sidon, 2
σπείρω: sow, plant, 4
στενάζω: groan for, sigh for, 2
φόβος, ὁ: fear, dread, panic, 3
χρηστός, -ή, -όν: useful, worthy, good

1021 γελῶντι προσώπῳ: *with...*; dat. of manner
1022 ὑπ' ἀγέλαν τὰν μαινάδων: *under...*; governed by πεσόντι, ἀγέλην τὴν in Attic
πεσόντι: *(while)...*; dat. sg. aor. pple πίπτω modifying dat. θηραγρευτᾷ, i.e. Pentheus
1023 Αγ. β: a second messenger is introduced as a character and distinguished by the letter β
ὃ πρίν ποτ' εὐτύχεις: *(you) which...*; the house is personifed and addressed in the 2s
ἀν(ὰ) Ἑλλάδα: *throughout...*
Σιδωνίου γέροντος: i.e. Cadmus, son of Phoenician king Agenor; take with δῶμα.
1024 ὅς...ἔσπειρ(ε): *who...*; aor. σπείρω; γέροντος is antecedent
τὸ γηγενὲς...θέρος: acc. obj.: Note that θέρος here means 'harvest' or 'crop,' not 'summer'
1025 δράκοντος Ὄφεος: *of...*; pleonasm: these

two words are synonyms
1026 ὥς σε στενάζω: *How I....!*; in exclamation
1027 δοῦλος ὢν μέν: *(although)...*; concessive pple εἰμί
1028 [χρηστοῖσι...δεσποτῶν]: *the misfortunes of masters are (a concern) for good slaves*; the brackets denote text the editor choses to omit
1029 τι νέον: *some news*; 'something new'
1030 ὄλωλεν: 3s pf. ὄλλυμι
φαίνε(σ)αι: 2s pres. mid. 'appear'
1032 πῶς φῄς: *How do you mean?*
τί τοῦτ' ἔλεξας: *What is this...?*; aor. λέγω
ἐπὶ τοῖς...κακῶς πράσσουσι δεσπόταις: *in the case of my master...*; poetic pl. + dat. pple
1033 γύναι: voc. direct address; i.e. chorus leader
1034 ξένα: *a foreign woman*; in apposition to 1s
μέλεσι βαρβάροις: *with...*; dat. means

Αγ. β   Θήβας δ' ἀνάνδρους ὧδ' ἄγεις ...
        *
Χο.   ὁ Διόνυσος ὁ Διόνυσος, οὐ Θῆβαι
        κράτος ἔχουσ' ἐμόν.
Αγ. β   συγγνωστὰ μέν σοι, πλὴν ἐπ' ἐξειργασμένοις
        κακοῖσι χαίρειν, ὦ γυναῖκες, οὐ καλόν.   1040
Χο.   ἔννεπέ μοι, φράσον, τίνι μόρῳ θνήσκει
        ἄδικος ἄδικά τ' ἐκπορίζων ἀνήρ;
Αγ. β   ἐπεὶ θεράπνας τῆσδε Θηβαίας χθονὸς
        λιπόντες ἐξέβημεν Ἀσωποῦ ῥοάς,
        λέπας Κιθαιρώνειον εἰσεβάλλομεν   1045
        Πενθεύς τε κἀγώ—δεσπότῃ γὰρ εἱπόμην—
        ξένος θ' ὃς ἡμῖν πομπὸς ἦν θεωρίας.
          πρῶτον μὲν οὖν ποιηρὸν ἵζομεν νάπος,
        τά τ' ἐκ ποδῶν σιγηλὰ καὶ γλώσσης ἄπο
        σῴζοντες, ὡς ὁρῷμεν οὐχ ὁρώμενοι.   1050

ἄ-δικος, -ον: unrighteous, unjust, 5
ἀν-άνδρος, -ον: lacking of husbands/men
Ἀσωπός, ὁ: Asopus (river), 2
γλῶσσα, ἡ: tongue, language, 3
εἰσ-βάλλω: fall upon, make attack on; throw into
ἐκ-βαίνω: go out from; come to pass, turn out, 2
ἐκ-πορίζω: invent, contrive
ἐνν-επω: tell, say; bid, 2
ἐξ-εργάζομαι: accomplish, work out, 4
ἐπεί: when, after, since, because, 5
θεράπνη, ἡ: dwelling
θεωρία, ἡ: spectacle, sight, show
θνήσκω: to die, 3
ἵζω: sit in, sit down in

Κιθαιρώνειος, -ον: of Mt. Cithaeron
κράτος, τό: power, might
λέπας, τό: bare rock, crag, 3
μόρος, ὁ: death, fate, destiny, 2
νάπος, -εος, τό: vale, glen
πλήν: except, but (gen.), 2
ποιηρός, -α, -ον: grassy
πομπός, ὁ: guide, messenger, 3
ῥοή, ἡ: stream, flow, river, 5
σιγηλός, -ή, -όν: silent
συγ-γνωστός, -όν: to be forgiven, forgiveable
σῴζω: save, keep safe, preserve, 4
φράζω: point out, tell, indicate, 3
ὧδε: in this way, so, thus

1036 Θήβας: Thebes is always pl. in form
  ἄγεις: *Do you consider* (x) (y)...?; obj. apred.
1038 κράτος ἐμόν: *power over me*; ἐμόν is equiv.
  to an objective gen.; loyalty to D., not Thebes
1039 συγγνωστὰ (ἐστί): *you can be forgiven*;
  lit. 'it is forgiveable for you;' a neut. pl. verbal
  adj. ending in -τός expresses possibility (S472);
  σοι is dat. of interest; translate as active
  πλήν... χαίρειν (ἐστίν) οὐ καλόν: add verb
  ἐπ' ἐξειργασμένοις κακοῖσι: *in..., at...*; ἐπί +
  dat. expressing cause (1689.2c) after χαίρειν;
  κακοῖσι is a substantive with a pf. pass. pple
1041 ἔννεπέ: pres. imperative
  φράσον: aor. act. imperative φράζω
  τίνι μόρῳ θνήσκει: *by what...?*; interrogative

and dat. of means; θνήσκει is an historical pres.
  ἄδικος...ἀνήρ: i.e. Pentheus
1042 ἄδικά: neut. acc. substantive: add 'things'
1043 ἐπεὶ...ἐξέβημεν: aor.; Ἀσωποῦ ῥοάς is obj.
  τῆσδε Θηβαίας χθονὸς: *of...*; appositional gen.
1044 λιπόντες: aor. pple λείπω; θεράπνας obj.
1046 εἱπόμην: 1s impf. mid. ἕπομαι + dat.
1047 ξένος τ(ε): *and the stranger...*; i.e. Dionysus
1049 τά τ' ἐκ ποδῶν καὶ γλώσσης ἄπο:
  (sounds) from...; i.e. footsteps and words
1050 σῴζοντες: *keeping* (x) (y); obj. and pred.
  σιγηλὰ is the neut. acc. pred.
  ὡς ὁρῷμεν: *so that we might...*; purpose + opt.
  in secondary sequence; ὁρά-οιμεν, 1p pres. opt.
  ὁρώμενοι: *(while)...*; pres. pass. ὁράω

ἦν δ' ἄγκος ἀμφίκρημνον, ὕδασι διάβροχον,
πεύκαισι συσκιάζον, ἔνθα μαινάδες
καθῆντ' ἔχουσαι χεῖρας ἐν τερπνοῖς πόνοις.
αἳ μὲν γὰρ αὐτῶν θύρσον ἐκλελοιπότα
κισσῷ κομήτην αὖθις ἐξανέστεφον, 1055
αἳ δ', ἐκλιποῦσαι ποικίλ' ὡς πῶλοι ζυγά,
βακχεῖον ἀντέκλαζον ἀλλήλαις μέλος.
Πενθεὺς δ' ὁ τλήμων θῆλυν οὐχ ὁρῶν ὄχλον
ἔλεξε τοιάδ'· Ὦ ξέν', οὗ μὲν ἕσταμεν,
οὐκ ἐξικνοῦμαι μαινάδων ὄσσοις νόθων· 1060
ὄχθων δ' ἔπ', ἀμβὰς ἐς ἐλάτην ὑψαύχενα,
ἴδοιμ' ἂν ὀρθῶς μαινάδων αἰσχρουργίαν.
τοὐντεῦθεν ἤδη τοῦ ξένου <τὸ> θαῦμ' ὁρῶ·
λαβὼν γὰρ ἐλάτης οὐράνιον ἄκρον κλάδον
κατῆγεν, ἦγεν, ἦγεν ἐς μέλαν πέδον· 1065

ἄγκος, -εος, τό: bend, hollow
αἰσχρ-ουργία, ἡ: shameless work
ἄκρος, -α, -ον: highest, top of; edge, depths of, 4
ἀλλήλος, -α, -ον: one another, 2
ἀμφί-κρημνος, ον: with cliffs all round
ἀνα-βαίνω: go up, mount
ἀντι-κλάζω: sing in turns, utter in turns
αὖθις: back again, later, 2
διά-βροχος, -ον: very wet, soaked
ἐν-τεῦθεν: from there, thereupon, 2
ἐξ-ανα-στέφω: crown with wreaths
ἐξ-ικνέομαι: arrive at, come to, reach
ζυγόν, τό: yoke, harness
κάθ-ημαι: sit, be seated, 4
κατ-άγω: bring back, lead back, recall, 2
κλάδος, -ου ὁ: branch, shoot, 4
κομήτης, -οῦ ὁ: long-haired; leafy

μέλας, μέλαινα, μέλαν: dark, black, 2
μέλος, -εος, τό: song; limb, member, 2
νόθος, ὁ: fake, counterfeit; lowborn, bastard
ὄσσε, τώ: two eyes (dual), 4
οὗ: where, 4
οὐράνιος, -η, -ον: heavenly, of the sky
ὄχθη, η, ἡ: bank, mound, rising ground
ὄχλος, ὁ: crowd, mob, 3
πεύκη, ἡ: pine; pine-wood, torch, 3
ποικίλος, -η, -ον: varied, spotted;, *adv.* artfully, 3
πόνος, ὁ: work, toil; woe, trouble, 5
πῶλος, ἡ, ὁ: foal (filly or colt), young horse, 2
συ-σκιάζω: shade over
τερπνός, -ή, -όν: delightful, pleasant, 2
τοιόσδε, -άδε, -όνδε: such, this (here) sort, 5
ὕδωρ, ὕδατος, τό: water, 4
ὑψ-αύχην, -ενός: carrying the neck high, lofty

1051 ἦν: *there was...*; impf. εἰμί
  ὕδασι: *with...*; i.e. streams; dat. of means, ὕδωρ
1052 συσκιάζον: neut. pres. pple: i.e. shady
  ἔνθα...καθῆντο: *where...were seated*; plpf. mid.; plpf. often denotes a state not an activity: 'had sitten down and now were seated'
1053 ἔχουσαι χεῖρας ἐν...: an idiom: i.e. 'being engaged in...' or 'busy with'
1054 αἳ μὲν...ἐξανέστεφον: *some...*; αὐτῶν is partitive gen., impf. ἐξ-ανα-στέφω
  ἐκλελοιπότα: *worn*; i.e. with faded ivy; lit. 'failing,' pf. act. pple ἐκ-λείπω
1055 κισσῷ κομήτην: predicative (after the verb)
1056 αἳ δ': *others...*

ἐκλιποῦσαι ὡς πῶλοι: *just as fillies leaving..*; clause of comparison; aor. pple ἐκ-λείπω
  ποικίλ(α): *well-made*; i.e. detailed by art
1057 ἀλλήλαις: *to one another*; i.e. taking turns
1059 ἔλεξε: aor. λέγω, addressing the stranger
  οὗ μὲν ἕσταμεν: *(from the place) where...*; relative with missing antecedent; 1p. pf. ἵστημι
1060 οὐκ ἐξικνοῦμαι...νόθων: *I do not reach with my eyes the fake maenads*; partitive gen.
1061 ἀμβὰς: nom. sg. aor. pple ἀνα-βαίνω
1062 ἴδοιμ(ι) ἂν: *I might...*; potential opt. ὁράω
1063 <τὸ> θαῦμα: *the wondrous deed*
1064 κατῆγεν ἦγεν, ἦγεν: *brought down, down, down*; impf. ἄγω; English repeats preposition

κυκλοῦτο δ' ὥστε τόξον ἢ κυρτὸς τροχὸς
τόρνῳ γραφόμενος περιφορὰν ἕλκει δρόμον·
ὣς κλῶν' ὄρειον ὁ ξένος χεροῖν ἄγων
ἔκαμπτεν ἐς γῆν, ἔργματ' οὐχὶ θνητὰ δρῶν.
Πενθέα δ' ἱδρύσας ἐλατίνων ὄζων ἔπι, 1070
ὀρθὸν μεθίει διὰ χερῶν βλάστημ' ἄνω
ἀτρέμα, φυλάσσων μὴ ἀναχαιτίσειέ νιν,
ὀρθὴ δ' ἐς ὀρθὸν αἰθέρ' ἐστηρίζετο,
ἔχουσα νώτοις δεσπότην ἐφήμενον·
ὤφθη δὲ μᾶλλον ἢ κατεῖδε μαινάδας. 1075
ὅσον γὰρ οὔπω δῆλος ἦν θάσσων ἄνω,
καὶ τὸν ξένον μὲν οὐκέτ' εἰσορᾶν παρῆν,
ἐκ δ' αἰθέρος φωνή τις, ὡς μὲν εἰκάσαι
Διόνυσος, ἀνεβόησεν· Ὦ νεάνιδες,
ἄγω τὸν ὑμᾶς κἀμὲ τἀμά τ' ὄργια 1080

ἀνα-βοάω: shout aloud, call out (acc), 4
ἀνα-χαιτίζω: throw off, rear up and off
ἀτρέμα: adv. without trembling, still
βλάστημα, -ατος, τό: shoot, offspring, 2
γράφω: write; enlist, enroll
δῆλος, -η, -ον: visible, clear, evident
δρόμος, ὁ: running; course; race, foot-race, 4
εἰκάζω: liken, guess; pass. resemble (dat), 3
ἐλάτινος, -α, -ον: of pinewood, of fir, 2
ἕλκω: draw, pull
ἔργμα, -ατος, τό: work, deed
ἔφ-ημαι: be set, be seated on, 2
θάσσω: sit, sit down, 3
ἱδρύω: make to sit down, seat
καθ-οράω (aor. -εῖδον): look upon, behold
κάμπτω: bend, turn, 2
κλών, κλωνόν, ὁ: twig, small branch

κυκλόω: make a circle, curve (into a circle),
κυρτός, -ή, -όν: curved, arched
μᾶλλον: more, rather, 5
μεθ-ίημι: let go, release, relax, send; give up, 5
νεᾶνις, -ιδος, ἡ: young woman, girl, maiden, 3
νῶτον, τό: back (of the body), 2
ὄζος, ὁ: bough, branch, 2
ὄρειος, -α, -ον: of the mountain
οὐκ-έτι: no longer, no more, 5
οὔ-πω: not yet
περι-φορά, ἡ: revolving, going around,
στηρίζω: lift and set up, fix, set in (dat.) 3
τόξον, τό: bow, 2
τόρνος, ὁ: compass, carpenter's tool
τροχός, ὁ: wheel, cycle
φυλάσσω: guard, watch over, 2
φωνή, ἡ: speech, voice

1066 (ἐ)κυκλοῦτο: it...; i.e. the tree; impf. pass.
ὥστε...ἤ: *just as...or...*; clause of comparison
1067 τόρνῳ γραφόμενος περιφορὰν ἕλκει
δρόμον: *marked out by a compass draws (in the dirt) a revolving course*; i.e. the use of a fixed point and length of string to create a circle
1068 ὥς: *so, in this way*; demonstrative adv.
χεροῖν: dual dat. of means, χείρ
1069 δρῶν: pres. pple δράω
1070 ἐλατίνων ὄζων ἔπι: *upon...*; anastrophe
1071 ὀρθὸν ἄνω: predicative, translate after verb
μεθίει: μεθίε-ε, 3s impf., μεθ-ίημι
1072 μὴ ἀναχαιτίσειέ νιν: *that he not...*; fearing
clause, aor. opt.; as if a horse; νιν is Pentheus
1073 (ἐλάτη) ἐστηρίζετο: *the pine was set firmly*
1074 νώτοις: *upon...*; dat. of compound verb
ἐφήμενον: pres. mid. ἔφ-ημαι
1075 ὤφθη: 3s aor. pass. ὁράω
κατεῖδε: 3s aor. act. καθ-οράω
1076 ὅσον οὔπω: *all but*; 'for how little not yet,' extent of time (S1582); for ὅσον οὐ, see S2766
θάσσων ἄνω: *by...*; causal pres. pple
1077 παρῆν: *it was possible*; impf. πάρειμι
ὡς εἰκάσαι: *so as to guess*; absolute inf. (S2012)
1080 τὸν...τιθέμενον: *the one making (x) (y)*; i.e. Pentheus, mid. pple governs acc. obj. and pred.

γέλων τιθέμενον· ἀλλὰ τιμωρεῖσθέ νιν.
καὶ ταῦθ' ἅμ' ἠγόρευε καὶ πρὸς οὐρανὸν
καὶ γαῖαν ἐστήριξε φῶς σεμνοῦ πυρός.
 σίγησε δ' αἰθήρ, σῖγα δ' ὕλιμος νάπη
φύλλ' εἶχε, θηρῶν δ' οὐκ ἂν ἤκουσας βοήν. 1085
αἳ δ' ὠσὶν ἠχὴν οὐ σαφῶς δεδεγμέναι
ἔστησαν ὀρθαὶ καὶ διήνεγκαν κόρας.
ὃ δ' αὖθις ἐπεκέλευσεν· ὡς δ' ἐγνώρισαν
σαφῆ κελευσμὸν Βακχίου Κάδμου κόραι,
ᾖξαν πελείας ὠκύτητ' οὐχ ἥσσονες 1090
ποδῶν τρέχουσαι συντόνοις δραμήμασι,
μήτηρ Ἀγαύη σύγγονοί θ' ὁμόσποροι
πᾶσαί τε βάκχαι· διὰ δὲ χειμάρρου νάπης
ἀγμῶν τ' ἐπήδων θεοῦ πνοαῖσιν ἐμμανεῖς.
ὡς δ' εἶδον ἐλάτῃ δεσπότην ἐφήμενον, 1095

ἀγμός, ὁ: broken cliff, crag
ἀγορεύω: speak, proclaim (before an audience)
ἀίσσω: rush, dart, shoot, 4
αὖθις: back again, later, 2
βοή, ἡ: shout, cry, 3
γαῖα, ἡ: earth, land, 3
γέλως, γέλω(τος), ὁ: laughter, mockery
γνωρίζω: recognize, make known, 3
δια-φέρω: carry over/across, carry off, 2
δράμημα, -ατος, τό: running, course, 2
ἐμ-μανής, -ές: frenzied, frantic, raving
ἐπι-κελεύω: exhort, encourage, cheer on
ἔφ-ημαι: be set, be seated on, 2
ἥσσων, ἧσσον: weaker, inferior; less, 2
ἠχή, ἡ: sound, noise
κελευσμός, ὁ: order, command
νάπη, ἡ: glen, wooded vale, 2
ὁμό-σπορος, -ον: sown together; kindred, 2

οὐρανός, ὁ: sky, 3
οὖς, ὠτός, τό: ear
πελειάς, -αδος, ἡ: dove
πηδάω: leap, spring, 2
πνοή, ἡ: breath; blast, breeze
σεμνός, -η, -ον: revered, holy, 3
σῖγα: in silence, silently
σιγάω: to be silent, be still, hush, 2
στηρίζω: lift and set up, fix, set in (dat.) 3
σύγ-γονος, ἡ: sister sibling; of the same blood, 3
σύν-τονος, -ον: intense, strained, eager, 2
τιμωρέω: avenge, punish, exact vengeance
τρέχω: run
ὕλιμος, -ον: woody, forest, forest-like
φύλλον, τό: a leaf, 2
χειμά-ρρους, -ουν: swollen by storm-waters
ὠκύτης, -τητος, ἡ: swiftness, fleetness

1081 γέλων: i.e. a laughing stock; acc. pred.
 τιμωρεῖσθέ: 2p pres. mid. imperative
1082 καὶ ἅμ(α)...καὶ: *both at the same time...and*
 ταῦτ(α)...ἠγόρευε: impf., Dionysus is subject
 πρὸς οὐρανὸν καὶ γαῖαν: *between...*
1083 ἐστήριξε φῶς: *a light was set up*
1084 σῖγα...φύλλ(α) εἶχε: *was keeping (x) (y)*
1085 οὐκ ἂν ἤκουσας: *you would not have heard*;
 ἄν + aor. contrary to fact (past unreal potential)
1086 αἳ δ': *and they...*; the bacchantes
 ὠσὶν: *with...*; dat. pl. of means, οὖς
 δεδεγμέναι: i.e. perceiving; pf. mid. δέχομαι
1087 ἔστησαν: 3p aor. ἵστημι

 διήνεγκαν κόρας: i.e. looked around; 3p aor.
 δια-φέρω; κόρη, 'pupil/eye' is used with the
 primary meaning 'girl/daughter' in 1089 below
1088 ὃ δ': *and he...*; i.e. Dionysus
 ὡς δ': *and when...*; 'as...'
1090 ᾖξαν: 3p aor. ἀίσσω
 πελείας: *than...*; gen. of comparison
 ὠκύτητι...ποδῶν: *in...*; dat. of respect; πούς
 ποδῶν: gen. pl. πούς with dat. δραμήμασι
1092 σύγγονοί θ' ὁμόσποροι: i.e. the sisters
1094 ἐπήδων: ἐπήδα-ον; 3p aor. πηδάω
 θεοῦ πνοαῖσιν: *because of...*; dat. of means
1095 ὡς δ' εἶδον: *when...*; 3p aor. ὁράω

πρῶτον μὲν αὐτοῦ χερμάδας κραταιβόλους
ἔρριπτον, ἀντίπυργον ἐπιβᾶσαι πέτραν,
ὄζοισί τ' ἐλατίνοισιν ἠκοντίζετο.
ἄλλαι δὲ θύρσους ἵεσαν δι' αἰθέρος
Πενθέως, στόχον δύστηνον· ἀλλ' οὐκ ἤνυτον. 1100
κρεῖσσον γὰρ ὕψος τῆς προθυμίας ἔχων
καθῆσθ' ὁ τλήμων, ἀπορίᾳ λελημμένος.
τέλος δὲ δρυΐνους συγκεραυνοῦσαι κλάδους
ῥίζας ἀνεσπάρασσον ἀσιδήροις μοχλοῖς.
ἐπεὶ δὲ μόχθων τέρματ' οὐκ ἐξήνυτον, 1105
ἔλεξ' Ἀγαύη· Φέρε, περιστᾶσαι κύκλῳ
πτόρθου λάβεσθε, μαινάδες, τὸν ἀμβάτην
θῆρ' ὡς ἕλωμεν, μηδ' ἀπαγγείλῃ θεοῦ
χοροὺς κρυφαίους. αἳ δὲ μυρίαν χέρα
προσέθεσαν ἐλάτῃ κἀξανέσπασαν χθονός· 1110

αἱρέω: seize, take; *mid.* choose, 3
ἀκοντίζω: hurl, throw (a javelin)
ἀνα-βάτης, ὁ: one mounted
ἀνα-σπαράσσω: tear up
ἀντί-πυργος, -ον: towering opposite
ἀνύω: accomplish, bring to pass. fulfill
ἀπ-αγγέλλω: report, make public
ἀ-πορία, ἡ: bewilderment, helplessness
ἀ-σίδηρος, -ον: not of iron; without iron/sword, 2
δρύινος, -η, -ον: oaken
δύσ-τηνος, -ον: ill-suffering, wretched, 2
ἐλάτινος, -α, -ον: of pinewood, of fir, 2
ἐξ-ανα-σπάω: tear away from
ἐξ-ανύω: fulfill, accomplish; *mid.* obtain, 2
ἐπεί: when, after, since, because, 5
ἐπι-βαίνω: go upon, climb upon
ἵημι: let go, send, throw; *mid.* hasten, 3
κάθ-ημαι: sit, be seated, 4
κλάδος, -ου ὁ: branch, shoot, 4

κραταίβολος, -ον: hurled with violence
κρυφαῖος, -α, -ον: hidden, concealed
κύκλος, ὁ: circle, orb; eyeball, eye, 3
μη-δέ: nor, not even, 4
μόχθος, ὁ: toil, exertion, hardship; *pl.* troubles, 5
μοχλός: lever, crowbar, bar, 3
ὄζος, ὁ: bough, branch, 2
περι-ίστημι: set round, surround
προ-θυμία, ἡ: eagerness, readiness, zeal
προσ-τίθημι: give, offer; add, attribute, 4
πτόρθος, ὁ: young branch, shoot, sapling
ῥίζα, ἡ: a root
ῥίπτω: to throw, cast, hurl, 5
στόχος, ὁ: target, aiming
συγ-κεραυνόω: strike as if from a thunderbolt
τέλος, -εος, τό: end, finish; rites, offerings, 4
τέρμα, -ατος, τό: goal; end, limit
ὕψος, εος, τό: height
χερμάς, -αδος, ἡ: small rock, stone

1096 αὐτοῦ: *at him*; partitive gen.; i.e. Pentheus
1097 ἔρριπτον: *began to..*; inchoative impf. ῥίπτω
  ἐπιβᾶσαι: nom. pl. aor. pple, ἐπι-βαίνω
1099 ἄλλαι δὲ...ἵεσαν: *and others...*; impf. ἵημι
1100 Πενθέως: *at...*; partitive gen.
  στόχον δύστηνον: in apposition to the clause
1101 κρεῖσσον ὕψος: neut. acc. obj. of ἔχων
  τῆς προθυμίας: *than (their)...*; gen. comparison
1102 καθῆστο: *was seated*; plpf. mid. often notes a state: 'had sitten down and now was seated'
  λελημμένος: pf. pass. pple λαμβάνω, 'catch'

1103 τέλος δὲ: *in the end, finally*; adv. acc.
  συγκεραυνοῦσαι: nom. pl. pple
1104 ἀνεσπάρασσον: *began to...*; inchoative impf.
1105 Φέρε: *Come!*; imperative to draw attention
  περιστᾶσαι κύκλῳ: aor. pple, dat. of manner
1106 πτόρθου λάβεσθε: *grab a branch*; partitive
1107 ὡς ἕλωμεν.... μηδ' ἀπαγγείλῃ: *so that we may...and he may not...*; purpose; 1p aor. subj. αἱρέω and 3s aor. subj. ἀπ-αγγέλλω
1100 ἐλάτῃ: *onto...*; dat. compound προσ-τίθημι
  χθονός: *from...*; separation with ἐξ-ανα-σπάω

ὑψοῦ δὲ θάσσων ὑψόθεν χαμαιριφὴς
πίπτει πρὸς οὖδας μυρίοις οἰμώγμασιν
Πενθεύς· κακοῦ γὰρ ἐγγὺς ὢν ἐμάνθανεν.
  πρώτη δὲ μήτηρ ἦρξεν ἱερέα φόνου
καὶ προσπίτνει νιν· ὃ δὲ μίτραν κόμης ἄπο   1115
ἔρριψεν, ὥς νιν γνωρίσασα μὴ κτάνοι
τλήμων Ἀγαύη, καὶ λέγει, παρηίδος
ψαύων· Ἐγώ τοι, μῆτερ, εἰμί, παῖς σέθεν
Πενθεύς, ὃν ἔτεκες ἐν δόμοις Ἐχίονος·
οἴκτιρε δ' ὦ μῆτέρ με, μηδὲ ταῖς ἐμαῖς   1120
ἁμαρτίαισι παῖδα σὸν κατακτάνῃς.
  ἣ δ' ἀφρὸν ἐξιεῖσα καὶ διαστρόφους
κόρας ἑλίσσουσ', οὐ φρονοῦσ' ἃ χρὴ φρονεῖν,
ἐκ Βακχίου κατείχετ', οὐδ' ἔπειθέ νιν.
λαβοῦσα δ' ὠλένης ἀριστερὰν χέρα,   1125

ἁμαρτία, ἡ: error, failure, mistake, sin, 2
ἀριστερός, -ά, -όν: left, on the left
ἄρχω: begin; to rule, be leader of, 2
ἀφρός, ὁ: foam, frothing
γνωρίζω: recognize, make known, 3
διά-στροφος, -ον: twisted, distorted, 2
ἐγγύς: near, close to (gen.); adv. nearby, 3
ἑλίσσω: whirl, turn or wind around, 2
ἐξ-ίημι: send out, let out, 2
θάσσω: sit, sit down, 3
ἱέρεα (ἱέρεια), ἡ: priestess, minister
ἱερεύς, -εως, ὁ: priest, minister
κατα-κτείνω: kill, slay, 2
κατ-έχω: hold back, restrain; possess, 4
κόμη, ἡ: hair, hair of the head, 5
κόρη, ἡ: girl, maiden; pupil (of the eye), 6
κτείνω: to kill, 6

μανθάνω: learn, understand, 5
μη-δέ: nor, not even, 4
μίτρα, ἡ: headband, headdress, 3
οἰκτίρω: to pity, have pity on
οἴμωγμα, -ατος, τό: cry of lamentation, wail
οὖδας, τό: ground, floor, surface
παρηίς, -ίδος, ἡ: cheek, jaw, 2
προσ-πίτνω (πίπτω): to fall upon, fall to
ῥίπτω: throw, cast, hurl, 5
τοι: you know, let me tell you, surely, 2
ὑψό-θεν: from on high, from above
ὑψοῦ: aloft, on high
φόνος, ὁ: murder, slaughter, bloodshed, 3
χαμαιριφής, -ές: thrown to the ground
ψαύω: touch, 3
ὠλένη, ἡ: elbow, (lower) arm, 3

1112 μυρίοις οἰμώγμασιν: with...; dat. of manner
1113 κακοῦ ἐγγὺς ὤν: that (he) was...; ind. disc. with pres. pple εἰμί following impf. μανθάνω
1113 ἐμάνθανεν: began to...; inchoative impf.
1114 ἦρξεν: aor. ἄρχω + partitive gen. φόνου
  ἱερέα: as....; predicative nom.
1115 νιν: him; i.e. Pentheus
  ὃ δὲ: and he...; i.e. Pentheus
  κόμης ἄπο: from...; anastrophes
1116 ἔρριψεν: aor. ῥίπτω
  ὥς...μὴ κτάνοι: so that she may not...; neg. purpose with aor. opt. κτείνω in secondary seq.
1117 παρηίδος: (her) cheek; partitive gen. object

1119 ὃν ἔτεκες: whom...; aor. τίκτω
1120 μηδὲ...κατακτάνῃς: Don't...; prohibitive subj. (μή + 2s aor. subj.) as a neg. command
1122 ἣ δ': but she...; i.e. Agave
  ἐξιεῖσα: pres. pple ἐξ-ίημι; from her mouth
  διαστρόφους κόρας: i.e. her eyes
1123 ἃ χρὴ φρονεῖν: what she ought to think; (ἐκεῖνα) ἃ, '(those things) which;' the missing antecendent is obj. of pple φρονοῦσα
1124 ἐκ Βακχίου: by...; expressing agency
  κατείχετ(ο): was being possessed; impf. pass.
1125 ὠλένης ἀριστερὰν χέρα: his left arm by the elbow; acc. obj. and partitive gen.

πλευραῖσιν ἀντιβᾶσα τοῦ δυσδαίμονος
ἀπεσπάραξεν ὦμον, οὐχ ὑπὸ σθένους,
ἀλλ' ὁ θεὸς εὐμάρειαν ἐπεδίδου χεροῖν·
Ἰνὼ δὲ τἀπὶ θάτερ' ἐξειργάζετο,
ῥηγνῦσα σάρκας, Αὐτονόη τ' ὄχλος τε πᾶς   1130
ἐπεῖχε βακχῶν· ἦν δὲ πᾶσ' ὁμοῦ βοή,
ὃ μὲν στενάζων ὅσον ἐτύγχαν' ἐμπνέων,
αἳ δ' ἠλάλαζον. ἔφερε δ' ἣ μὲν ὠλένην,
ἣ δ' ἴχνος αὐταῖς ἀρβύλαις· γυμνοῦντο δὲ
πλευραὶ σπαραγμοῖς· πᾶσα δ' ἡματωμένη   1135
χεῖρας διεσφαίριζε σάρκα Πενθέως.
   κεῖται δὲ χωρὶς σῶμα, τὸ μὲν ὑπὸ στύφλοις
πέτραις, τὸ δ' ὕλης ἐν βαθυξύλῳ φόβῃ,
οὐ ῥᾴδιον ζήτημα· κρᾶτα δ' ἄθλιον,
ὅπερ λαβοῦσα τυγχάνει μήτηρ χεροῖν,   1140

αἱματόω: make bloody, stain with blood
ἀλαλάζω: cry out, shout aloud, 2
ἀντι-βαίνω: set a foot against; go against
ἀπο-σπαράσσω: tear away, tear off
ἀρβύλη, ἡ: boot, half-boot, 2
Αὐτονόη, ἡ: Autonoe, 4
βαθύ-ξυλος, -ον: with deep wood
βοή, ἡ: shout, cry, 3
γυμνόω: to strip naked, be naked
δια-σφαιρίζω: throw (acc) about like a ball
δυσ-δαίμων, -ονος: ill-fated, 2
ἐμ-πνέω: breathe, breathe in; live
ἐξ-εργάζομαι: accomplish, work out, 4
ἐπ-έχω: hold for, hold against, attack
ἐπι-δίδωμι: give in addition, increase
εὐμάρεια, ἡ: easiness, ease, opportunity
ζήτημα, -ατος, τό: search, inquiry, 2

ἕτερος, -α, -ον: one, other, next, 5
Ἰνώ, Ἰνέος, ἡ: Ino, 5
ἴχνος, τό: footstep, track; foot
κεῖμαι: lie, lie down, 3
ὁμοῦ: at the same place; together, at once, 4
ὄχλος, ὁ: crowd, mob, 3
πλευρά, ἡ: rib, 3   ῥᾴδιος, -α, -ον: easy, 2
ῥήγνυμι: break, tear, 3   σάρξ, -ρκός, ἡ: flesh, 4
σθένος, -εος, ὁ: strength, might, 3
σπαραγμός, ὁ: tearing, rending, mangling, 2
στενάζω: groan, sigh for, 2
στύφλος, -η, -ον: hard, rough
ὕλη, ἡ: wood, forest, 4
φόβη, ἡ: foliage, leafage; lock of hair, 4
χωρίς: separately; apart from, without (gen), 3
ὠλένη, ἡ: elbow, (lower) arm, 3
ὦμος, ὁ: shoulder (with the upper arm)

1126 πλευραῖσιν: *against...*; dat, compound verb
   ἀντιβᾶσα: nom. sg. aor. pple ἀντι-βαίνω
   i.e. propping her foot as leverage when pulling
   τοῦ δυσδαίμονος: *of the ill-fated (man)*
1127 ὑπὸ σθένους: *because of...*; gen. σθένε-ος
1128 ἐπεδίδε(σ)ο: 3s impf. mid.
   χεροῖν: *to...*; dual dat. ind. object
1129 τἀπὶ θάτερ': *matters on the other side*;
   crasis for τὰ (ἐ)πὶ τὰ (ἑ)τερα; i.e. of the body
   ἐξειργάζετο: impf. mid.
1130 ῥηγνῦσα: nom. sg. present. pple ῥήγνυμι
   ἐπεῖχε: *held for (him)*; i.e. attacking; βακχῶν
   is partitive with ὄχλος

1131 ἦν δὲ πᾶσ(ι) ὁμοῦ βοή,: *and all had a shout at once*; 'was to all,' dat. of possession
1132 ὃ μὲν: *he...*
   ὅσον ἐτύγχανε ἐμπνέων,: *for as long as...*;
   acc. duration, τυγχάνω + pple: 'happens to..'
1133 αἳ δ'...ἣ μὲν...ἣ δ': *they...one...another...*
1134 (ἐν) αὐταῖς ἀρβύλαις: αὐταῖς is intensive
1135 σπαραγμοῖς: *by...*; dat. of means
   ἡματωμένη: pf. pass. αἱματόω
1136 χεῖρας: *in ...*; acc. of respect
1137 τὸ μὲν... τὸ δ': *one part...another part...*
1139 οὐ ῥᾴδιον (ἐστίν) ζήτημα
1140 λαβοῦσα τυγχάνει: see note for 1132

πήξασ' ἐπ' ἄκρον θύρσον ὡς ὀρεστέρου
φέρει λέοντος διὰ Κιθαιρῶνος μέσου,
λιποῦσ' ἀδελφὰς ἐν χοροῖσι μαινάδων.
χωρεῖ δὲ θήρᾳ δυσπότμῳ γαυρουμένη
τειχέων ἔσω τῶνδ', ἀνακαλοῦσα Βάκχιον 1145
τὸν ξυγκύναγον, τὸν ξυνεργάτην ἄγρας,
τὸν καλλίνικον, ᾧ δάκρυα νικηφορεῖ.
ἐγὼ μὲν οὖν ⟨τῇδ'⟩ ἐκποδὼν τῇ ξυμφορᾷ
ἄπειμ', Ἀγαύην πρὶν μολεῖν πρὸς δώματα.
τὸ σωφρονεῖν δὲ καὶ σέβειν τὰ τῶν θεῶν 1150
κάλλιστον· οἶμαι δ' αὐτὸ καὶ σοφώτατον
θνητοῖσιν εἶναι κτῆμα τοῖσι χρωμένοις.

Χο. ἀναχορεύσωμεν Βάκχιον,
ἀναβοάσωμεν ξυμφορὰν
τὰν τοῦ δράκοντος Πενθέος ἐκγενέτα· 1155

ἀδελφή, ἡ: sister, 2
ἄκρος, -α, -ον: highest, top of; edge, depths of, 4
ἀνα-βοάω: shout aloud, call out (acc), 4
ἀνα-καλέω: invoke, call to; call up, recall, 2
ἀνα-χορεύω: celebrate (acc) in a dance, 2
ἄπ-ειμι: be away, be distant, 3
γαυρόω: make proud; *mid.* pride oneself in, 2
δάκρυον, τό: tear, weeping, 2
δύσ-ποτμος, -ον: unlucky, ill-fated
ἐκ-γενέτης, -ου, ὁ: descendant
ἐκ-ποδών: out of the way of (dat)
θήρα, ἡ: prey, game; hunting, chase, 3
καλλίνικος, -ον: victorious, of glorious victory, 2
κτῆμα, -ατος, τό: possession

λέων, λέοντος, ὁ: lion, 6
μέσος, -η, -ον: middle, in the middle of, 4
νικη-φορέω: carry off as a prize of victory
ξυγ-κυνηγός, ὁ: fellow-hunter
ξυμ-φορά (συμ-), ἡ: misfortune; happening, 5
ξυν-εργάτης, ὁ: fellow-workman, accomplice
οἴομαι (οἶμαι): to suppose, think, imagine, 2
ὀρέστερος, -α, -ον: mountain, of the mountains
πήγνυμι: stick, fix on
σέβω: revere, honor, worship, 5
τεῖχος, -εος, τό: wall, 4
χράομαι: use, employ, experience (dat), 2
χωρέω: proceed, travel, advance, go, 3

1141 πήξασ(α): aor. pple πήγνυμι
ἐπ' ἄκρον θύρσον: *upon...*; ἄκρος here means mean 'highest part of' or 'top of'
ὡς (κρᾶτα) ὀρεστέρου λέοντος: *as if (the head) of...*; clause of of comparison; φέρει belongs to the main verb
1142 λιποῦσ(α): aor. pple λείπω
1144 θήρᾳ δυσπότμῳ: *in...*; dat. of cause
1146 τὸν ξυγκύναγον, τὸν ξυνεργάτην ἄγρας: *(her)...*; in apposition to Βάκχιον: add the possessive in English; ἄγρας is gen. sg.
1147 τὸν καλλίνικον: *the glorious victor*; a substantive in apposition or adj. with above
ᾧ δάκρυα νικηφορεῖ: *for whom (Agave)...*; relative and dat. of interest; Agave is subject
1148 ἐγώ...ἄπειμ(ι): fut. ἀπέρχομαι
1149 Ἀγαύην πρὶν μολεῖν πρὸς δώματα: *before Agave...*; πρὶν + inf. (aor. inf. βλώσκω)
1150 τὸ σωφρονεῖν καὶ σέβειν: *to...*; articular infs.: translate as infinitives or as gerunds (-ing)
τὰ τῶν θεῶν: *the affairs of the gods*
1151 (ἐστίν) κάλλιστον: superlative of καλός and nom. pred., add a verb
αὐτὸ καὶ...εἶναι: *that this also...*; i.e. the previous clause; ind. disc. governed by οἶμαι
1152 θνητοῖσιν...τοῖσι (αὐτῷ) χρωμένοις: *for...*; dat. of interest; the mid. pple χράομαι, 'pursue (it)' or 'practice (it),' is in the attributive position modifying θνητοῖσιν
1153 ἀναχορεύσωμεν...ἀναβοάσωμεν: *let... let...*; 1p aor. hortatory subj.
1155 τὰν...Πενθέος: *of...*; in attributive position
τοῦ δράκοντος... ἐκγενέτα: *a descendant from...*; Doric gen. in apposition to Πενθέος

ὃς τὰν θηλυγενῆ στολὰν
νάρθηκά τε, πιστὸν Ἅιδαν,
ἔλαβεν εὔθυρσον,
ταῦρον προηγητῆρα συμφορᾶς ἔχων.
βάκχαι Καδμεῖαι,   1160
τὸν καλλίνικον κλεινὸν ἐξεπράξατε
ἐς στόνον, ἐς δάκρυα.
καλὸς ἀγών, χέρ' αἵματι στάζουσαν
περιβαλεῖν τέκνου.
ἀλλ', εἰσορῶ γὰρ ἐς δόμους ὁρμωμένην   1165
Πενθέως Ἀγαύην μητέρ' ἐν διαστρόφοις
ὄσσοις, δέχεσθε κῶμον εὐίου θεοῦ.
Αγα. Ἀσιάδες βάκχαι—   Χο. τί μ' ὀροθύνεις, ὤ;   στρ.
Αγα.   φέρομεν ἐξ ὀρέων
           ἕλικα νεότομον ἐπὶ μέλαθρα,   1170

Ἅιδης, -ου ὁ: Hades, 2
Ἀσιάς, Ἀσιάδος: Asian
δάκρυον, τό: tear, weeping, 2
διά-στροφος, -ον: twisted, distorted, 2
ἐκ-πράσσω: bring about, achieve
ἕλιξ, ἡ: twisting tendril (of ivy)
εὔ-θυρσος, -ον: with beautiful thyrus
θηλυ-γενής, -ες: female, of a woman, 2
Καδμεῖος, -η, -ον: Cadmean, of Thebes, 5
καλλίνικος, -ον: victorious, of glorious victory, 2
κλεινός, -ή, -όν: glorious, renowned
κῶμος, ὁ: band of revellers; party of revellers

νάρθηξ, -ηκος, ὁ: fennel stalk (i.e. the thyrsus), 5
νεό-τομος, -ον: fresh-cut
συμ-φορά (ξυμ-), ἡ: misfortune; happening, 5
ὁρμάω: set out, begin; set in motion, 2
ὀροθύνω: stir up, rouse, urge on,
ὄσσε, τώ: two eyes (dual), 4
περι-βάλλω: throw or put round, surround, 3
πιστός, -ή, -όν: trustworthy, loyal, faithful, 2
προ-ηγητήρ, -ος ὁ: guide, one leading in front
στάζω: drip, trickle; drop, 4
στόνος, ὁ: groaning, mourning
ταῦρος, ὁ: bull, 5

1157 νάρθηκά τε εὔθυρσον: second acc. obj.
  πιστὸν Ἅιδαν: *reliable death*; acc. in apposition; Ἅιδην via metonomy means 'destruction' or 'death'
1159 προηγητῆρα συμφορᾶς: *as...*; predicative
1161 (ὕμπον) τὸν καλλίνικον: assume ὕμπον, 'song,' as acc. object
  κλεινὸν...ἐς στόνον, ἐς δάκρυα: *famous for...*; predicative acc.; ἐς + acc. expresses purpose
  ἐξεπράξατε: 2p aor. ἐκ-πράσσω
1163 καλὸς ἀγών (ἐστι): *(it is)...*; impersonal, ἀγών in a noun (cf. accent on pple ἄγων)
  χέρ(α)...περιβαλεῖν: *to...*; this aor. inf. is the logical subject following ἐστί; acc. obj. χείρ

αἵματι...τέκνου: dat. of means with both verbs
1165 ἀλλ(ὰ)...γὰρ: *but since...*; anticipatory γὰρ (S2811); ἀλλὰ introduces a new thought
  ὁρμωμένην: pres. mid.
1167 δέχεσθε: i.e. welcome; pres. mid. imperative
  κῶμον: an exaggeration because Agave comes alone
1168 τί...: *why...?*
  ὤ; *oh*; in exclamation when they see Agave carrying the head of Pentheus
1170 ἕλικα νεότομον: Pentheus' head stuck on the thyrsus is likened to twisting tendrils of ivy that are normally wrapped around the thyrsus
  ἐπὶ μέλαθρα: *to the house*; synecdoche

μακάριον θήραν.
Χο. ὁρῶ καί σε δέξομαι σύγκωμον.
Αγα. ἔμαρψα τόνδ' ἄνευ βρόχων
⟨λέοντος ἀγροτέρου⟩ νέον ἶνιν·
ὡς ὁρᾶν πάρα.   1175
Χο. πόθεν ἐρημίας;
Αγα.   Κιθαιρὼν . . .   Χο.   Κιθαιρών;
Αγα. κατεφόνευσέ νιν.
Χο. τίς ἁ βαλοῦσα;   Αγα.   πρῶτον ἐμὸν τὸ γέρας.
μάκαιρ' Ἀγαύη κλῃζόμεθ' ἐν θιάσοις.   1180
Χο.   τίς ἄλλα;   Αγα.   τὰ Κάδμου . . .
Χο.   τί Κάδμου;   Αγα.   Γένεθλα
μετ' ἐμὲ μετ' ἐμὲ τοῦδ'   1182b
ἔθιγε θηρός· εὐτυχής γ' ἅδ' ἄγρα.
Χο.   *
Αγα. μέτεχέ νυν θοίνας.   Χο.   τί; μετέχω, τλᾶμον;   ἀντ.
Αγα. νέος ὁ μόσχος ἄρ-   1185

ἀγρότερος, -α, -ον: wild
ἄνευ: without, 5
ἄρτι: just, newly, recently, 4
βάλλω: throw, cast, hit, put, 4
βρόχος, ὁ: knot, slip-knot, noose, 5
γένεθλον, τό: offspring
γέρας, -αος, τό: privilege, honor, gift of honor, 4
ἐρημία, ἡ: solitude, loneliness; wilderness, 4
εὐ-τυχής, -ές: successful, fortunate
θήρα, ἡ: prey, game; hunting, chase, 3
θιγγάνω (aor. θιγ): touch, take hold of (gen.), 4

θοίνη, ἡ: meal, feast, banquet
ἶνις, ὁ: son
κατα-φονεύω: slaughter
κλῄζω: call, invoke; celebrate, make famous
μακάριος, -α, -ον: blessed, happy, 3
μάρπτω: take hold of, seize
μετ-έχω: have a share of, partake of, 2
μόσχος, ὁ,ἡ: calf; heifer (f), young bull (m), 4
πό-θεν: whence? from where?, 4
σύγ-κωμος, ὁ ἡ: fellow-reveller/partygoer

1171 μακάριον θήραν: in apposition
1172 δέξομαι: fut. δέχομαι
σύγκωμον: as...; acc. predicative
1173 ἔμαρψα: 1s aor. μάρπτω
τόνδ(ε)...νέον ἶνιν: obj.
1174 ⟨λέοντος ἀγροτέρου⟩: diamond brackets indicate text the editor wishes to add
1174 ὡς ὁρᾶν πάρ(εστιν): *as it is possible...*; the accent on the penult of παρά suggests (1) anastrophe or (2) an abbreviated form of πάρ-ειμι; ὁρά-ειν is an α-contract inf.
1175 πόθεν ἐρημίας: *from what part of...*; partitive gen.
1178 κατεφόνευσέ νιν: Κιθαιρών is the subject
1179 τίς (ἦν): who (was)...; add verb
ἡ βαλοῦσα: *the one...*; aor. pple βάλλω ; i.e.
the hunter who shot the prey
1180 μάκαιρ' Ἀγαύη: *as...*; nom. predicate; κλῃζόμεθα: translate as 1s; 1p pres. pass.
1181 τίς ἄλλα: *Why else?*; ἄλλη in Attic
τὰ Κάδμου . . .: *those...*; vague but the chorus interrupts before Agave adds 'Γένεθλα' below
1182 μετ(α) ἐμὲ: the repetition highlights Agave's insistence that she was first
1183 ἔθιγε: aor. θιγγάνω + partitive gen.
εὐτυχής γ' ἅδε (ἐστίν) ἄγρα: *this here (is)...*; add a linking verb; ἥδε in Attic
1184 μέτεχέ: imperative + partitive gen. obj.
τί;: *What?*; an expression of shock
1185 ἄρ-τι: *just now*; adv. modifies θάλλει

τι γένυν ὑπὸ κόρυθ' ἁπαλότριχα
κατάκομον θάλλει.
Χο. πρέπει γ' ὥστε θὴρ ἄγραυλος φόβῃ.
Αγα. ὁ Βάκχιος κυναγέτας
σοφὸς σοφῶς ἀνέπηλ' ἐπὶ θήρα 1190
τόνδε μαινάδας.
Χο. ὁ γὰρ ἄναξ ἀγρεύς.
Αγα. ἐπαινεῖς; Χο. ἐπαινῶ.
Αγα. τάχα δὲ Καδμεῖοι . . .
Χο. καὶ παῖς γε Πενθεὺς . . .   Αγα. ματέρ' ἐπαινέσεται, 1195
λαβοῦσαν ἄγραν τάνδε λεοντοφυῆ.
Χο. περισσάν.   Αγα. περισσῶς.
Χο. ἀγάλλῃ;   Αγα. γέγηθα,
μεγάλα μεγάλα καὶ 1198b
φανερὰ τᾷδ' ἄγρᾳ κατειργασμένα.
Χο. δεῖξόν νυν, ὦ τάλαινα, σὴν νικηφόρον 1200

ἀγάλλω: glorify; *pass.* take pride in, glory, 2
ἄγραυλος, -ον: dwelling in the wild
ἀγρεύς, ὁ: hunter
ἀνα-πάλλω: swing to and fro; fling, 2
ἁπαλό-θριξ, τριχος: soft-haired
γένυς, -υος, ἡ: cheek; jaw, 4
γηθέω: rejoice, be delighted, be cheeful
δείκνυμι: show, reveal; prove, 2
ἐπαινέω: praise, approve, applaud, 3
θάλλω: grow, sprout; bloom, thrive
Καδμεῖος, -η, -ον: Cadmean, of Thebes, 5

κατά-κομος, -ον: with falling hair, beard
κατ-εργάζομαι: accomplish, perform
κόρυς, -υθος, ἡ: helmet; crest
κυν-ηγέτης, ὁ: hunter, 2
λεοντο-φυής, -ές: lion-like, of a lion's nature
νικη-φόρος, -ον: bringing victory, victorious
περισσός, -ή, -όν: odd, extraordinary, 3
πρέπω: be like, resemble (dat); it is fitting, 3
τάχα: soon, presently; quickly, 5
φανερός, -ή, -όν: clear, visible; manifest, 5
φόβη, ἡ: foliage, leafage; lock of hair, mane, 4

1186 γένυν...κατάκομον: obj.
 ὑπὸ κόρυθ(α) ἁπαλότριχα: *beneath....*
 πρέπει γ'...φόβῃ: *yes, it closely resembles a mane*; φόβῃ can mean 'mane' or 'lock of hair' as well as the popular 'foliage'
 ὥστε θὴρ ἄγραυλος: *just as...*; clause of comparison; some readings have gen. sg.
1190 ἀνέπηλε: *flung*; aor. ἀνα-πάλλω; the verb suggests the moving to and fro with a javelin and finally releasing it
 ἐπὶ θῆρα τόνδε: *against..., upon...*
1191 ὁ γὰρ ἄναξ (ἐστίν) ἀγρεύς.: *yes, for...*; English often expresses the affirmation 'yes' and leaves out explanatory 'for,' while Greek expresses the explanatory γὰρ but omits and assumes the affirmative 'yes.'
1193 ἐπαινεῖς...ἐπαινῶ: the object is ambiguous but ματέρ' ἐπαινέσεται below suggests that Agave assumes that she is the object
1195 καὶ...γε: *yes, and...*
 ἐπαινέσεται: fut. mid.; assume παῖς as subject
1196 λαβοῦσαν: aor. pple λαμβάνω
 λεοντοφυέ-α: acc. sg.
1197 περισσάν: describing the ἄγραν
 περισσῶς: Agave agrees but adds that the hunt itself was unusual: 'extraordinarily (caught)'
1198 ἀγάλλε(σ)αι: *Are you...?*; 2s pres. pass.
 γέγηθα: *I rejoice*; 1s pf. referring to a state rather than activity in the past
1198b μεγάλα μεγάλα καὶ φανερὰ: μεγάλα is repeated for emphasis; neut. acc.: add 'deeds'
1199 κατειργασμένη: *in...*; causal fem. sg. pf. mid. pple κατ-εργάζομαι, 'perform'
1200 δεῖξόν: aor. imperative δείκνυμι

ἀστοῖσιν ἄγραν ἣν φέρουσ' ἐλήλυθας.
Αγα. ὦ καλλίπυργον ἄστυ Θηβαίας χθονὸς
ναίοντες, ἔλθεθ' ὡς ἴδητε τήνδ' ἄγραν,
Κάδμου θυγατέρες θηρὸς ἣν ἠγρεύσαμεν,
οὐκ ἀγκυλητοῖς Θεσσαλῶν στοχάσμασιν, 1205
οὐ δικτύοισιν, ἀλλὰ λευκοπήχεσι
χειρῶν ἀκμαῖσιν. κᾆτα κομπάζειν χρεὼν
καὶ λογχοποιῶν ὄργανα κτᾶσθαι μάτην·
ἡμεῖς δέ γ' αὐτῇ χειρὶ τόνδε θ' εἵλομεν,
χωρίς τε θηρὸς ἄρθρα διεφορήσαμεν. 1210
  ποῦ μοι πατὴρ ὁ πρέσβυς; ἐλθέτω πέλας.
Πενθεύς τ' ἐμὸς παῖς ποῦ 'στιν; αἰρέσθω λαβὼν
πηκτῶν πρὸς οἴκους κλιμάκων προσαμβάσεις,
ὡς πασσαλεύσῃ κρᾶτα τριγλύφοις τόδε
λέοντος ὃν πάρειμι θηράσασ' ἐγώ. 1215

ἀγκυλητός, -ή, -όν: thonged, thrown with thong
ἀγρεύω: hunt, hunt for, 4
αἱρέω: seize, take; *mid.* choose, 3
ἀκμή, ἡ: tip, point, edge
ἄρθρον, τό: limb; joint, 2
ἀστός, ὁ: townsman, citizen
δια-φορέω: carry away, tear apart, disperse, 3
δίκτυον, τό: net
εἶτα: then, next, 3
Θεσσαλός, -ή, -ον: Thessalian
καλλί-πυργος, -ον: fair-towered
κλῖμαξ, -ακος, ἡ: ladder
κομπάζω: boast, brag, vaunt, 3

κτάομαι: acquire, take possession of, 4
λευκό-πηχυς, -υ: white-armed
λογχο-ποιός, ὁ: spear-maker
ναίω: live in, dwell in, inhabit, 3
ὄργανον, τό: instrument, tool
πασσαλεύω: peg, pin
πέλας: near, close; neighbor, 2
πηκτός, -όν: well built, well put together
πρέσβυς, ὁ: old man, elder, 4
προσ-ανά-βασις, ἡ: ascent; steps up
στόχασμα, -ατος, τό: missle, javelin
τρίγλυφη, ἡ: triglyph (part of the architecture)
χωρίς: separately; apart from, without (gen), 3

1201 ἀστοῖσιν: dat. ind. obj. with δεῖξόν
  ἣν φέρουσ(α) ἐλήλυθας: *which...*; 2s pf. ἔρχομαι.
1202 ὦ...ναίοντες: *O (you)...;* voc. dir. address
  Θηβαίας χθονὸς: *of...;* appositional gen.
  ἔλθε(τε): aor. imperative ἔρχομαι
  ὡς ἴδητε: *so that...may...;* purpose with 2s aor. subj. ὁράω
1203 Κάδμου θυγατέρες ἣν ἠγρεύσαμεν: *which we...;* 1p subject: θυγατέρες is in apposition
  θηρὸς: gen. modifying τήνδ' ἄγραν
1205 ἀγκυλητοῖς Θεσσαλῶν στοχάσμασιν: *with...;* dat. of means; a javelin with a small leather loop/thong to fling with more accuracy
1206 οὐ δικτύοισιν: dat. of means
  λευκοπήχεσι χειρῶν ἀκμαῖσιν: i.e. our fingers,
1207 κα(ὶ) (εἶ)τα... χρεὼν (ἐστι) καὶ: *Is it then*

necessary both...and...; why use weapons when we can hunt with our hands?
1208 αὐτῇ χειρὶ: dat. of means; αὐτῇ is intensive
  εἵλομεν: 1p aor. αἱρέω (aor. ἑλ-)
  τόνδε: likely pointing to the head she carries
1211 ποῦ (ἐστίν)
  μοι: dat. of possession
  ἐλθέτω: *let...;* 3s aor. imperative ἔρχομαι
1212 αἰρέσθω: *let...;* 3s pres. mid. imperative αἴρω, 'raise'
  λαβὼν: aor. pple λαμβάνω
1213 πρὸς οἴκους: *against the house*
1214 ὡς πασσαλεύσῃ: *so that...may...;* purpose with 3s aor. subj.
  (ἐ)ν τριγλύφοις: *on...;* dat. of place where
1215 ὃν πάρειμι θηράσασα: *which...;* relative and aor. pple: θηράω

Κα. ἕπεσθέ μοι φέροντες ἄθλιον βάρος
Πενθέως, ἕπεσθε, πρόσπολοι, δόμων πάρος,
οὗ σῶμα μοχθῶν μυρίοις ζητήμασιν
φέρω τόδ', εὑρὼν ἐν Κιθαιρῶνος πτυχαῖς
διασπαρακτόν, κοὐδὲν ἐν ταὐτῷ πέδῳ   1220
λαβών, ἐν ὕλῃ κείμενον δυσευρέτῳ.
  ἤκουσα γάρ του θυγατέρων τολμήματα,
ἤδη κατ' ἄστυ τειχέων ἔσω βεβὼς
σὺν τῷ γέροντι Τειρεσίᾳ Βακχῶν πάρα·
πάλιν δὲ κάμψας εἰς ὄρος κομίζομαι   1225
τὸν κατθανόντα παῖδα Μαινάδων ὕπο.
καὶ τὴν μὲν Ἀκτέων' Ἀρισταίῳ ποτὲ
τεκοῦσαν εἶδον Αὐτονόην Ἰνώ θ' ἅμα
ἔτ' ἀμφὶ δρυμοὺς οἰστροπλῆγας ἀθλίας,
τὴν δ' εἶπέ τίς μοι δεῦρο βακχείῳ ποδὶ   1230

Ἀκτέων, -ος (and Ἀκταίονός), ὁ: Actaeon, 4
Ἀρισταῖος, ὁ: Aristaeus, 2
Αὐτονοή, ἡ: Autonoe, 4
βαίνω: step, walk, go, 3
βάρος, -εος, τό: burden, weight
δια-σπαρακτός, -ή, -όν: torn to pieces
δρυμός, ὁ: thicket, oak-coppice
δυσ-εύρετος, -ον: hard to find
ζήτημα, -ατος, τό: search, inquiry, 2
Ἰνώ, Ἰνέος, ἡ: Ino, 5
κάμπτω: bend, turn, 2
κατα-θνήσκω: die; ~be killed, 2

κεῖμαι: to lie, lie down, 3
κομίζω: bring, carry; provide for, attend, 3
μοχθέω: to toil, labor, be weary with toil
οἰστροπλήξ, -ῆγος, ὁ, ἡ: driven mad, stung by a gadfly
πάρος: before, previously; before, (gen), 4
πρόσ-πολος, ὁ: servant, attendant, 2
πτυχή, ἡ: glen, cleft, fold (of the earth), 2
σύν: along with, with, together (gen), 5
τεῖχος, -εος, τό: wall, 4
τόλμημα, -ατος, τό: daring act or deed
ὕλη, ἡ: wood, forest, 4

1216 ἕπεσθέ: 2p mid. imperative ἕπομαι
1217 δόμων πάρος: *before...*; anastrophe
1218 οὗ σῶμα...φέρω τόδ': *whose body here...*; gen. sg. relative
1219 εὑρών (σῶμα) : aor. pple εὑρίσκω, assume the obj.; διασπαρακτόν is predicative
1220 οὐδὲν...λαβών: i.e. the body parts were scattered and not together; aor. pple
  ἐν τ(ῷ) αὐτῷ πέδῳ: αὐτός in the attributive position means 'same;' πέδον means 'place'
  του: *from someone*; gen. of source with ἤκουσα; του = τινός: του is an alternative form for indefinite gen. sg. τινός; θυγατέρων is subjective gen. with τολμήματα
1223 ἤδη...βεβώς: nom. sg. pf. pple βαίνω
  κατ' ἄστυ: *through...*
  τειχέων ἔσω: *inside...*; anastrophe
1224 Βακχῶν πάρα: *from...*; or 'from the side of...' anastrophe, place from which
1225 πάλιν κάμψας: i.e. returning; aor. pple
1226 κατθανόντα: *killed*; aor. pple κατα-θνήσκω, 'die,' is used as the passive for κατα-κτείνω, 'kill'
  Μαινάδων ὕπο: *by...*; expressing agency with κατθανόντα
1227 καὶ...εἶδον: 1s aor. ὁράω
  τὴν μὲν Ἀκτέων(α) Ἀρισταίῳ ποτὲ τεκοῦσαν: *the one once bearing Actaeon for Aristaeus*; aor. pple τίκτω; Actaeon is the son of Autonoe and Aristaeus
1228 Αὐτονόην: acc. in apposition
  Ἰνώ(ε) ἅμα: *and...*; a second acc. object
1229 οἰστροπλῆγας ἀθλίας: in apposition
1230 τὴν δ'...στείχειν Ἀγαύην: *that Agave...*; ind. disc. governed by εἶπέ τίς
  εἶπέ τίς: *someone...*; indefinite τις, aor. λέγω

στείχειν Ἀγαύην, οὐδ' ἄκραντ' ἠκούσαμεν·
λεύσσω γὰρ αὐτήν, ὄψιν οὐκ εὐδαίμονα.
Αγα. πάτερ, μέγιστον κομπάσαι πάρεστί σοι,
πάντων ἀρίστας θυγατέρας σπεῖραι μακρῷ
θνητῶν· ἀπάσας εἶπον, ἐξόχως δ' ἐμέ, 1235
ἣ τὰς παρ' ἱστοῖς ἐκλιποῦσα κερκίδας
ἐς μεῖζον' ἥκω, θῆρας ἀγρεύειν χεροῖν.
φέρω δ' ἐν ὠλέναισιν, ὡς ὁρᾷς, τάδε
λαβοῦσα τἀριστεῖα, σοῖσι πρὸς δόμοις
ὡς ἀγκρεμασθῇ· σὺ δέ, πάτερ, δέξαι χεροῖν· 1240
γαυρούμενος δὲ τοῖς ἐμοῖς ἀγρεύμασιν
κάλει φίλους ἐς δαῖτα· μακάριος γὰρ εἶ,
μακάριος, ἡμῶν τοιάδ' ἐξειργασμένων.
Κα. ὦ πένθος οὐ μετρητὸν οὐδ' οἷόν τ' ἰδεῖν,
φόνον ταλαίναις χερσὶν ἐξειργασμένων. 1245

ἄγρευμα, ατος, τό: catch, prey
ἀγρεύω: hunt, hunt for, 4
ἄ-κραντος, -ον: unfulfilled, fruitless, 2
ἀνα-κρεμάννυμι: hang up on
ἀριστεία, τά: *pl.* the prize/reward for excellence
ἄριστος, -η, -ον: best, most excellent
γαυρόω: make proud; *mid.* pride oneself in, 2
δαίς, δαιτός, ἡ: meal, feast, banquet, 4
ἐξ-εργάζομαι: accomplish, work out, 4
ἐξ-όχως: especially, above all, outstandingly
ἱστός, ὁ: loom; web; beam, mast, 3
κερκίς, -ίδος ἡ: shuttle (for weaving), 2
κομπάζω: boast, brag, vaunt, 3

λεύσσω: gaze upon, look on, 4
μακάριος, -α, -ον: blessed, happy, 3
μακρός, -ή, -όν: long, far, distant, large, 3
μέγιστος, -η, -ον: greatest, biggest, best, 3
μείζων, -ον: greater, bigger, stronger
μετρητός, -ή, -όν: measurable
ὄψις, -εως, ἡ: sight, appearance, 2
πένθος, τό: grief, woe, sorrow, 2
σπείρω: sow, plant, 4
τοιόσδε, -άδε, -όνδε: such, this (here) sort, 5
φίλος, -η, -ον: dear, beloved; friend, kin, 5
φόνος, ὁ: murder, slaughter, bloodshed, 3
ὠλένη, ἡ: elbow, (lower) arm, 3

1231 ἄκραντ(α): neut. substantive: add 'things'
1232 ὄψιν...εὐδαίμονα: in apposition to αὐτήν
1233 πάτερ: vocative, direct address
  μέγιστον: *very greatly*; adverbial acc. (inner acc.: 'make the greatest boast')
  πάρεστί: *it is possible*; impersonal + aor. inf.
1234 (σε) πάντων...σπεῖραι θνητῶν: *(namely) that (you)...*; ind. disc. with aor. inf. σπείρω governed by κομπάσαι
  μακρῷ: *by far*; 'by much,' dat. degree of difference modifying superlative ἀρίστας
  πάντων...θνητῶν: *of...*; partitive gen.
1235 ἀπάσας εἶπον: *I mean 'all (daughters)'*
  1s aor. here a past remark that remains unchanged: translate as present (S1938)
  ἐξόχως δ' ἐμέ: *but...*; still governed by εἶπον
1236 ἣ...ἐκλιποῦσα...ἥκω: *who...*; relative with 1s subject; aor. pple ἐκλείπω

παρ(ὰ) ἱστοῖς: *beside..., at...*
1237 ἐς μεῖζον(α): *for...; expressing purpose*; neut. comparative substantive: add 'things'
  θῆρας ἀγρεύειν χεροῖν: *(namely) to...*; in apposition to μείζονα; dual dat. of means
1238 ὡς ὁρᾷς,: *as...*; clause of comparison
  τάδε...τ(ὰ) ἀριστεῖα: translate in the singular
1239 λαβοῦσα: aor. pple λαμβάνω
  σοῖσι πρὸς δόμοις: *before..., near...*
1240 ὡς ἀγκρεμασθῇ: *so that it may...*; purpose with 3s aor. pass. subj.
  δέξαι χεροῖν: aor. imper. δέχομαι + dual dat.
1242 κάλει: κάλε-ε, sg. ε -contract imperative
1243 ἡμῶν...ἐξειργασμένων: gen. abs.. pf. mid.
1244 οἷόν τε (ἐστι): *it is fitting*; 'is the sort to,' οἷός τε εἰμί often means 'is able/possible'
1245 (ὑμῶν) φόνον...ἐξειργασμένων: gen. abs.
  ταλαίναις χερσὶν: dat. pl. of means, χείρ

καλὸν τὸ θῦμα καταβαλοῦσα δαίμοσιν
ἐπὶ δαῖτα Θήβας τάσδε κἀμὲ παρακαλεῖς.
οἴμοι κακῶν μὲν πρῶτα σῶν, ἔπειτ' ἐμῶν·
ὡς ὁ θεὸς ἡμᾶς ἐνδίκως μέν, ἀλλ' ἄγαν,
Βρόμιος ἄναξ ἀπώλεσ' οἰκεῖος γεγώς. 1250

Αγα. ὡς δύσκολον τὸ γῆρας ἀνθρώποις ἔφυ
ἔν τ' ὄμμασι σκυθρωπόν. εἴθε παῖς ἐμὸς
εὔθηρος εἴη, μητρὸς εἰκασθεὶς τρόποις,
ὅτ' ἐν νεανίαισι Θηβαίοις ἅμα
θηρῶν ὀριγνῷτ'· ἀλλὰ θεομαχεῖν μόνον 1255
οἷός τ' ἐκεῖνος. νουθετητέος, πάτερ,
σοὐστίν. τίς αὐτὸν δεῦρ' ἂν ὄψιν εἰς ἐμὴν
καλέσειεν, ὡς ἴδῃ με τὴν εὐδαίμονα;

Κα. φεῦ φεῦ· φρονήσασαι μὲν οἷ' ἐδράσατε
ἀλγήσετ' ἄλγος δεινόν· εἰ δὲ διὰ τέλους 1260

ἄγαν: excessively, too much,
ἀλγέω: to feel pain, suffer, 2
ἄλγος, -εος τό: pain, distress, grief, 2
ἀπ-όλλυμι: destroy, lose; *mid.* perish
γῆρας, τό: old age, 4
δαίς, δαιτός, ἡ: meal, feast, banquet, 4
δύσ-κολος, -ον: disappointed, hard to satisfy
εἴθε: would that…
εἰκάζω: liken, guess; *pass.* resemble (dat), 3
ἐν-δίκως: justly, fairly, in the right
ἔπειτα: then, thereupon, at that time, 3
εὔ-θηρος, -ον: good or successful at hunting
θεο-μαχέω: fight against the gods, 3
θῦμα, -ατος, τό: (sacrificial) offerings
κατα-βάλλω: throw/put down, overthrow, 2

κεῖνος (ἐκεῖνος), -η, -ον: that, those, 3
νεανίης, ὁ: young man, youth, 3
νουθετητέος, -ον: to be admonished/advised
οἰκεῖος, ὁ: a member of the family or household
οἴμοι: ah me!, woe's me! for…(gen), 2
ὄμμα, -ατος, τό: eye(s), face, 5
ὀριγνάομαι: stretch/strive after, aim at (gen)
ὅτε: when, at some time, 4
ὄψις, -εως, ἡ: sight, appearance, 2
παρα-καλέω: call to, summon, challenge
σκυθρωπός, -όν: sullen, gloomy, sad
τέλος, -εος, τό: end, finish; rites, offerings, 4
τρόπος, ὁ: manner, way; turn, direction, 3
φεῦ: ah, alas, woe, 2

1246 καλὸν τὸ θῦμα: Cadmus is being sarcastic
  δαίμοσιν: *for…*; dat. pl. of interest δαίμων
1247 ἐπὶ δαῖτα: *to…*; acc. place to which
1248 κακῶν μὲν πρῶτα σῶν: *first for…, first because of…*; gen. of cause is common with verbs or, as here, an interjection of emotion
  ἔπειτα ἐμῶν (κακῶν): *then…*, see note above
1249 ὡς…ἐνδίκως μέν, ἀλλ' ἄγαν: *How…!*; in exclamation; note the contrast in μέν and ἀλλά
1250 ἀπώλεσ(ε): aor. ἀπ-όλλυμι
  γεγώς: *(although)…*; concessive nom. pf. pple γίγνομαι, 'be born'
1251 ὡς δύσκολον…ἔφυ: *How…is (by nature)!*; in exclamation, aor. φύω is often translated as a present linking verb: 'is (by nature)' (e.g. 'grew

tall' is a near equivalent to 'be tall (by nature)'
  ἀνθρώποις: *for…*; dat. of interest
1252 εἴθε…εἴη,: *Would that…!*; εἴθε introduces an optative of wish, 3s pres. opt. εἰμί
1253 εἰκασθείς: nom. sg. aor. pass. εἰκάζω
1254 ὅτε…ὀριγνῷτ(αι): *when (he)…*; the verb governs a partitive gen.
1256 οἷός τε (ἐστίν): *is able*; idiom, 'is the sort'
  νουθετητέος σο(ι) (ἐ)στίν: *you must…*; 'is to be…(by you)' verbal adj. + ἐστίν + dat. of agent
1257 ἄν…καλέσειεν: *would…*; potential aor. opt.
  ὡς ἴδῃ: *so that…may*; purpose, aor. subj. ὁράω
1259 φρονήσασαι: *(if)…*; conditional aor. pple
  οἷ(α) ἐδράσατε: *what things…*; δράω
1260 ἀλγήσετ(ε): 2p fut. with cognate acc.

ἐν τῷδ' ἀεὶ μενεῖτ' ἐν ᾧ καθέστατε,
οὐκ εὐτυχοῦσαι δόξετ' οὐχὶ δυστυχεῖν.
Αγα. τί δ' οὐ καλῶς τῶνδ' ἢ τί λυπηρῶς ἔχει;
Κα. πρῶτον μὲν ἐς τόνδ' αἰθέρ' ὄμμα σὸν μέθες.
Αγα. ἰδού· τί μοι τόνδ' ἐξυπεῖπας εἰσορᾶν; 1265
Κα. ἔθ' αὑτὸς ἤ σοι μεταβολὰς ἔχειν δοκεῖ;
Αγα. λαμπρότερος ἢ πρὶν καὶ διειπετέστερος.
Κα. τὸ δὲ πτοηθὲν τόδ' ἔτι σῇ ψυχῇ πάρα;
Αγα. οὐκ οἶδα τοὔπος τοῦτο. γίγνομαι δέ πως
ἔννους, μετασταθεῖσα τῶν πάρος φρενῶν. 1270
Κα. κλύοις ἂν οὖν τι κἀποκρίναι' ἂν σαφῶς;
Αγα. ὡς ἐκλέλησμαί γ' ἃ πάρος εἴπομεν, πάτερ.
Κα. ἐς ποῖον ἦλθες οἶκον ὑμεναίων μέτα;
Αγα. Σπαρτῷ μ' ἔδωκας, ὡς λέγουσ', Ἐχίονι.
Κα. τίς οὖν ἐν οἴκοις παῖς ἐγένετο σῷ πόσει; 1275

ἀπο-κρίνομαι: respond, answer
διιπετής, -ές: transparent; fallen from the sky
δυσ-τυχέω: be unfortunate, unlucky
ἐκ-λανθάνω: forget utterly, completely forget
ἔν-νους, -ουν: sensible, thoughtful
ἐξ-υπειπεῖν: advise
ἔπος, -εος, τό: word
εὐ-τυχέω: be fortunate, prosperous, 2
λαμπρός, -ά, -όν: bright, brilliant
λυπηρός, -ά, -όν: painful, grievous, 2
μεθ-ίημι: let go, release, relax, send; give up, 5
μεθ-ίστημι: change, move, 4

μένω: to stay, remain, wait for, 5
μετα-βολή, ἡ: change, changing
ὄμμα, -ατος, τό: eye(s), face, 5
πάρος: before, previously; before, (gen), 4
ποῖος, -α, -ον: what sort of? what kind of?, 4
πόσις, ὁ: husband, spouse
πτοέω: make panic, scare; flutter, excite, 2
πως: somehow, in any way
Σπαρτός, -ή, -όν: the Spartoi, the 'Sown'
ὑμέναιος, ὁ: wedding song
ψυχή, ἡ: breath, life, spirit, soul, 2

1261 ἐν τῷδ(ε)...ἐν ᾧ καθέστατε,: *in this (state) in which...*; 2p pf. καθίστημι: 'have become' or 'are (in a certain state)' are acceptable
ἀεὶ μενεῖτ(ε): 2p fut. μένω (fut. μένε-)
1262 οὐκ εὐτυχοῦσαι: *(although)...*; pres. pple
δόξετ(ε) οὐχὶ δυστυχεῖν: *you seem...*; the mad women are not aware they are unfortunate
1263 καλῶς (ἔχει): *is good*; ἔχω ('holds,' 'is disposed') + adv. often translated as εἰμί + pred.
τῶνδ(ε): *of...*; partitive with τί
λυπηρῶς ἔχει: *is..*; see note above
1264 μέθες: *send*; 2s aor. imperative, μεθ-ίημι
1265 ἰδε(σ)ο: *look!*; aor. mid. imperative ὁράω
τί: *why...?*
1266 ἔτ(ι): *still*
(ὁ) αὐτὸς (ἐστίν): *(is it)...?*; i.e. the sky; crasis, αὐτὸς in the attributive position means 'same'
ἤ...δοκεῖ: *or...*; the sky is still subject

1267 ἢ πρὶν καὶ: *than before and...*
1268 τὸ πτοηθὲν τόδε: *this excitement, this distraction*; 'this panicked thing,' a substantive formed from neut. aor. pass. pple πτοέω
σῇ ψυχῇ: *in...*; dat. of compound or interest
πάρ(εστιν): *is present*
1269 τὸ (ἔ)πος τοῦτο
γίγνομαι...ἔννους: *I am coming to my senses*
1270 μετασταθεῖσα: aor. pass. pple μεθ-ίστημι
τῶν πάρος φρενῶν: *from...*; gen. of separation
1271 κλύοις ἄν...κα(ὶ) ἀποκρίναι(σο) ἄν: *would...?*; potential opt.: 2s pres. and aor. mid.
1272 ὡς ἐκλέλησμαί: *How...!*; 1s pf. mid.
ἃ πάρος εἴπομεν: *what...*; relative, 1p λέγω
1273 ὑμεναίων μέτα: *with...*; anastrophe
1274 ἔδωκας: 2s aor. δίδωμι
ὡς λέγουσ(ι): *as...*; parenthetical
1275 τίς...παῖς: *what son...*; aor. 'be born'

Αγα. Πενθεύς, ἐμῇ τε καὶ πατρὸς κοινωνίᾳ.
Κα. τίνος πρόσωπον δῆτ᾽ ἐν ἀγκάλαις ἔχεις;
Αγα. λέοντος, ὥς γ᾽ ἔφασκον αἱ θηρώμεναι.
Κα. σκέψαι νυν ὀρθῶς· βραχὺς ὁ μόχθος εἰσιδεῖν.
Αγα. ἔα, τί λεύσσω; τί φέρομαι τόδ᾽ ἐν χεροῖν; 1280
Κα. ἄθρησον αὐτὸ καὶ σαφέστερον μάθε.
Αγα. ὁρῶ μέγιστον ἄλγος ἡ τάλαιν᾽ ἐγώ.
Κα. μῶν σοι λέοντι φαίνεται προσεικέναι;
Αγα. οὔκ, ἀλλὰ Πενθέως ἡ τάλαιν᾽ ἔχω κάρα.
Κα. ᾠμωγμένον γε πρόσθεν ἢ σὲ γνωρίσαι. 1285
Αγα. τίς ἔκτανέν νιν; —πῶς ἐμὰς ἦλθεν χέρας;
Κα. δύστην᾽ ἀλήθει᾽, ὡς ἐν οὐ καιρῷ πάρει.
Αγα. λέγ᾽, ὡς τὸ μέλλον καρδία πήδημ᾽ ἔχει.
Κα. σύ νιν κατέκτας καὶ κασίγνηται σέθεν.
Αγα. ποῦ δ᾽ ὤλετ᾽; ἦ κατ᾽ οἶκον; ἦ ποίοις τόποις; 1290

ἀγκάλη, ἡ: bent arm, arm, 2
ἀθρέω: gaze at, observe, perceive, 2
ἄλγος, -εος τό: pain, distress, grief, 2
ἀλήθεια, ἡ: truth
βραχύς, -εῖα, -ύ: short, 2
γνωρίζω: recognize, make known, 3
δῆτα: certainly, to be sure, of course, 3
δύσ-τηνος, -ον: ill-suffering, wretched, 2
ἔα: ah! (exclamation of surprise or displeasure), 3
καιρός ὁ: right moment, due measure
καρδία, ἡ: the heart, 2
κασιγνήτη, ἡ: sister, 3
κατα-κτείνω: kill, slay, 2
κοινωνία, ἡ: union, association, partnership
λεύσσω: gaze upon, look on, 4

μανθάνω: to learn, understand, 5
μέγιστος, -η, -ον: greatest, biggest, best, 3
μέλλω: to be about to, intend to; delay, 5
μόχθος, ὁ: toil, exertion, hardship; pl. troubles, 5
μῶν : surely...not...? (anticipates a 'no' reply)
οἰμώζω: wail aloud, bewail, lament
ὄλλυμι: destroy, ruin; mid. perish, die, 3
πήδημα, -ατος, τό: leap, bound
ποῖος, -α, -ον: what sort of? what kind of?
προσ-έοικα: be like, resemble (dat)
πρόσθεν: before, (gen); adv. before, forward, 5
πρόσωπον, τό: face, visage, countenance, 2
σκέπτομαι: consider, examine, look
τόπος, ὁ: place, region
φάσκω: say, claim, assert, 2

1276 ἐμῇ τε καὶ πατρὸς: *of both...and (his)...*; subjective gen.; the possessive ἐμῇ = gen. μου
  κοινωνίᾳ: i.e. sexual intercourse
1277 τίνος πρόσωπον: *whose...?*; πρόσωπον means both 'face' and 'mask,' which is apt
1278 ὥς γ(ε)...: *as at least...*; clause of comparison, γε is emphatic and restrictive
  αἱ θηρώμεναι: *those...*; pres. mid. θηράω
1279 σκέψαι: aor. mid. imperative
  ὁ μόχθος (ἐστίν)
  εἰσιδεῖν: *to...*; explanatory aor. inf. εἰσοράω
1280 τί...τόδ᾽: *what is this that...?, what's this...?*
  χεροῖν: dual dat. χείρ
1281 ἄθρησον: 2s aor. imperative
  σαφέστερον: comparative adv.

μάθε: aor. imperative μανθάνω
1283 φαίνεται: *it seems*; impers. + dat. reference
  προσεικέναι: pf. act. inf. + dat. obj. λέοντι
1285 ᾠμωγμένον γε: *yes, (a head) bewailed (by me)*; pf. pass. οἰμώζω modifying κάρα
  πρόσθεν ἢ σὲ γνωρίσαι: *before...*; equivalent to πρίν + inf.: here, acc. subject and aor. inf.
1286 ἔκτανέν: aor. κτείνω
1287 δύστην(ε) ἀλήθει(α): vocative, dir. address
  ὡς...πάρει: *how you have come...*; 2s πάρ-ειμι
  ἐν καιρῷ: *at the right moment*
1288 ὡς...καρδία...ἔχει: *How my heart...!*
  τὸ μέλλον: *for what is to come*; acc. of respect
1290 ὤλετ(ο): 3s aor. mid. ὄλλυμι
  (ἐν) ποίοις τόποις: *In...?*; dat. of place where

Κα.	οὗπερ πρὶν Ἀκτέωνα διέλαχον κύνες.
Αγα.	τί δ' ἐς Κιθαιρῶν' ἦλθε δυσδαίμων ὅδε;
Κα.	ἐκερτόμει θεὸν σάς τε βακχείας μολών.
Αγα.	ἡμεῖς δ' ἐκεῖσε τίνι τρόπῳ κατήραμεν;
Κα.	ἐμάνητε, πᾶσά τ' ἐξεβακχεύθη πόλις. 1295
Αγα.	Διόνυσος ἡμᾶς ὤλεσ', ἄρτι μανθάνω.
Κα.	ὕβριν ⟨γ'⟩ ὑβρισθείς· θεὸν γὰρ οὐχ ἡγεῖσθέ νιν.
Αγα.	τὸ φίλτατον δὲ σῶμα ποῦ παιδός, πάτερ;
Κα.	ἐγὼ μόλις τόδ' ἐξερευνήσας φέρω.
Αγα.	ἦ πᾶν ἐν ἄρθροις συγκεκλημένον καλῶς; 1300
Κα.	*
Αγα.	Πενθεῖ δὲ τί μέρος ἀφροσύνης προσῆκ' ἐμῆς;
Κα.	ὑμῖν ἐγένεθ' ὅμοιος, οὐ σέβων θεόν.
	τοιγὰρ συνῆψε πάντας ἐς μίαν βλάβην,
	ὑμᾶς τε τόνδε θ', ὥστε διολέσαι δόμους
	κἄμ', ὅστις ἄτεκνος ἀρσένων παίδων γεγὼς 1305

Ἀκτέων, -ος (and Ἀκταίονός), ὁ: Actaeon, 4
ἄρθρον, τό: limb; joint, 2
ἄρσην, ἄρσενος: male, 3
ἄρτι: just, newly, recently, 4
ἄ-τεκνος, -ον: childless, without children
ἀ-φροσύνη, ἡ: folly, thoughtlessness, 2
βλάβη, ἡ: damage, harm; loss, ruin
δι-όλλυμι: destroy utterly; ruin utterly, 2
δια-λαγχάνω: divide, part by lot
δυσ-δαίμων, -ονος: ill-fated, 2
εἷς, μία, ἕν: one, single, alone, 3
ἐκ-βακχεύω: make or excite to frenzy
ἐκεῖ-σε: to there, thither, 4
ἐξ-ερεύνω: search for, track down, inquire
κατ-αίρω: swoop/sweep down (of birds/ships)
κερτομέω: taunt, sneer at

κύων, κυνός, ὁ, ἡ: dog, 4
μανθάνω: to learn, understand, 5
μέρος, -εος, τό: part, share, portion, 2
μόλις: scarcely, hardly, 2
ὄλλυμι: destroy, ruin; mid. perish, die, 3
ὅμοιος, -η, -ον: like, similar; adv likewise, 2
οὗ-περ: the very place where; where in fact
προσ-ήκω: belong to, concern, affect (dat)
σέβω: revere, honor, worship, 5
συγ-κλείω: connect together, shut in, enclose
συν-άπτω: join together, 3
τοι-γάρ: so then, therefore, accordingly, 3
τρόπος, ὁ: manner, way; turn, direction, 3
ὑβρίζω: commit outrage, insult, maltreat, 4
ὕβρις, ἡ: outrage, insolence, insult, pride, 5
φίλτατος, -η, -ον: dearest, most beloved, 5

1291 οὗπερ: *the very place where...*; relative adv.
διέλαχον: aor., after he saw Artemis nude
1292 τί: *why*
1293 ἐκερτόμει: *he attempted to..., he tried to...*;
conative impf. κερτομέω expressing intention
μολών: aor. pple βλώσκω (aor. ἔμολον)
1294 τίνι τρόπῳ: *In what way...?*; dat. of manner
κατήραμεν: 1p aor. κατ-αίρω
1295 ἐμάνητε: 2p aor. pass. μαίνομαι, 'be driven mad'
ἐξεβακχεύθη: 2s aor. passive
1296 ὤλεσε: 3s aor. act. ὄλλυμι, 'destroy'
1297 ὕβριν ⟨γ'⟩ ὑβρισθείς: *yes, insulted with insolence...*; nom. sg. aor. pass. pple modifying Διόνυσος in reply; ὕβριν is a cognate acc. making Cadmus' point emphatic
ἡγεῖσθέ: impf. mid. ἡγέομαι, 'believe,' ll. 27-
1298 ποῦ (ἐστίν): *where (is)...?*
1299 ἐξερευνήσας: nom. sg. aor. pple
1300 ἦ πᾶν (ἐστίν): *(Is) everything...?*
συγκεκλημένον: pf. pass. συγ-κλείω
1302 ἀφροσύνης ἐμῆς: *of...*; partitive with μέρος
προσῆκ(ε): impf. προσ-ήκω
1303 συνῆψε: aor. συνάπτω; Dionysus is subject
ὑμᾶς τε τόνδε...ἔμε: in apposition to πάντας
1304 ὥστε διολέσαι: *so as to...*; result + aor. inf.

τῆς σῆς τόδ' ἔρνος, ὦ τάλαινα, νηδύος
αἴσχιστα καὶ κάκιστα κατθανόνθ' ὁρῶ,
ᾧ δῶμ' ἀνέβλεφ'—ὃς συνεῖχες, ὦ τέκνον,
τοὐμὸν μέλαθρον, παιδὸς ἐξ ἐμῆς γεγώς,
πόλει τε τάρβος ἦσθα· τὸν γέροντα δὲ   1310
οὐδεὶς ὑβρίζειν ἤθελ' εἰσορῶν τὸ σὸν
κάρα· δίκην γὰρ ἀξίαν ἐλάμβανες.
νῦν δ' ἐκ δόμων ἄτιμος ἐκβεβλήσομαι
ὁ Κάδμος ὁ μέγας, ὃς τὸ Θηβαίων γένος
ἔσπειρα κἀξήμησα κάλλιστον θέρος.   1315
ὦ φίλτατ' ἀνδρῶν—καὶ γὰρ οὐκέτ' ὢν ὅμως
τῶν φιλτάτων ἔμοιγ' ἀριθμήσῃ, τέκνον—
οὐκέτι γενείου τοῦδε θιγγάνων χερί,
τὸν <μητρὸς> αὐδῶν <πατέρα> προσπτύξῃ, τέκνον,
λέγων· Τίς ἀδικεῖ, τίς σ' ἀτιμάζει, γέρον;   1320

ἀ-δικέω: to be unjust, do wrong to, injure, 4
αἰσχρός, -ά, -όν: shameful, disgraceful, 4
ἀνα-βλέπω: look up at (dat)
ἀριθμέω: count
ἀ-τιμάζω: dishonor, insult
ἄ-τιμος, -ον: dishonored, unhonored, 3
αὐδάω: tell, say, speak, utter, 3
γένειον, τό: chin
ἔγω-γε: I, for my part, 4
ἐκ-βάλλω: throw out of, cast away, expel, 5
ἐξ-αμάω: reap, mow, harvest
ἔρνος, -εος, τό: offspring; sprout, shoot, 2

ἥκιστα: least
θέρος, -εος, τό: harvest; summer, 2
θιγγάνω (aor. θιγ): touch, take hold of (gen.), 4
κατα-θνήσκω: die; ~be killed, 2
νηδύς, -ύος, ἡ: body cavity, stomach, belly, 3
οὐκ-έτι: no longer, no more, 5
προσ-πτύσσω: embrace, enfold (dat)
σπείρω: sow, plant, 4
συν-έχω: hold together, 2
τάρβος, -εος, τό: an object of alarm or terror
ὑβρίζω: commit outrage, insult, maltreat, 4
φίλτατος, -η, -ον: dearest, most beloved, 5

1306 τῆς σῆς...νηδύος: *of your belly*; i.e. womb
1307 αἴσχιστα, κάκιστα: superlative advs.
  κατθανόν(τα): *killed*; aor. pple κατα-θνήσκω, 'die,' is used as the passive for κατα-κτείνω; seen also in ll. 1226
1308 ᾧ δῶμ(α) ἀνέβλε(πε): *to whom the house was looking up at (in hope)*; i.e. all hope with the house of Cadmus lay with Pentheus
  ὃς συνεῖχες... τὸ (ἐ)μὸν μέλαθρον: *(you) who...*; 2s relative addressing Pentheus' corpse
1309 γεγώς: nom. pf. pple γίγνομαι, 'be born'
1310 πόλει: *for...*; dat. of interest πόλις
  ἦσθα: 2s impf. εἰμί
  τὸν γέροντα: i.e. Cadmus himself
1311 ἤθελ(ε): *was willing*; i.e. would dare to
1312 ἐλάμβανες: *you used to receive, you would receive*; customary impf.; in this case exacting punishments from others
1313 ἄ-τιμος: predicative: translate after the verb

ἐκβεβλήσομαι: fut. pass. ἐκ-βάλλω
1314 ὁ Κάδμος ὁ μέγας: in apposition to 1s subj., μέγας in attributive position with Κάδμος
  ὅς...ἔσπειρα κα(ὶ) (ἐ)ξήμησα: *who...*; 1s aor. σπείρω and ἐξ-αμάω
1315 κάλλιστον θέρος: i.e. the Spartoi
1316 καὶ γὰρ...ὢν: *for although...*; καὶ, 'even,' indicates the pple εἰμί is concessive in sense
1317 τῶν φιλτάτων: *among...*; partitive gen.
  ἀριθμήσε(σ)αι: *you...*; 2s fut. pass. in meaning but fut. mid. in form, ἀριθμέω, i.e. considered
1318 γενείου τοῦδε: partitive gen., obj. of verb
  χερί: *with...*; dat. of means χείρ
1319 τὸν...<πατέρα> *calling his mother's father*
  προσπτύξε(σ)αι: 2s fut. mid.; add obj. με
1320 Τίς ἀδικεῖ...γέρον;: an imagined direct quote from Pentheus to Cadmus following λέγων; γέρον is voc. direct address

τίς σὴν ταράσσει καρδίαν λυπηρὸς ὤν;
λέγ', ὡς κολάζω τὸν ἀδικοῦντά σ', ὦ πάτερ.
νῦν δ' ἄθλιος μέν εἰμ' ἐγώ, τλήμων δὲ σύ.
οἰκτρὰ δὲ μήτηρ, τλήμονες δὲ σύγγονοι.
εἰ δ' ἔστιν ὅστις δαιμόνων ὑπερφρονεῖ, 1325
ἐς τοῦδ' ἀθρήσας θάνατον ἡγείσθω θεούς.
Χο. τὸ μὲν σὸν ἀλγῶ, Κάδμε· σὸς δ' ἔχει δίκην
παῖς παιδὸς ἀξίαν μέν, ἀλγεινὴν δὲ σοί.
Αγα. ὦ πάτερ, ὁρᾷς γὰρ τἄμ' ὅσῳ μετεστράφη...
*
Δι. δράκων γενήσῃ μεταβαλών, δάμαρ τε σὴ 1330
ἐκθηριωθεῖσ' ὄφεος ἀλλάξει τύπον,
ἣν Ἄρεος ἔσχες Ἁρμονίαν θνητὸς γεγώς.
ὄχον δὲ μόσχων, χρησμὸς ὡς λέγει Διός,
ἐλᾷς μετ' ἀλόχου, βαρβάρων ἡγούμενος.
πολλὰς δὲ πέρσεις ἀναρίθμῳ στρατεύματι 1335

ἀ-δικέω: to be unjust, do wrong to, injure, 4
ἀθρέω: gaze at, observe, perceive, 2
ἀλγεινός, -ή, -όν: painful, grievous
ἀλγέω: feel pain, suffer, grieve for, 2
ἀλλάσσω: to change, exchange, alter, 3
ἄλοχος, ὁ: wife, bedmate
ἀν-άριθμος, -ον: without number, countless
Ἄρης, -εος, ὁ: Ares, god of bloody war, 4
Ἁρμονία, ἡ: Harmonia; Harmony, 3
δάμαρ, δάμαρτος, ἡ: wife, 2
ἐκ-θηριόω: turn into a beast, make savage
ἐλαύνω: drive; march, 2 θάνατος, ὁ: death, 2
καρδία, ἡ: the heart, 2 κολάζω: punish
λυπηρός, -ά, -όν: grievous, in pain, 2

μετα-βάλλω: change, alter, turn about, 2
μετα-στρέφω: turn about, turn round
μόσχος, ὁ,ἡ: calf; heifer (f), young bull (m), 4
οἴκτρος, -η, -ον: pitiable, pitiful, miserable, 2
ὄφις, ὄφεος, ὁ: serpent, snake, 3
ὄχος, ὁ: carriage, 2
πέρθω (fut. πέρσω): sack, ravage
στράτευμα, -ατος, τό: army, military force
σύγ-γονος, ἡ: sister sibling; of the same blood, 3
ταράσσω: trouble, disturb, stir up, 2
τύπος, ὁ: form, shape, mold, imprint
ὑπερ-φρονέω: be over-proud, have high-thoughts; look down upon (gen);
χρησμός, ὁ: oracle

1321 τίς σὴν ταράσσει...πάτερ: Cadmus still imagines Pentheus' saying these words
1322 λέγ(ε)
ὡς κολάζω: so that...may...; purpose with 1s pres. subjunctive
τὸν ἀδικοῦντά: the one...;
1323 σύ (εἶ): add linking verb
1324 μήτηρ (ἐστίν): your mother (is)...
σύγγονοι (εἰσίν): add linking verb
1325 ἔστιν ὅστις: anyone; lit. 'there is anyone who,' a common idiom (S2513)
ὑπερφρονεῖ: looks down upon + gen.
1326 ἐς τοῦδε...θάνατον: upon..., at...
ἀθρήσας: aor. pple ἀθρέω
ἡγείσθω: let him...; 3s imperative, ἡγέομαι,

θεούς (εἶναι): that the gods (exist); add inf. 'believe'
1327 τὸ μὲν σὸν: your own; i.e. lot or fate
σὸς δ'...παῖς παιδὸς: but your child's child...
1328 τὰ (ἔ)μα ὅσῳ μετεστράφη: by how much my own affairs were changed; ind. question, 3s aor. pass.; ὅσῳ is dat. of degree of difference
1330 γενήσε(σ)αι: 2s fut. γίγνομαι; i.e .Cadmus
1331 ἐκθηριωθεῖσ(α): aor. pass. pple ἐκ-θηριόω
ἀλλάξει: will take in exchange (acc); fut.
1332 ἣν Ἄρεος ἔσχες...: whom--Harmonia (daughter) of Ares—you had, though born mortal,; both spouses will turn into snakes
χρησμὸς ὡς λέγει Διός: as the oracle of...
ἐλᾷς: 2s fut. ἐλαύνω ἡγούμενος: leading

πόλεις· ὅταν δὲ Λοξίου χρηστήριον
διαρπάσωσι, νόστον ἄθλιον πάλιν
σχήσουσι· σὲ δ' Ἄρης Ἁρμονίαν τε ῥύσεται
μακάρων τ' ἐς αἶαν σὸν καθιδρύσει βίον.
ταῦτ' οὐχὶ θνητοῦ πατρὸς ἐκγεγὼς λέγω   1340
Διόνυσος, ἀλλὰ Ζηνός· εἰ δὲ σωφρονεῖν
ἔγνωθ', ὅτ' οὐκ ἠθέλετε, τὸν Διὸς γόνον
εὐδαιμονεῖτ' ἂν σύμμαχον κεκτημένοι.

Κα. Διόνυσε, λισσόμεσθά σ', ἠδικήκαμεν.
Δι. ὄψ' ἐμάθεθ' ἡμᾶς, ὅτε δὲ χρῆν, οὐκ ᾔδετε.   1345
Κα. ἐγνώκαμεν ταῦτ'· ἀλλ' ἐπεξέρχῃ λίαν.
Δι. καὶ γὰρ πρὸς ὑμῶν θεὸς γεγὼς ὑβριζόμην.
Κα. ὀργὰς πρέπει θεοὺς οὐχ ὁμοιοῦσθαι βροτοῖς.
Δι. πάλαι τάδε Ζεὺς οὑμὸς ἐπένευσεν πατήρ.
Αγα. αἰαῖ, δέδοκται, πρέσβυ, τλήμονες φυγαί.   1350

ἀ-δικέω: to be unjust, do wrong, injure, 4
αἶα, ἡ: earth, land
αἰαῖ: ah! (exclamation of grief)
Ἄρης, -εος, ὁ: Ares, god of bloody war, 4
Ἁρμονία, ἡ: Harmonia; Harmony, 3
βίος, ὁ: life, 3
γιγνώσκω: come to know, learn, realize, 4
γόνος, ὁ: offspring, a child; family, 5
δι-αρπάζω: plunder, ransack, take away
ἐκ-γίγνομαι: be born from
ἐπ-εξ-έρχομαι: go out against, attack
ἐπι-νεύω: nod to, assent to
εὐ-δαιμονέω: be well off, be happy
καθ-ιδρύω: set down, establish, place
κτάομαι: acquire, take possession of, 4
λίαν: too much, exceedingly, 2

λίσσομαι: pray, beg, beseech
Λοξίας, -ου, ὁ: Loxias (epithet for Apollo)
μανθάνω: to learn, understand, 5
νόστος, ὁ: return, return home
ὁμοιόω: liken; mid. are like/similar to (dat)
ὀργή, ἡ: anger; passion; temperment, 5
ὅτε: when, at some time, 4
ὀψέ: late, after a long time
πάλαι: long ago, long, all along, 2
πρέπω: be like, resemble (dat); it is fitting, 3
πρέσβυς, ὁ: old man, elder, 4
ῥύομαι: rescue, deliver; draw out
σύμ-μαχος, -ον: allied; *subst.* ally
ὑβρίζω: commit outrage, insult, maltreat, 4
φυγή, ἡ: exile, flight, escape, 3
χρηστήριον, τό: the oracle (a place)

1336 ὅταν...διαρπάσωσι,: *whenever..*; general temporal clause with 3p aor. subj.
1337 σχήσουσι: 3p fut. ἔχω
1338 μακάρων ἐς αἶαν: *to the land of the Blessed*
1339 καθιδρύσει: fut. καθ-ιδρύω
1340 ταῦτ(α): acc. obj. of λέγω
   οὐχὶ θνητοῦ πατρὸς: *not from...*; gen. origin
   ἐκγεγὼς: nom. sg. pf. pple ἐκ-γίγνομαι
1341 Ζηνός: *from...*; gen. of origin, Ζεύς
   εἰ ἔγνω(τε), εὐδαιμονεῖτε ἄν: *if you had known...; you would be...*; contrary to fact condition (εἰ aor., impf.); 2p aor. γιγνώσκω and an 2p unaugmented impf. εὐδαιμονέω
   σωφρονεῖν: *(how) to think soundly*
1343 ὅτ(ε) οὐκ ἠθέλετε: *when...*; 2p impf. ἐθέλω

σύμμαχον: *as...*; predicative
κεκτημένοι: pf. mid. pple
1344 ἠδικήκαμεν: 1p pf.
1345 ὄψ(ε) ἐμάθε(τε): 2p aor. μανθάνω
   χρῆν: impf. χρή
   οὐκ ᾔδετε: *you did know know (us);* = ᾔδειτε, 2p plpf οἶδα (plpf. in form but impf. in sense)
1346 ἐγνώκαμεν: 1p γιγνώσκω
   ἐπεξέρχε(σ)αι: 2s pres. mid.
1347 πρὸς ὑμῶν: *at your hands*; 'by you'
1348 ὀργὰς: *in...*; acc. of respect
   πρέπει: *it is fitting*; impersonal
   θεοὺς οὐχ ὁμοιοῦσθαι βροτοῖς: *that the gods...*
1350 δέδοκται: *has been decreed*; pf. pass. δοκεῖ with 3p subject (translate pl. subject as sg.)

Δι. τί δῆτα μέλλεθ' ἅπερ ἀναγκαίως ἔχει;
Κα. ὦ τέκνον, ὡς ἐς δεινὸν ἤλθομεν κακὸν
<πάντες,> σύ θ' ἡ τάλαινα σύγγονοί τε σαί,
ἐγώ θ' ὁ τλήμων· βαρβάρους ἀφίξομαι
γέρων μέτοικος· ἔτι δέ μοι τὸ θέσφατον   1355
ἐς Ἑλλάδ' ἀγαγεῖν μιγάδα βάρβαρον στρατόν.
καὶ τὴν Ἄρεως παῖδ' Ἁρμονίαν, δάμαρτ' ἐμήν,
δράκων δρακαίνης <φύσιν> ἔχουσαν ἀγρίαν
ἄξω 'πὶ βωμοὺς καὶ τάφους Ἑλληνικούς,
ἡγούμενος λόγχαισιν· οὐδὲ παύσομαι   1360
κακῶν ὁ τλήμων, οὐδὲ τὸν καταιβάτην
Ἀχέροντα πλεύσας ἥσυχος γενήσομαι.
Αγα. ὦ πάτερ, ἐγὼ δὲ σοῦ στερεῖσα φεύξομαι.
Κα. τί μ' ἀμφιβάλλεις χερσίν, ὦ τάλαινα παῖ,
ὄρνις ὅπως κηφῆνα πολιόχρων κύκνος;   1365

ἄγριος, -α, -ον: wild, fierce; cruel, 3
ἀμφι-βάλλω: put around, put upon; embrace, 3
ἀναγκαῖος, -η, -ον: necessary, inevitable
Ἄρης, -εος, ὁ: Ares, god of bloody war, 4
Ἁρμονία, ἡ: Harmonia; Harmony, 3
ἀφ-ικνέομαι: come to, arrive at, 2
Ἀχέρων, ὁ: Acheron (river in the Underworld)
βωμός, ὁ: altar, platform, 2
δάμαρ, δάμαρτος, ἡ: wife, 2
δῆτα: certainly, to be sure, of course, 3
δράκαινα, -ης, ἡ: serpent, female serpent
Ἑλληνικός, -ή, -όν: Hellenic, Greek
ἥσυχος, -ον: quiet, still, calm, at peace, 4
θέσ-φατον, τό: divine decree, prophecy
καται-βάτης, -ου, ὁ: downward-leading

κηφήν, κηφῆνος, ὁ: drone; helpless parent
κύκνος, ὁ: swan
λόγχη, ἡ: spear-head, javelin-head, 2
μέλλω: to be about to, intend to; delay, 5
μέτ-οικος, ὁ, ἡ: resident alien, metic
μιγάς, -αδος, ὁ ἡ: mixed, mixed up, 2
ὅπως: how, in what way; (in order) that, 3
ὄρνις, ὄρνιθος, ὁ, ἡ: bird, 3
πλέω: sail, go by sea, 2
πολιό-χρως, -ωτος: white, white-colored
στερέω: deprive, rob, despoil
στρατός, ὁ: army, 2
σύγ-γονος, ἡ: sister sibling; of the same blood, 3
τάφος, ὁ: tomb, grave; burial, funeral, 3
φύσις, -εως, ἡ: nature, character; birth, 4

1351 τί δῆτα μέλλε(τε): *why then do you delay*
ἅπερ ἀναγκαίως ἔχει: *the very things which...*;
ἔχω ('holds,' 'is disposed') + adv. is often translated as εἰμί + pred.
1352 ὡς ἐς δεινὸν...κακόν: *into how...!*; in exclamation;; 1p aor. ἔρχομαι
1353 σύ...σύγγονοί...ἐγώ: in apposition to πάντες
1354 ἀφίξομαι: fut.
1355 γέρων μέτοικος: in apposition to 1s subject
μοι (ἐστίν) τὸ θέσφατον: *I have a divine decree*; 'there is to me a decree' dat. possession
1356 ἀγαγεῖν: *to...*; aor. inf. ἄγω, 'lead'
1358 δράκων...ἄξω: *I a serpent, will lead her, having the fierce nature of a serpent*; fut. ἄγω

(ἐ)πὶ βωμούς...Ἑλληνικούς: *toward...*
1360 ἡγούμενος λόγχαισιν·: *leading their spears*
παύσομαι: fut. mid. παύω
1361 κακῶν: *from...*; gen. of separation
1362 πλεύσας: nom. sg. aor. pple πλέω
γενήσομαι: fut.
1363 σοῦ: *from...*; gen. of separation
στερεῖσα: aor. pass. στερέω; fut. mid. φεύγω
1364 τί : *why...?*
χερσίν: dat. pl. of means, χείρ
1365 ὄρνις ὅπως (ἀμφιβάλλει) κηφῆνα...: *just as ...*; clause of comparison about the affection between a parent and child; add the verb; ὄρνις πολιόχρων κύκνος all refer to a single subject

Αγα. ποῖ γὰρ τράπωμαι πατρίδος ἐκβεβλημένη;
Κα. οὐκ οἶδα, τέκνον· μικρὸς ἐπίκουρος πατήρ.
Αγα. χαῖρ', ὦ μέλαθρον, χαῖρ', ὦ πατρία
πόλις· ἐκλείπω σ' ἐπὶ δυστυχίᾳ
φυγὰς ἐκ θαλάμων. 1370
Κα. στεῖχέ νυν, ὦ παῖ, τὸν Ἀρισταίου ...
*
Αγα. στένομαί σε, πάτερ.   Κα.   κἀγὼ ⟨σέ⟩, τέκνον,
καὶ σὰς ἐδάκρυσα κασιγνήτας.
Αγα. δεινῶς γὰρ τάνδ' αἰκείαν
Διόνυσος ἄναξ τοὺς σοὺς εἰς 1375
οἴκους ἔφερεν.
Δι. καὶ γὰρ ἔπασχον δεινὰ πρὸς ὑμῶν,
ἀγέραστον ἔχων ὄνομ' ἐν Θήβαις.
Αγα. χαῖρε, πάτερ, μοι.   Κα.   χαῖρ', ὦ μελέα
θύγατερ. χαλεπῶς ⟨δ'⟩ ἐς τόδ' ἂν ἥκοις. 1380

ἀγέραστος, -ον: without a gift of honor
αἰκεία (αἰκία), ἡ: outrage, suffering, misery
Ἀρισταῖος, ὁ: Aristaeus, 2
δακρύω: cry (for), weep (for), tear up
δυσ-τυχία, ἡ: bad fortune, bad luck, 2
ἐκ-βάλλω: throw out of, cast away, expel, 5
ἐκ-λείπω: to leave, forsake, abandon, 6
ἐπίκουρος, ὁ: ally, protector
θάλαμος, ὁ: bedchamber, chamber, room
κασιγνήτη, ἡ: sister, 3
μέλαθρον, τό: house; ceiling beam, roof, 7

μέλεος, -α, -ον: unhappy
μικρός, -ά, -όν: small, little
ὄνομα, ὀνόματος, τό: name, expression, 5
πάτριος, -α, -ον: ancestral, of the father, 2
πατρίς, πατρίδος, ἡ: fatherland, 2
ποῖ: (to) where?, whither?, 3
στένω: bemoan, moan for, grieve for
τρέπω: turn; rout
φυγάς, -άδος, ὁ ἡ: exile, fugitive
χαλεπός, -ά, -όν: difficult, hard, harmful

1366 τράπωμαι: *am I to...*; deliberative subj. 1st aor. mid. τρέπω
  πατρίδος: *from...*; gen. of separation
  ἐκβεβλημένη: pf. pass. pple ἐκ-βάλλω
1367 μικρός: *poor*
  πατήρ (ἐστι): *your father*; Cadmus is referring just to himself; add verb
1368 χαῖρ(ε): *farewell!*
1369 ἐπὶ δυστυχίᾳ: *in...*
1371 τὸν Ἀρισταίου: *(to) the (house) of Aristaeus*; part of the line is lost
1372 κ(αὶ) ἐγώ (στένομαί) ⟨σέ⟩: *I also...*; ellipsis; diamond brackets mark text that the editor wishes to add
1373 ἐδάκρυσα: *I break into tears for...*; ingressive aor.
1375 τοὺς σοὺς εἰς οἴκους: *into...*

1376 ἔφερεν: *kept bringing*; iterative impf. φέρω
1377 καὶ γάρ: *(yes) for in fact...*; καί is adverbial
  ἔπασχον: *I kept...*; iterative impf. πάσχω in response to the previous line
  δεινά: neut. acc. substantive: supply 'things'
  πρὸς ὑμῶν: *at your hands*; 'by you,' expressing agency just as ὑπό + gen.
1379 χαῖρ(ε): *farewell!*
  μοι: *please*; or 'I beg you;' an ethical dative is a variant of dat. of interest but is used to mark the interest of the speaker or confirm the interest of the addressee (S1486)
1380 χαλεπῶς: *with difficulty*
  ἐς τόδ': i.e. τὸ χαίρειν, 'faring well'
  ἂν ἥκοις: *you might...*; potential opt.

Αγα. ἄγετ', ὦ πομποί, με κασιγνήτας
ἵνα συμφυγάδας ληψόμεθ' οἰκτράς.
ἔλθοιμι δ' ὅπου
μήτε Κιθαιρὼν ⟨ἔμ' ἴδοι⟩ μιαρὸς
μήτε Κιθαιρῶν' ὄσσοισιν ἐγώ, 1385
μήθ' ὅθι θύρσου μνῆμ' ἀνάκειται·
Βάκχαις δ' ἄλλαισι μέλοιεν.
Χο. πολλαὶ μορφαὶ τῶν δαιμονίων,
πολλὰ δ' ἀέλπτως κραίνουσι θεοί·
καὶ τὰ δοκηθέντ' οὐκ ἐτελέσθη, 1390
τῶν δ' ἀδοκήτων πόρον ηὗρε θεός.
τοιόνδ' ἀπέβη τόδε πρᾶγμα.

ἀ-δόκητος, -ον: unexpected
ἄ-ελπτος, -ον: unexpected; hopeless
ἀνά-κειμαι: be laid up, be set up, 2
ἀπο-βαίνω: turn out, result; step or go out, 2
δαιμόνιον, τό: a divine thing, a divine being, 2
κασιγνήτη, ἡ: sister, 3
κραίνω: accomplish, bring to pass
μέλω: μέλει, there is a care for (dat., gen.), 5
μή-τε: and not, 3
μιαρός, -ή, -όν: polluted, defiled (by blood)
μνῆμα, -ατος, τό: memorial, record, 2

μορφή, ἡ: form, shape, 4
ὅ-θι: where
οἴκτρος, -η, -ον: pitiable, pitiful, miserable, 2
ὅπου: where; somewhere, 2
ὄσσε, τώ: two eyes (dual), 4
πομπός, ὁ: guide, messenger, 3
πόρος, ὁ: a way, path; means, plenty
πρᾶγμα, -ατος, τό: deed, matter; affair, 2
συμ-φυγάς, -αδος, ὁ, ἡ: fellow-exile
τελέω: accomplish, perform, pay; be classified, 4
τοιόσδε, -άδε, -όνδε: such, this (here) sort, 5

1381 ἄγετ(ε)...με: pl. imperative
κασιγνήτας ἵνα...ληψόμεθα: where...;
relative clause with 1p fut. λαμβάνω
1382 συμφυγάδας οἰκτράς: as...; predicative
ἔλθοιμι: May I...; opt. of wish, 1s aor. opt.
ἔρχομαι
1383 ὅπου μήτε...ἴδοι: where neither...sees...;
relative clause, 3s aor. opt. ὁράω is attracted
into the optative by ἔλθοιμι in the main clause
1385 Κιθαιρῶν(α)...ἐγώ (ἴδοιμι): I...; add verb
ὄσσοισιν: with...; dat. of mean
1386 ἀνάκειται: is dedicated; 'is set up'
1387 Βάκχαις δ' ἄλλαισι: for...; dat. of interest
μέλοιεν: May they be a concern; i.e. Κιθαιρὼν
and θύρσου μνῆμα; 3p opt. of wish, μέλω

1388 πολλαὶ (εἰσι): add linking verb
1389 πολλὰ: neuter acc. pl.: add 'things'
1390 τὰ δοκηθέντ(α): things expected; aor. pass.
pple δοκέω
ἐτελέσθη: gnomic aorist expressing a general
truth: translate as present; 3s aor. pass. τελέω
1391 τῶν ἀδοκήτων: for things...
ηὗρε: gnomic aorist: translate as present; 3s
aor. εὑρίσκω
1392 τοιόνδε: such; i.e. as summarized above;
neuter nom. pred.
ἀπέβη: 3s aor. ἀπο-βαίνω; τόδε πρᾶγμα is
subject

Glossary

Declensions

	βάκχη, -ης, ἡ: bacchante		θεός, -οῦ, ὁ: god		ὁ παῖς, τοῦ παιδός - child	
Nom.	ἡ βάκχη	αἱ βάκχαι	ὁ θεός	οἱ θεοί	ὁ παῖς	οἱ παῖδ-ες
Gen.	τῆς βάκχης	τῶν βακχῶν	τοῦ θεοῦ	τῶν θεῶν	τοῦ παιδ-ός	τῶν παίδ-ων
Dat.	τῇ βάκχῃ	ταῖς βάκχαις	τῷ θεῷ	τοῖς θεοῖς	τῷ παιδ-ί	τοῖς παι-σί(ν)
Acc.	τὴν βάκχην	τὰς βάκχας	τὸν θεόν	τοὺς θεούς	τὸν παῖδ-α	τοὺς παῖδ-ας

Personal Pronouns

Nom.	ἐγώ		I	ἡμεῖς	we
Gen.	ἐμοῦ	μου	my	ἡμῶν	our
Dat.	ἐμοί	μοι	to me	ἡμῖν	to us
Acc.	ἐμέ		me	ἡμᾶς	us
Nom.	σύ		you	ὑμεῖς	you
Gen.	σοῦ	σου	your	ὑμῶν	your
Dat.	σοί	σοι	to you	ὑμῖν	to you
Acc.	σέ		you	ὑμᾶς	you
Nom.	αὐτός	(himself)	αὐτή	(herself)	αὐτό	(itself)
Gen.	αὐτοῦ	his	αὐτῆς	her	αὐτοῦ	its
Dat.	αὐτῷ	to him	αὐτῇ	to her	αὐτῷ	to it
Acc.	αὐτόν	him	αὐτήν	her	αὐτό	it
Nom.	αὐτοί	(themselves)	αὐταί	(themselves)	αὐτά	(themselves)
Gen.	αὐτῶν	their	αὐτῶν	their	αὐτῶν	their
Dat.	αὐτοῖς	to them	αὐταῖς	to them	αὐτοῖς	to them
Acc.	αὐτούς	them	αὐτάς	them	αὐτά	them

Relative Pronoun – who, which, that

	m.	f.	n.	m.	f.	n.
Nom.	ὅς	ἥ	ὅ	οἵ	αἵ	ἅ
Gen.	οὗ	ἧς	οὗ	ὧν	ὧν	ὧν
Dat.	ᾧ	ᾗ	ᾧ	οἷς	αἷς	οἷς
Acc.	ὅν	ἥν	ὅ	οὕς	ἅς	ἅ

Indefinite Relative Pronoun – whoever, anyone who; whatever, anything which

Nom.	ὅστις	ἥτις	ὅτι (ὅ τι)
Gen.	οὗτινος (ὅτου)	ἧστινος	οὗτινος (ὅτου)
Dat.	ᾧτινι (ὅτῳ)	ᾗτινι	ᾧτινι (ὅτῳ)
Acc.	ὅντινα	ἥντινα	ὅτι (ὅ τι)
Nom.	οἵτινες	αἵτινες	ἅτινα
Gen.	ὧντινων (ὅτων)	ὧντινων	ὧντινων (ὅτων)
Dat.	οἷστισιν (ὅτοις)	αἷστισιν	οἷστισιν (ὅτοις)
Acc.	οὕστινας	ἅστινας	ἅτινα

Correlative Adverbs and Pronouns

Frequency of Correlative Adverbs in Euripides' *Bacchae*

Interrogative	Indefinite	Demonstrative	Relative	Indefinite Relative
ποῦ [6] *where?*	που [2] *somewhere*	ἐνθάδε [1] *here* ἔνθα [7] *there* ἐκεῖ [7] *there*	οὗ [4] οὗ-περ [1] *where*	ὅπου [2] *where(ver)*
ποῖ [3] *to where?*	ποι *to somewhere*	δεῦρο [7] *to here* ἐνθάδε [1] *to here* (ἐ)κεῖσε [1] *to there*	οἷ *to where*	ὅποι *to where(ver)*
πόθεν [4] *from where?*	ποθεν *from anywhere*	ἐνθένδε [2] *from here* (ἐ)κεῖθεν [1] ἐντεῦθεν [2] *from there*	ὅθεν *from where*	ὁπόθεν *from where(ver)*
πότε *when?*	ποτέ [17] *at some time ever, then*	τότε [5] *at that time, then*	ὅτε [4] *when* ὅταν [10] *whenever*	ὁπότε *when(ever)* ὁπότ-αν [1] *when(ever)*
πῶς [7] *how?*	πως [1] *somehow*	ὧδε [1], οὕτως [2] *thus, so in this way*	ὡς [70] *how, as*	ὅπως [3] *how(ever)*

Frequency of Correlative Pronouns in Euripides' *Bacchae*

Interrogative	Indefinite	Demonstrative	Relative	Indefinite Relative
τίς, τί [56] *who, what?*	τις, τι [36] *someone/thing anyone/thing*	ὅδε [118] οὗτος [28] *this* (ἐ)κεῖνος [7] *there*	ὅς, ἥ, ὅ [122] *who, which*	ὅστις, ἥτις, ὅ τι [10] *anyone who, whoever*
πότερος [3] *which of two?*	ποτερος *one of two*	ἕτερος [5] *one (of two)*	ὁπότερος [1] *which of two*	
πόσος *how much?*	ποσός *of some amount*	τοσός τοσοῦτος *so much/many* τοσόσδε [1] *so much/many*	ὅσος [13] *as much/ many as*	ὁπόσος [1] *of however many, as many as*
ποῖος [1] *of what sort?*	ποιός *of some sort*	τοιόσδε [5] *such* τοιοῦτος *such*	οἷος [8] *of which sort, such as, as*	ὁποῖος [1] *of whatever sort*
πηλίκος *how old/large?*	πηλικος *of some age*	τηλικόσδε τηλικοῦτος *so old/young/ of such an age*	ἡλίκος *of which age*	ὁπηλίκος *of whatever age/size*

λύω, λύσω, ἔλυσα, λέλυκα, λέλυμαι, ἐλύθην: loosen, ransom

	PRESENT		FUTURE		
	Active	Middle/Pass.	Active	Middle	Passive
Primary Indicative	λύω λύεις λύει λύομεν λύετε λύουσι(ν)	λύομαι λύε(σ)αι λύεται λυόμεθα λύεσθε λύονται	λύσω λύσεις λύσει λύσομεν λύσετε λύσουσι(ν)	λύσομαι λύσε(σ)αι λύσεται λυσόμεθα λύσεσθε λύσονται	λυθήσομαι λυθήσε(σ)αι λυθήσεται λυθησόμεθα λυθήσεσθε λυθήσονται
Secondary Indicative	ἔλυον ἔλυες ἔλυε(ν) ἐλύομεν ἐλύετε ἔλυον	ἐλυόμην ἐλύε(σ)ο ἐλύετο ἐλυόμεθα ἐλύεσθε ἐλύοντο			
Subjunctive	λύω λύῃς λύῃ λύωμεν λύητε λύωσι(ν)	λύωμαι λύῃ λύηται λυώμεθα λύησθε λύωνται			
Optative	λύοιμι λύοις λύοι λύοιμεν λύοιτε λύοιεν	λυοίμην λύοιο λύοιτο λυοίμεθα λύοισθε λύοιντο	λύσοιμι λύσοις λύσοι λύσοιμεν λύσοιτε λύσοιεν	λυσοίμην λύσοιο λύσοιτο λυσοίμεθα λύσοισθε λύσοιντο	λυθησοίμην λυθήσοιο λυθήσοιτο λυθησοίμεθα λυθήσοισθε λυθήσοιντο
Imp	λῦε λύετε	λύε(σ)ο λύεσθε			
Pple	λύων, λύουσα, λύον	λυόμενος, λυομένη, λυόμενον	λύσων, λύσουσα, λῦσον	λυσόμενος, λυσομένη, λυσόμενον	λυθησόμενος, λυθησομένη, λυθησόμενον
Inf.	λύειν	λύεσθαι	λύσειν	λύσεσθαι	λυθήσεσθαι

2nd sg. mid/pass -σ is often dropped except in pf. and plpf. tenses: ε(σ)αι → ῃ,ει   ε(σ)ο → ου

Verb Synopsis

AORIST			PERFECT		
Active	Middle	Passive	Active	Middle/Passive	
			λέλυκα	λέλυμαι	Primary Indicative
			λέλυκας	λέλυσαι	
			λέλυκε	λέλυται	
			λελύκαμεν	λελύμεθα	
			λελύκατε	λέλυσθε	
			λελύκασι(ν)	λέλυνται	
ἔλυσα	ἐλυσάμην	ἐλύθην	ἐλελύκη	ἐλελύμην	Secondary Indicative
ἔλυσας	ἐλύσα(σ)ο	ἐλύθης	ἐλελύκης	ἐλέλυσο	
ἔλυε(ν)	ἐλύσατο	ἐλύθη	ἐλελύκει	ἐλέλυτο	
ἐλύσαμεν	ἐλυσάμεθα	ἐλύθημεν	ἐλελύκεμεν	ἐλελύμεθα	
ἐλύσατε	ἐλύσασθε	ἐλύθητε	ἐλελύκετε	ἐλέλυσθε	
ἔλυσαν	ἐλύσαντο	ἐλύθησαν	ἐλελύκεσαν	ἐλέλυντο	
λύσω	λύσωμαι	λυθῶ	λελύκω	λελυμένος ὦ	Subjunctive
λύσῃς	λύσῃ	λυθῇς	λελύκῃς	——— ᾖς	
λύσῃ	λύσηται	λυθῇ	λελύκῃ	——— ᾖ	
λύσωμεν	λυσώμεθα	λυθῶμεν	λελύκωμεν	——— ὦμεν	
λύσητε	λύσησθε	λυθῆτε	λελύκητε	——— ἦτε	
λύσωσι(ν)	λύσωνται	λυθῶσι(ν)	λελύκωσι(ν)	——— ὦσιν	
λύσαιμι	λυσαίμην	λυθείην	λελύκοιμι	λελυμένος εἴην	Optative
λύσαις	λύσαιο	λυθείης	λελύκοις	——— εἴης	
λύσαι	λύσαιτο	λυθείη	λελύκοι	——— εἴη	
λύσαιμεν	λυσαίμεθα	λυθεῖμεν	λελύκοιμεν	——— εἴημεν	
λύσαιτε	λύσαισθε	λυθεῖτε	λελύκοιτε	——— εἴητε	
λύσαιεν	λύσαιντο	λυθεῖεν	λελύκοιεν	——— εἴησαν	
λῦσον	λῦσαι	λύθητι		λέλυσο	Imp
λύσατε	λύσασθε	λύθητε		λέλυσθε	
λύσᾱς,	λυσάμενος,	λυθείς,	λελυκώς,	λελυμένος,	Pple
λύσᾱσα,	λυσαμένη,	λυθεῖσα,	λελυκυῖα	λελυμένη	
λῦσαν	λυσάμενον	λυθέν	λελυκός	λελυμένον	
λῦσαι	λύσασθαι	λυθῆναι	λελυκέναι	λελύσθαι	Inf.

Adapted from a handout by Dr. Helma Dik (http://classics.uchicago.edu/faculty/dik/niftygreek)

εἰμί (to be) [88]

	Present		**Imperfect**		
Active	εἰμί	ἐσμέν	ἦ, ἦν	ἦμεν	
	εἶ	ἐστέ	ἦσθα	ἦτε	
	ἐστίν	εἰσίν	ἦν	ἦσαν	
Imp	ἴσθι	ἔστε			
Pple	ὤν, οὖσα, ὄν				
	ὄντος, οὔσης, ὄντος				
Inf.	εἶναι				
subj/opt	ὦ	ὦμεν	εἴην	εἶμεν	
	ᾖς	ἦτε	εἴης	εἶτε	
	ᾖ	ὦσιν	εἴη	εἶεν	

εἶμι (to go; pres. used as the fut. of ἔρχομαι [45+ 9 in compounds])

	Present		**Imperfect**		
Active	εἶμι	ἴμεν	ᾖα	ᾖμεν	
	εἶ	ἴτε	ᾔεισθα	ᾖτε	
	εἶσι	ἴᾱσιν	ᾔειν	ᾖσαν	
Imp	ἴθι	ἴτε			
Pple	ἰών, ἰοῦσα, ἰόν				
	ἰόντος, ἰούσης, ἰόντος				
Inf.	ἰέναι				
subj/opt	ἴω	ἴωμεν	ἴοιμι	ἴοιμεν	
	ἴῃς	ἴητε	ἴοις	ἴοιτε	
	ἴῃ	ἴωσιν	ἴοι	ἴοιεν	

οἶδα: to know (pf. with pres. sense) [9]

	Perfect		**Pluperfect**		
Active	οἶδα	ἴσμεν	ᾔδη	ᾖσμεν	
	οἶσθα	ἴστε	ᾔδησθα	ᾖστε	
	οἶδε	ἴσᾱσι	ᾔδει	ᾖσαν	
Imp	ἴσθι	ἴστε			
Pple	εἰδώς, εἰδυῖα, εἰδός				
	εἰδότος, εἰδυίᾱς, εἰδότος				
Inf.	εἰδέναι				
subj/opt	εἰδῶ	εἰδῶμεν	εἰδείην	εἰδεῖμεν	
	εἰδῇς	εἰδῆτε	εἰδείης	εἰδεῖτε	
	εἰδῇ	εἰδῶσι	εἰδείη	εἰδεῖεν	

Synopses: ἵημι, ἵστημι

ἵημι, ἥσω[1], ἧκα, εἷκα, εἷμαι[1], εἵθην: send, release, let go [3 + 20 in compound]

	Present	Imperfect	Aorist
Active	ἵημι ἵεμεν ἵης ἵετε ἵησι[1] ἰᾶσι	ἵην ἵεμεν ἵεις ἵετε ἵει[1] ἵεσαν[1]	ἧκα ἥκαμεν εἷμεν ἧκας ἥκατε εἷτε ἧκε[3] ἧκαν[1] εἷσαν[2]
Imp	ἵει ἵετε		ἕς[2] ἕτε
Pple	ἱείς, ἱεῖσα[2], ἱέν ἱέντος, ἱείσης, ἱέντος		εἵς[3], εἷσα, ἕν ἕντος, εἵσης, ἕντος
Inf.	ἱέναι, epic ἱέμεναι		εἷναι
Middle	ἵεμαι ἱέμεθα ἵεσαι ἵεσθε ἵεται[2] ἵενται	ἱέμην ἱέμεθα ἵεσο ἵεσθε ἵετο[1] ἵεντο	εἵμην εἵμεθα εἷσο εἷσθε εἷτο εἷντο
Imp	ἵεσο ἵεσθε		οὗ ἕσθε[1]
Pple	ἱέμενος[1], η, ον		ἕμενος, η, ον
Inf.	ἵεσθαι		ἕσθαι

ἱέμενος (139), ἵεται (628), ἵεσαν (1099), and compounds μεθήσεις (254), μέθες (350), ἐφίετο (439), ἀνῆκαν (448), μέθεσθε (451), διαμεθεὶς (627), διαμεθεὶς (635), παρεῖται (635), ἀνεῖσαν (662), ἐξίησι (687), παρειμέναι (683), καθεῖσαν (689), καθῆκε (706), ἐξανῆκε (707), ἐξανιεῖσαι (762), ἀνῆκε (766), ἐνεὶς (851), μεθίει (1071), ἐξιεῖσα (1122), μέθες (1264)

ἵστημι, στήσω[1], ἔστην, ἔστηκα[6], ἔσταμαι, ἐστάθην: stand (still); stop, set [7+ 16 in compound]

	Present	1st Aorist (transitive)	Aorist (intransitive)
Active	ἵστημι ἵσταμεν ἵστης ἵστατε ἵστησιν ἱστᾶσιν	ἔστησα ἐστήσαμεν ἔστησας ἐστήσατε ἔστησε ἔστησαν[1]	ἔστην ἔστημεν ἔστης[1] ἔστητε ἔστη ἔστ(ησ)αν
Imp	ἵστη ἵστατε[1]	στῆσον[2] στήσατε	στῆθι στῆτε
Pple	ἱστάς, ἱστᾶσα, ἱστάν ἱστάντος, ἱστάσης, ἱστάντος	στήσας[2], ᾶσα, άν	στάς[1], στᾶσα, στάν στάντος στάσης στάντος
Inf.	ἱστάναι	στῆσαι	στῆναι[1], στήμεναι
Middle	ἵσταμαι ἱστάμεθα ἵστασαι ἵστασθε ἵσταται[1] ἵστανται		ἐστησάμην ἐστησάμεθα ἐστήσω ἐστήσασθε ἐστήσατο ἐστήσαντο
Imp	ἵστασο ἵστασθε		στῆσαι στήσασθε
Pple	ἱστάμενος, η, ον		στησάμενος, η, ον
Inf.	ἵστασθαι		στήσασθαι
Pass. pple	ἱστάμενος, η, ον	σταθείς[3], -εῖσα, εν	

ἑστάναι (220), σταθείς: (499), στῆσον (647), σταθεῖσα: (690), ἑστάναι (925), ἕσταμεν (1059), ἔστησαν (1087) and compounds καταστήσας (21), μεταστήσω (49), καθιστάναι (184), μεταστήσαντες, (296), ἐφεστῶσιν (subjunct.) (319), ἐξέστης (359), ἐξανίστατε (606), καταστῆσαι (802) καθίσταται (848), ἔκστησον (850), ἐξέστηκε (928), μεθέστηκας (944), περιστᾶσαι (1105), καθέστατε (1261), μεταστᾰθεῖσα (1270)

Synopses: δίδωμι, τίθημι

δίδωμι, δώσω[2], ἔδωκα, δέδωκα, δέδομαι, ἐδόθην: give [16 + 3 in compound verbs]

	Present	Imperfect	Aorist
Active	δίδωμι[1] δίδομεν δίδως δίδοτε δίδωσιν[3] διδόᾱσιν	ἐδίδουν ἐδίδομεν ἐδίδους ἐδίδοτε ἐδίδου ἐδίδοσαν[1]	ἔδωκα ἔδομεν ἔδωκας[1] ἔδοτε ἔδωκεν[2] ἔδοσαν
Imp	δίδου[1] δίδοτε		δός[1] δότε
Pple	διδούς[2], διδοῦσα, διδόν διδόντος, -ούσης, -όντος		δούς[2], δοῦσα, δόν δόντος, δούσης, δόντος
Inf.	διδόναι		δοῦναι[2], δόμεναι
Middle	δίδομαι διδόμεθα δίδοσαι δίδοσθε δίδοται δίδονται	ἐδιδόμην ἐδιδόμεθα ἐδίδου[1] ἐδίδοσθε ἐδίδοτο ἐδίδοντο	ἐδόμην ἐδόμεθα ἔδου ἔδοσθε ἔδοτο ἔδοντο
Imp	δίδου δίδοσθε		δοῦ δόσθε
Pple	διδόμενος, η, ον		δόμενος, η, ον
Inf.	δίδοσθαι		δόσθαι

δούς (23), δίδωσι (44), δίδωμι (213), δίδωσιν (283), δίδου (342), δῶκε (422), ἔδωκεν (437), δίδωσιν (470), δοῦναι (489), διδούς (621), ἐδίδοσαν (700), δώσοντες (715), δοῦναι (772), δούς (812), δώσει (847), ἔδωκας (1274), and compounds ἐκδιδούς (293), παράδος (495), ἐπεδίδου (1128)

τίθημι, θήσω[4], ἔθηκα, τέθηκα, τέθειμαι, ἐτέθην: put, place; make [11 + 10 in compounds]

	Present	Imperfect	Aorist
Active	τίθημι τίθεμεν τίθης τίθετε τίθησιν[1] τιθέᾱσιν	ἐτίθην ἐτίθεμεν ἐτίθεις ἐτίθετε ἐτίθει ἐτίθεσαν	ἔθηκα ἔθεμεν ἔθηκας ἔθετε ἔθηκεν[1] ἔθεσαν[2] θῆκαν[1]
Imp	τίθει τίθετε		θές[1] θέτε
Pple	τιθείς[2], τιθεῖσα, τιθέν τιθέντος, -είσης, -έντος		θείς[2], θεῖσα, θέν θέντος, θεῖσα, θέντος
Inf.	τιθέναι		θεῖναι
Middle	τίθεμαι τιθέμεθα τίθεσαι τίθεσθε τίθεται τίθενται	ἐτιθέμην ἐτιθέμεθα ἐτίθεσο ἐτίθεσθε ἐτίθετο ἐτίθεντο	ἐθέμην[2] ἐθέμεθα ἔθου ἔθεσθε[1] ἔθετο ἔθεντο[1]
Imp	τίθεσο τίθεσθε		θοῦ θέσθε
Pple	τιθέμενος[1], η, ον		θέμενος[1], η, ον
Inf.	τίθεσθαι		θέσθαι

τίθησι (10), θέμενος: (49), ἐθῆκαν (129), ἔθηκε (293), τιθεὶς (602), ἔθεντο (702), θώμεθα (721), ἔθεσαν: (755), θήσω (863), θήσεις (837), τιθέμενον (1080), and compounds ξυνεθέμην (175), συνθέντες (297), ξυνέθεσθε (807), ξυνεθέμην (808), προστιθεὶς (663), προσθήσομεν (676), προσθήσεις (834), προσέθεσαν (1100), ὑπόθες (647), ὑποθέντα (675)   * the one subjunctive[1] form is underlined above

Φύω

φύω [8 times] and compounds ἐκ-φύω [3], and προσ-φύω [1] are used 12 times in the *Bacchae*. φύω, 'grow,' has a different meaning when used transitively or intransitively:

transitive (*grow, beget, produce*):   φύω, φύσω, ἔφυσα
intransitive (*be, be born*):   φύομαι, φύσομαι, ἔφυν, πέφυκα

The present active, future active, and 1st aorist forms are transitive (*grow, produce, beget*), while the present middle, future middle, 2nd aorist active, and perfect active are intransitive (*be, be born*) (e.g. 'I grew tall' or 'I have grown tall' is equivalent to 'I am tall').

In the *Bacchae*, the verb is used intransitively and only in the 2nd aorist and perfect tenses, and so it will always mean 'be (by nature)' or 'be born.'

1st aorist (*begat, produce*)		2nd aorist (–μι endings, *be*)		perfect (*be*)	
ἔφυσα	ἐφύσαμεν	ἔφυν [1]	ἔφυμεν	πέφυκα	πεφύκαμεν
ἔφυσας	ἐφύσατε	ἔφυς	ἔφυτε	πέφυκας	πεφύκατε
ἔφυσε	ἔφυσαν	ἔφυ [4]	ἔφυσαν	πέφυκε [1]	πεφύκασι(ν)

pple   φύσας, φύσασα, φύσαν   φύς, φῦσα, φύν [1]   πεφυκώς, -υῖα, -ός [3]
inf.   φύσαι   φύναι [1]   πεφυκέναι [1]

<u>2nd Aorist (is/are)</u>: ἔφυν (656), ἔφυ (777), ἔφυ (989), ἔφυ (1003), ἔφυ (1251), ἐκφῦναι (27), ἐκφύς (539),
<u>Perfect (is/are)</u>: πέφυκεν (860) πεφυκός (869) πεφυκός (896), ἐκπεφυκότι (44), προσπεφυκέναι (921)

ὄλλυμι (ὀλ-, ὀλε-, ὀλο-)

ὄλλυμι [3 times] and its compounds ἀπ-ολλυμι [1] and δι-ολλυμι [2] are used 6 times in the *Bacchae* and have a different meaning when used transitively or intransitively.

transitive: *destroy (x), ruin (x), kill (x), lose (x)*   ὄλλυμι, ὀλέω, ὤλεσα [4], ὀλώλεκα (1st pf)
intransitive: *perish, am ruined/lost, am done for*   ὄλλυμαι, ὀλέομαι, ὠλόμην [1], ὄλωλα [1] (2nd pf)

The active voice, including 1st aorist and 1st perfect, is transitive (*destroy, ruin, lose, kill*), while the middle/passive voice, including 2nd aorist active and 2nd perfect active, are intransitive (*perish, am ruined/lost, am done for*).

In the *Bacchae*, the verb is used both transitively (*destroy, ruin*) and intransitively (*perish, die*).

<u>transitive</u>: ὤλεσε (1296), ἀπώλεσε (1250), διολέσαι (1304), διολέσῃς (951)
<u>intransitive</u>: ὤλετο (1290) ὄλωλεν (1030)

Uses of the Optative in Euripides' *Bacchae*

There are 32 instances of the optative mood identified in the commentary as follows:

>20 potential optatives (main verb, ἄν + opt.)
>4 optatives of wish (main verb, without ἄν)
>3 optatives in purpose clauses, secondary sequence
>3 optatives in two fut. less vivid conditions (εἰ opt., ἄν + opt.)
>1 optative in a fearing clause, secondary sequence
>1 optative, an indicative attracted into the mood of another verb

Potential Optative (20 times)
A potential optative is (a) often a main verb, (b) uses ἄν, and (c) governs οὐ instead of μή. We translate a potential optative with modal verbs "might," "would," or "could."

>| | |
>|---|---|
>| ἄν τοῦτο ποιοῖς | *You would/might/could do this.* |
>| οὐ ἄν τοῦτο ποιοῖς | *You would/might/could not do this.* |

Optative of Wish (4 times)
An optative of wish is easy to identify because it is (a) often a main verb, (b) does NOT use ἄν, and (c) governs μή instead of οὐ when expressing negative wishes:

>| | |
>|---|---|
>| τοῦτο ποιοῖς | *May/Would that you do this!* |
>| μὴ τοῦτο ποιοῖς | *May/Would that you not do this!* |

Purpose (Final) Clause, Secondary Sequence (3 times)
In secondary sequence, an optative may replace a subjunctive in purpose clauses. In the play, there are two purpose clauses introduced by ὡς and one by ἵνα.

>ἵνα τοῦτο ποιοῖς   *...so that you might do this.*

Future Less Vivid (2 times: 1 pair of optatives, 1 opt. with surpressed apodosis)
The future less vivid condition (εἰ opt., ἄν opt.), otherwise know as the should-would condition, has two optatives. The protasis contains an optative of wish which governs μή instead of οὐ, while the verb in the apodosis is a potential optative (ἄν + opt.) which governs οὐ instead of μή. While we identify the construction as future less vivid, knowing that one optative is a wish and the other a potential opt. helps explain the uses of οὐ and μή:

>| | |
>|---|---|
>| εἰ ποιοῖς, εὖ ἄν ποιοῖς. | *If you should do this, you would do well.* |
>| εἰ μὴ ποιοῖς, οὐ εὖ ἄν ποιοῖς. | *If you should not do this, you would not do well.* |

Fearing Clause (1 time)
Fearing clauses occur only twice in the play: once with a subjunctive in primary sequence and once with an optative in secondary sequence. They both follow a verb of fearing:

>μὴ τοῦτο ποιήσοις   *...lest/that you do this*

Optatives by line number: **Optative of wish**: line 402, 1252, 1382, 1387; **Potential optative**: 187, 192, 273, 327, 397, 433, 488, 515, 794, 795, 814, 815, 826, 836, 845, 945, 1062, 1257, 1271, 1380; **Purpose clause**: 22, 1050, 1116; **Future less vivid**: 612, 947; **Fearing Clause**: 1072; **Attracted into the optative of the main verb**: 1383

Uses of the Subjunctive in Euripides' *Bacchae*

There are 59 instances of the subjunctive mood identified in the commentary as follows:

    14 general temporal clauses (ὅτε + ἄν + subj.)
    14 purpose clauses (ὡς, ἵνα, ὅπως + subj.)
    8 deliberative subjunctive (main verb or ind. question)
    6 future more vivid conditions (εἰ ἄν + subj., fut.)
    6 hortatory subjunctive, (main verb, 1s/1p pres. subj.)
    4 prohibitive subjunctive (main verb, μή + aor. subj.)
    3 general relative clause (relative + ἄν + subj.)
    2 present general condition (εἰ ἄν + subj., pres.)
    1 emphatic denial (οὐ μή + subj.)
    1 fearing clauses (μή + subj.)

General (Indefinite) Temporal Clauses (14 times)
A temporal clause with ἄν + subjunctive in primary sequence and expresses either (a) a repeated (equiv. to a pres. general condition) or (b) a future action (equiv. to a future more vivid).

    ὅταν τοῦτο ποιῇς   *whenever you do this…*

Purpose Clauses (14 times)
Introduced by ἵνα, ὡς, or ὅπως in the *Bacchae*, purpose clauses govern a subjunctive in primary sequence and an optative in secondary sequence. Since a purpose clause is a sort of a wish, it governs a μή instead of οὐ.

    ἵνα τοῦτο ποιῇς   *so that/in order that you may do this*

Deliberative Subjunctive (8 times)
The deliberative expresses a question still under active consideration. Translate as 'am I to…?' or 'are we to…?'.

    τοῦτο ποιῶμεν;   *Are we to do this?*

Future More Vivid (6 times) and Present General Conditions (2 times)
In a future more vivid condition (ἐάν subj., fut.) the subjunctive is typically translated in the present with future sense. ἄν is often left untranslated.

    ἐάν…ποιῇς, εὖ ποιήσεις.   *If you do this, you will do well.*

A present general condition (ἐάν subj., pres.), however, expresses a conclusion that holds true at any or all time. As all general clauses, this subjunctive takes a generalizing μή and is often translated with 'ever.'

    ἐάν…ποιῇς, εὖ ποιεῖς.   *If (ever) you do this, you are doing well.*

Uses of the Subjunctive

Hortatory (6 times)
A Hortatory subjunctive is a type of command (Lat. hortārī: *urge*) employed in the 1st person singular or plural:

    τοῦτο ποιῶμεν   *Let us do this! We should do this!*

Prohibitive Subjunctive (4 times)
Introduced by μή + aorist subjunctive, the prohibitive subj. is a common way to form a negative command in the 1st or 2nd person.

    μὴ τοῦτο ποιήσῃς *Don't do this! You should not do this!*

General/Indefinite Relative Clauses (3 times)
When the antecedent of a relative clause is indefinite, the relative clause may govern ἄν + subjunctive in primary sequence. This clause takes a generalizing μή instead of οὐ and is translated with the adverb 'ever.'

    ἃ ἂν ποιῇς   *whatever you do...*

Emphatic Denial (1 times)
οὐ μή + aorist subjunctive (less often present) can express an emphatic denial—often in the future.

    οὐ μὴ ποιήσῃς   *you will NOT do...*

Fearing Clause (1 times)
This clause follows a verb of fearing and is introduced by μή or neg. μή οὐ. Translate the initial μή as "lest" or "that."

    μή τοῦτο ποιῇς   *(I fear) lest/that you may do this.*

Subjunctives by line number: General temporal: 382, 498, 136, 281, 300, 319, 319, 385, 498, 499, 868, 871, 940, 1336; **Purpose**: 61, 335, 335, 475, 509, 783, 807, 1107, 1107, 1202, 1214, 1240, 1257, 1322; **Deliberative**: 668, 668, 719, 721, 819, 949, 949, 1366; **Future more vivid**: 50, 355, 640, 817, 823, 960; **Hortatory**: 341, 360, 360, 850, 1153, 1153; **Prohibitive subjunctive**: 341, 344, 951, 1120; **General relative**: 115, 160, 843; **General Relative clause**: 115, 160, 843; **Present General condition**: 311, 311; **Emphatic Denial**: 852; **Fearing clause**: 823

Alphabetized Core Vocabulary (6 or more times)

The alphabetized list includes all 261 words in the Bacchae that occur six or more times. The number at the end of each entry indicates how many times the word occurs in the commentary. These same dictionary entries are found in an running core list in the introduction.

Ἀγαύη, ἡ: Agaue, 14

ἄγρα, ἡ: prey; hunting, hunt, 8

ἄγω: lead, bring, carry, convey, 22

ἀγών, ὁ: contest, competition; struggle, 7

ἀεί, αἰεί: always, forever, in every case, 8

ἄθλιος, -η, -ον: wretched, miserable, pitiful, 6

αἰθήρ, αἰθέρος, τό: aether, upper sky, 10

αἷμα, -ατος τό: blood, 6

ἀκούω: to hear, listen to, 9

ἀλλά: but, 40

ἄλλος, -η, -ο: other, one…another, 17

ἅμα: at the same time; along with (dat.), 10

ἀμφί: on both sides of, around, 6

ἄν: modal adv., 31

ἀνά: up, onto, upon, 8

ἄναξ, ἄνακτος, ὁ: a lord, master, 10

ἀνήρ, ἀνδρός, ὁ: a man, 19

ἄνθρωπος, ὁ: human being, human, man, 8

ἄνω: above; up, 6

ἄξιος, -α, -ον: worthy of, deserving of (gen.), 6

ἅπας, ἅπασα, ἅπαν: every, quite all, 7

ἀπό: from, away from. (gen.), 11

ἄρα: then, therefore, it seems, it turns out, 7

ἄστυ, -εως, τό: town, city, 7

αὐτός, -ή, -ό: -self; he, she, it; the same, 42

βακχεῖος, -α, -ον: of Bacchus; frenzied, 8???

Βάκχευμα, -ατος, τό: Bacchic revelries, 6

βάκχη, ἡ: Bacchae, bacchante, follower of Bacchus, 39

Βάκχιος, ὁ: Bacchus, Dionysus, 12

βάρβαρος, -α, -ον: foreigner, barbarian, 9

βλώσκω (aor. ἔμολον): go or come, 8

Βρόμιος, ὁ: Bromius, "Roarer," (Bacchus), 21

βροτός, ὁ, ἡ: a mortal, human, 15

γάρ: for, since, 67

γε: at least, at any rate; indeed, 29

γένος, -εος, τό: race; family, stock, 6

γέρων, -οντος, ὁ: old man, 11

γῆ, ἡ: land, earth, 11

γίγνομαι: come to be, become, 18

γυνή, γυναικός, ἡ: a woman, wife, 20

δαίμων, -ονος, ὁ: divine spirit, fate, 16

δέ: but, and, on the other hand, 403

δεῖ: it is necessary, must, ought (+ inf.), 9

δεινός, -ή, -όν: terrible; strange, wondrous, 16

δεσμός, ὁ (pl. δεσμά): bond, fetter, binding, 8

δεσπότης, ὁ: master, lord, 8

δεῦρο: here, to this point, hither, 7

δέχομαι: receive, take, accept, 8

διά: through (gen.) on account of, (acc.), 13

δίδωμι: give, hand over, 16

δίκη, ἡ: punishment, penalty, justice, 11

Διόνυσος, ὁ: Dionysus, 33

δοκέω: to seem, seem best, think, imagine, 16

δόμος, ὁ: a house, 14

δράκων, -οντος ὁ: serpent, snake, 8

δράω: to do, do work, work, 13

δῶμα, -ατος, τό: house, 16

ἐγώ, ἐμοῦ, ἐμοί, ἐμέ: I, 106

εἰ: if, whether, 14

εἰμί: to be, exist, 88

εἰς (ἐς): into, to, in regard to (acc.), 81

εἰσ-οράω: to look upon, view, behold, 15

ἐκ, ἐξ: out of, from (gen.), 38

ἐκεῖ: there, in that place, 7

ἐκεῖνος, -η, -ον: that, those, 7

ἐλάτη, ἡ: silver fir, pine; oar, 10

Ἑλλάς, -άδος, ἡ : Greece, 6

ἐμός, -ή, -όν: my, mine, 46

ἐν: in, on, among (dat.), 78

ἔνθα: where; there, 7

ἐπί: to, toward (acc), on near, at (dat), 30

ἕπομαι: follow, escort (dat), 6
ἔρχομαι (εἶμι, ἦλθον): to come or go, 45
ἔσω (εἴσω): within, inside (gen.), 7
ἔτι: still, besides, further, 14
εὐ-δαίμων, -ονος: happy, blessed, well off, 7
εὖ: well, 11
εὔιος, -ον: joyful, Bacchic; subs. Bacchus, 9
εὑρίσκω: find, discover, devise, invent, 7
Ἐχίων, Ἐχίονος, ὁ: Echion (Pentheus' father), 10
ἔχω: to have, hold; be able; be disposed, 60
Ζεύς, Ζηνός (Διός), ὁ: Zeus, 27
ἤ: or (either...or); than, 36
ἦ: truly (often introduces questions), 7
ἡγέομαι: to lead; consider, think, believe, 8
ἤδη: already, now, at this time, 6
ἥκω: to have come, be present, 10
ἡμεῖς, ἡμῶν, ἡμῖν, ἡμᾶς: we, 26
ἤν (ἐάν): if (+ subj.), 6
θαῦμα, -ατος, τό: a wonder, marvel, 6
θέλω (ἐθέλω): to be willing, wish, desire, 14
θεός, ὁ: a god, divinity, 68
Θῆβαι, αἱ: Thebes, 12
Θηβαῖος, -α, -ον: Theban, 12
θῆλυς, θήλεια, θῆλυ: female; n. female kind, 6
θήρ, θηρός, ὁ: beast, wild beast, animal, 14
θηράω: hunt, chase, 8
θίασος, ὁ: company (of Bacchic revellers), 10
θνητός, -ή, -όν: mortal, suitable for mortals, 14
θυγάτηρ, ἡ: a daughter, 10
θύρσος, ὁ: thyrsus, 20
ἱερός, -ή, -όν: holy, divine; temple, 7
ἵνα: in order that (+ subj.); where (+ ind.), 9
ἵστημι: make stand, set up, stop, establish, 7
ἰώ: io (exclamation of triumph), 7
Κάδμος, ὁ: Cadmus, 20
καθ-ίστημι: set, establish; become, 6
καί: and, also, even, too, 153
κακός, -ή, -όν: bad, base, cowardly, evil, 17
καλέω: to call, summon, invite, 7
καλός, -ή, -όν: beautiful, fine, noble; well, 21

κάρα, τό: head, 7
κατά: down along (acc), down from (gen), 15
Κιθαιρών, -ῶνος, ὁ: Cithaeon, 12
κισσός, ὁ (κιττός): ivy, 7
κλύω: to hear, 9
κόρη, ἡ: girl, maiden; pupil (of the eye), 6
κράς, κρατός, ἡ: the head, 9
κρείσσων, -ον: better, stronger, mighter, 7
κτείνω: to kill, 6
λαμβάνω: take, receive, catch, grasp, 23
λέγω (aor. εἶπον): to say, speak, 46
λείπω: leave, leave behind, abandon, 8
λέων, λέοντος, ὁ: lion, 6
λόγος, ὁ: word, talk, speech; account, 18
μαινάς, μαινάδος, ἡ: maenad, bacchante, 19
μαίνομαι: mad, rage, be furious, 8
μάκαρ, μάκαιρα, -αρος: blessed, happy, 6
μάτην: in vain, idly, 6
μέγας, μεγάλη, μέγα: big, great, important, 16
μέλαθρον, τό: house; ceiling beam, roof, 7
μέν: on the one hand, 49
μετά: with (gen.); after (acc.), 10
μή: not, lest, 22
μήτηρ, ἡ: mother, 34
μόνος, -η, -ον: alone, solitary, forsaken, 6
μυρίος, -η, -ον: countless, endless, infinite, 7
νέος, -η, -ον: young; new, novel, strange, 10
νιν: him, her, it (3rd pers. pronoun), 29
νῦν: now; as it is, 14
ξένος, ὁ: stranger, foreigner; guest-friend, 13
ὁ, ἡ, τό: the, 319
ὅδε, ἥδε, τόδε: this, this here, 118
οἶδα: know, 9
οἶκος, ὁ: a house, abode, dwelling, 9
οἷος, -α, -ον: of what sort, as, 8
ὅμως: nevertheless, however, yet, 9
ὅπλον, τό: arms; implement, tool, 7
ὁράω (aor. εἶδον): to see, look, behold, 58
ὄργια, τά: rites, sacrifices, 9
ὀρθός, -ή, -όν: straight, upright, right, 9

ὄρος, ὄρεος, τό: mountain, hill, 22
ὅς, ἥ, ὅ: who, which, that, 122
ὅσος, -η, -ον: as much as, many as, 13
ὅσπερ, ἥπερ, ὅπερ: (very one) who, what-, 5
ὅστις, ἥτις, ὅ τι: whoever, which-, what-, 10
ὅταν: ὅτε ἄν, whenever, 10
ὅτι: that; because, 7
οὐ-δέ: and not, but not, nor, not even, 18
οὔ-τε: and not, neither...nor, 10
οὐ, οὐκ, οὐχ, οὐχί: not, 109
οὐδ-είς, οὐδε-μία, οὐδ-έν: no one, nothing, 13
οὖν: and so, then; at all events, 13
οὗτος, αὕτη, τοῦτο: this, these, 28
παῖς, παιδός, ὁ, ἡ: a child, boy, girl; slave, 28
πάλιν: again, once more; back, backwards, 6
πάρ-ειμι: be near, be present, be at hand, 14
παρά: from, at, to the side of, 22
πᾶς, πᾶσα, πᾶν: every, all, the whole, 26
πάσχω: suffer, experience, 11
πατήρ, ὁ: a father, 22
παύω: stop, cease; *mid.* cease 6
πέδον, τό: ground, earth, 9
πείθω: persuade; *mid.* obey, 6
Πενθεύς, -έως, ὁ: Pentheus, 37
πέτρα, ἡ: stone, rock, 6
πίπτω (πίτνω): fall, fall down, drop, 8
πλόκαμος, ὁ: lock/braid/tress of hair (or wool), 6
πόλις (πτόλις), -εως, ἡ: a city, 19
πολύς, πολλά, πολύ: much, many, 11
ποτέ: ever, at some time, once, 17
ποῦ: where?, 6
πούς, ποδός, ὁ: a foot, 15
πρίν: until, before, 8
πρός: to, towards (acc), near, in addition to (dat), 25
πρῶτος, -η, -ον: first, earliest, 19
πῦρ, -ος, τό: fire, 9
πῶς: how? in what way?, 7
σαφής, -ές: clear, relable; *adv.* σαφά clearly, 6
σέ-θεν: from you, 6
Σεμέλη, ἡ: Semele, 10

σός, -ή, -όν: your, yours, 37
σοφός, -ή, -όν: wise, skilled, 21
στείχω: to come or go, walk, proceed, 8
στολή, ἡ: apparel, garments, equipment, 6
σύ: you, 99
σῶμα, -ατος, τό: body, 12
σωφρονέω: think soundly/rightly, be modest, 6
σώφρων, -ον: modest, sound, moderate, 6
τάλας, τάλαινα, τάλαν: wretched, unhappy, 7
τε: and, both, 135
Τειρεσίας, ὁ: Tiresias, 7
τέκνον, τό: a child, 8
τίθημι: put, place, set; make, 11
τίκτω (ἔτεκον): bring to life, beget, 12
τις, τι: anyone, anything, someone, something, 36
τίς, τί: who? which?, 56
τλήμων, ὁ, ἡ: wretched, suffering; hard-hearted, 9
τυγχάνω: chance on, attain (gen); happen, 6
ὑμεῖς: you, 8
ὑπέρ: on behalf of (gen); over, beyond (acc), 6
ὑπό: by, because of (gen), under (dat), 20
φαίνω: show; *mid.* appear, seem, 8
φέρω: bear, carry, bring, convey, 21
φεύγω: flee, run away; avoid, 8
φημί: to say, claim, assert, acknowledge, 9
φρήν, φρενός, ἡ: midriff; wits, heart, mind, 10
φρονέω: think, to be wise, prudent, 14
φύω: to bring forth, beget; am by nature, 8
φῶς (φάος), φωτός, τό: light, daylight, 6
χαίρω: rejoice, enjoy, 10
χείρ, χειρός, ἡ: hand, 46
χθών, χθονός, ἡ: land, ground, earth, 14
χορεύω: dance, take part in the chorus, 7
χορός, ὁ: dance, chorus, 10
χρεών, -όν: (it is) necessity, fate, 6
χρή: it is necessary or fitting; must, ought, 12
χρόνος, ὁ: time, 6
ὦ: O, oh, 50
ὡς: as, thus, so, that; when, since, 70
ὥστε: so that, that, so as to, 12

Printed in Great Britain
by Amazon